Chinese Economic Sociology Research (Vol.3)

经济社会学研究

第三辑

主　编／刘世定

执行主编／张　翔　王水雄

社会科学文献出版社
SOCIAL SCIENCES ACADEMIC PRESS (CHINA)

《经济社会学研究》学术指导委员会

（按拼音排序）

经济社会学研究　第三辑
2016年5月出版

目　　录

经济社会学研究　第三辑
第 1 ~ 20 页

东道国政党政治下的劳资博弈：以中色集团在赞比亚的遭遇为例[*]

李国武　陈姝妤[**]

摘　要：劳资冲突是中国企业海外发展面临的主要风险之一。本文以中国有色矿业集团在赞比亚遭遇的劳资矛盾为例，从中国投资者、当地劳工和赞比亚主要政党之间博弈关系的角度，分析了频繁发生的劳资冲突背后的多重原因。频发的劳资冲突既与中资企业的用工实践和管理方式有关，也与赞比亚矿工的劳动观念和抗争传统有关。不过，中国资本与当地劳工之间的关系又受到赞比亚政党政治的影响。为了获得底层民众的政治支持，赞比亚的反对党把劳资议题引入总统选举竞争，激发了矿区劳工对中国资本的抗争。因此，中资企业在赞比亚的可持续发展，一方面要注重维护当地劳工权益和承担社会责任，另一方面要学会在民主选举的政治格局中寻求对自身权益的保护。

关键词：企业海外发展　政党政治　劳资冲突　博弈分析

自 21 世纪初中国实施“走出去”战略以来，中国企业海外投资的规模和速度实现了跨越式发展。2014 年中国对外直接投资流量创下 1231.2

---

* 本文最初发表于《江苏行政学院学报》（2015 年第 5 期），这里有所改动。

** 李国武，中央财经大学社会发展学院社会学系教授，电子邮箱：leeguowu@ 126. com；陈姝妤，中央财经大学社会发展学院社会学系硕士研究生，电子邮箱：chenshuyu922@ 126. com。

亿美元的历史新高，连续3年位列全球第三，双向投资首次接近平衡。截至2014年底，中国1.85万家境内投资者设立对外直接投资企业近3万家，这些企业分布在全球186个国家（地区）。不过，中国企业的国际化经营过程并非一帆风顺，不少企业遭遇了非常惨痛的损失、挫折和失败。其中劳资关系是中资企业海外发展面临的一个基本问题，该问题又因东道国不同的社会文化和政治法律环境而复杂化。如果处理不好海外劳资关系，不仅会增加中资企业的运营成本，甚至危及其在海外的可持续发展。

中国有色矿业集团（英文缩写“CNMC”，以下简称“中色集团”）在赞比亚的遭遇是分析海外劳资冲突的一个典型案例。赞比亚虽然拥有丰富的铜矿资源，但仍是一个经济落后的国家，根据《联合国人类发展报告（2010年）》的数据，2008年赞比亚低于国际贫困线人口比例为68%，未就业人口占劳动力人口的比例为38.8%。因此吸引外资对于赞比亚的经济发展非常重要。中色集团是目前在赞比亚投资规模最大的中国企业，给当地带来了大量就业机会。但频繁发生的劳资冲突却给中色集团的经营发展带来很大麻烦，特别是2011年中色集团谦比希（Chambishi）铜矿因罢工耽误了近一个月的生产，损失约为1680万美元。那么，为什么中资企业给赞比亚带来经济增长和工作机会，当地工人却以形式激烈的抗议和罢工相对呢？

对于跨国企业在海外经营中遭遇的劳工抗争问题学术界已有一些研究。一种解释认为，国外资本在发展中国家引发的劳工抗争是全球化背景下自由流动的资本追求灵活的劳工体制的结果（西尔弗，2012；Lee，2009）。为了降低成本，外国资本在东道国大量使用临时雇工，提供较低的工资福利和糟糕的工作条件，结果导致东道国劳工的不满乃至抗争。还有研究认为，跨国公司在东道国遭遇的劳工问题是外来者劣势的体现，外来者劣势主要是由母国与东道国的制度差异和制度距离导致的（Zaheer，1995；Eden and Miller，2004）。由于不熟悉东道国的法律环境和劳工文化，跨国公司简单照搬母国的用工实践和管理惯例，就会引发东道国劳工的不适甚至抵制。以往的研究基本上也是从以上两种角度来认识中色集团在赞比亚遭遇的劳资冲突的，认为中色集团大量使用临时雇工、轻视工人权益（Chama，2010），不适应当地的工会文化和劳动观念（王小卫，2007）。这些解释虽然看到了赞比亚矿工抗争的经济和制度原因，但忽视了抗争背后的政党政治背景，所以无法充分剖析矿工罢工背后的政治因素。中色集团在赞比亚遭遇的劳资矛盾的特殊之处在于东道国政党政治介入了外资企业与当地劳工的利益博弈。鉴于此，本文提出了一个关于政党政治下的劳资博弈模型来认识和分析中色集团在赞比亚遭遇的劳资冲突问题。

一　政党政治下的劳资博弈：一般分析

劳资冲突是市场经济条件下劳方与资方之间由于利益分配而发生的矛盾和纠纷，劳资双方之间本质上是一种既需要合作又存在冲突的协调博弈关系（刘世定，2011：36）。如果资方和劳方之间合作破裂，资方无法获得利润、劳方无法获得工资，这对双方都不利，因此他们具有相互依赖、彼此合作的一面；但是，在收入分配上资方的利润和劳方的工资此消彼长，因此他们又存在利益上的冲突。

矩阵1　资方和劳方间的协调博弈

资方 \ 劳方	分配方案一	分配方案二
分配方案一	70%X，30%X	0，0
分配方案二	0，0	50%X，50%X

假设如果资方和劳方就分配方案达成一致，总收益为X（X>0）；如果资方和劳方无法就分配方案达成一致，总收益为0。根据矩阵1给出的行动策略和收益结构，当双方都选择方案一或者方案二时，比一方选择方案一、另一方选择方案二收益要大。当双方都选择方案一时，不论是资方还是劳方都没有激励独自去选择另外的方案。具体而言，如果资方独自离开方案一而选择方案二，其收益将由70%X降到0；如果劳方独自选择方案二，其收益将由30%X降到0。同理，当双方都选择方案二的时候，双方也都没有激励独自选择方案一。这意味着只有劳资双方就分配方案达成一致才能获益。不过，可能的均衡策略是多重的。更符合现实的情况是，可能的均衡结果是一个区间，比如，（X×[50%，70%]，X×[50%，30%]）。为了简化分析，在矩阵1中，我们给出了两种可能的均衡：（方案一，方案一）和（方案二，方案二）。

不过，两个均衡点对资方和劳方的意义是不同的，前一种代表有利于资方的均衡结果，后一种代表有利于劳方的均衡结果。资方更倾向于（方案一，方案一），因为在这种情况下，其收益是70% X，而在（方案二，方案二）下，其收益是50% X。劳方却更倾向于（方案二，方案二），在这种均衡下，其收益是50% X，而在（方案一，方案一）下，其收益只有30% X。这意味着，劳资双方在就何种方案上达成一致存在着潜在的利益冲突。

在现实中劳资双方具体会在何种方案上达成均衡是一个讨价还价的过程，取决于双方的谈判地位，谈判地位更高的一方无疑能获得对自身更有利的分配方案。亚当·斯密（1972：60）早就注意到经济资源、政治资源和组织资源的不对称分布在劳资争议中所发挥的作用。相对而言，资方比劳方处于更高的谈判地位，这主要是因为：（1）在劳资双方就利益分配方案长期无法达成共识的情况下，资方因为掌握更多的经济资源，所以能比劳动者更有坚持力；（2）资方由于人数少，更容易通过集体行动来抵制劳动者提高报酬的要求；（3）资本比劳动力更易于流动，增加了资本的可替代性选择。如果资方比劳方拥有更高的谈判地位，则均衡结果会向有利于资本的方面移动。不过，工人可以通过罢工甚至暴力手段来抗争资本家的过度剥削，在工会和罢工合法化的国家，工人可以通过工会来进行集体谈判或者组织罢工，这大大提高了工人在劳资争议中的谈判地位，从而使得均衡结果向有利于劳工的方面移动。

以上分析是在不考虑第三方介入的条件下进行的。在现代国家，政府在劳资争议中是重要的第三方，政府可以在劳资博弈中充当协调者的角色，政府的倾向会影响到劳资双方的谈判地位，因此哪一方能得到政府的政治支持哪一方就会提高自己的谈判地位，从而争取到更有利于自身的分配方案。政府立场对劳资博弈结果的影响机制因政治体制而异。在一党执政的国家，执政党可以根据促进经济发展和维护自身统治的需要来调整对待资本和劳动的政策，因此劳资博弈的结果受执政党在不同时期政策的影响。不过，在渴望经济增长且资本匮乏的国家，其执政党往往更倾向于偏袒资方。资本的相对稀缺性和自由流动性在很大程度上削弱了政府对资本的控制。比如，在改革开放初期，中国政府为了最大限度地吸引外资，就采取了相对宽松的劳工政策，不太注重劳动保护，而且抑制工人的有组织抗争，相反对外来资本则给予了减免企业所得税等优惠政策，劳动力成本的比较优势是中国受外资欢迎的重要原因之一。2008 年以后，伴随着新的《劳动合同法》的实施，中国政府转向更加保护劳工的政策，企业在劳动报酬和保险福利方面的负担增加，这导致中国的很多劳动密集型产业开始向劳动力成本更低的东南亚等其他发展中国家转移。

在两党或多党竞争的民主政体下，劳资博弈会与政党的选举竞争关联在一起。不同政党可能拥有不同的社会基础和意识形态，有的政党是维护资本家力量的，有的政党是代表工人阶级利益的。如果偏袒资本方的政党上台执政，该政党就会压制劳工的权益，出现更有利于资方的利益分配方案，如矩阵 1 中的（方案一，方案一）；如果保护劳工方的政党上台执政，该政党就会抑制资方的权益，出现更有利于劳方的利益分配方案，如矩阵 1 中的（方案二，方案二）。更重要的是，在政党政治下，各个政党以获得执政地位和争取连任为追求目标。为了实现这个目标，一个政党对资方和劳方采取怎样的立场并不会完全固守其意识形态，而是一种可供选择的政治策略。某些政党特别是反对党在总统选举期间，可能利用劳资争议作为竞选题材，释放出维护工人权益的信号，以争取数量上占优势的工人的选票。这种竞选策略会使工人的抗争得到来自政党的政治支持，也助长了工人提高权益的预期，甚至会激发工人采取大规模罢工这种激烈的抗争形式。

在经济全球化的背景下，资本匮乏的发展中国家之间在吸引外资上存在竞争，影响这种竞争结果的重要因素之一是这样的国家在协调劳资关系上的治理能力。如果在东道国政府的有效协调下，劳资博弈的均衡结果是矩阵 1 中的（方案一，方案一），则这个国家可能吸引更多的外来资本；如果东道国政府严格执行保护劳工的政策或者没有能力抑制劳工对报酬的过高要求，劳资博弈的均衡结果是矩阵 1 中的（方案二，方案二），则这个国家就会在对外来资本的竞争中处于下风。

对于既实行民主政体又渴望外国投资的发展中国家而言，其在外来资本与本国劳工的利益分配冲突上面临着两难选择。一方面，它需要外国资本来刺激本国经济增长和创造就业机会；另一方面，它也需要得到本国劳工的政治支持。如果东道国的执政党采取偏袒外资的立场，就要压制本国劳工的利益，而这会引发本国劳工的不满，在选举竞争中执政党可能就会失去劳工的支持；如果东道国的执政党采取保护劳工的立场，就会伤害外国资本的利益，导致外国资本的转移。在这种情况下，即使通过采取动员劳工支持而赢得执政地位的反对党上台，其也需要在满足底层劳工期望与维护外来资本利益之间取得新的平衡。

二 中色集团在赞比亚遭遇的罢工：案例描述

中色集团是在赞比亚私有化改革和全球资本自由流动的背景下进入赞比亚的。1998 年 6 月，中色集团与赞比亚政府和赞比亚联合铜矿有限公司正式签署了合作开发合同，共同组建中色非洲矿业有限公司（NFCA），中方以 2000 万美元购得合资公司 85% 的控股权，赞方保留 15% 的股权，产权范围包括谦比希矿区 85 平方公里的地下资源开采权（含主矿体、西矿体、下盘矿体、东南矿体）和勘探权以及 41 平方公里的地表使用权。2004 年中色集团又投资成立了谦比希湿法冶炼有限公司，兴建了湿法冶炼厂和硫黄制酸厂。2006 年中色集团与中铝云南铜业公司共同出资兴建了谦比希铜冶炼厂。2009 年 6 月，中色集团又购买了卢安夏（Luanshya）铜矿 80% 的股权，包括巴鲁巴（Baluba）矿区和穆利亚希（Mulyanshi）项目。除了铜矿开采和冶炼之外，中色集团还负责投资、运营和管理赞比亚中国经济贸易合作区，包含谦比希园区和卢萨卡（Lusaka）分区两个经济区。截至 2012 年 2 月，中色集团已在赞比亚拥有 9 家出资企业，累计投资近 20 亿美元，缴纳税收近 1 亿美元，为当地提供 12500 个就业岗位，投入基础设施建设 1.3 亿美元，捐款近 1000 万美元（张意轩，2012）。

中色集团刚来到谦比希铜矿时，盘活了这座已关闭多年的死矿，一度被当地民众视为救星。但好景不长，此后在国际铜价上涨的背景下①，由于劳动合同、工资待遇和劳动条件等问题，赞比亚矿工与中方管理层之间的矛盾开始加剧，罢工事件时有发生。根据百度新闻搜索结果统计，从 2004 年至 2011 年中色集团所属企业在赞比亚遭遇的罢工事件至少有 10 起，由于篇幅关系这里重点介绍一下谦比希铜矿所经历的三次罢工。

（一）2004 年和 2006 年的罢工

2004 年 6 月，谦比希铜矿工人在没得到工会许可的情况下就直接举行了罢工，这次罢工规模很小，主要是不同类型的工人薪酬上的差异引起了不满。在 NFCA 与工会签署 2007 年集体协议之前，在大约 2063 名雇

---

① 铜价从 2001 年 11 月的每吨 1400 美元上涨到 2006 年 4 月的每吨大约 7000 美元。矿工们可以从 BBC 广播和公司杂志中得知国际铜价的走势。

员中只有56名永久雇员，其余的要么是临时工，要么是6个月到3年不等的合同工。这些临时工没有养老金，只有服务期满时的佣金，他们比固定工得到更少的住房、医疗和教育津贴。

对于这次罢工，一位矿工说道：“我们大部分人之所以不高兴，是因为凭什么跟我一样的条件和做同样工作的朋友却拿两倍于我的工资……当我们听到管理层拒绝对我们的要求让步，我们甚至等不及向工会代表申请罢工报告。我们立即就开始了罢工。腐败的工会（指的是赞比亚矿工工会，MUZ）说服我们返回到工作岗位，我猜他们已被管理层收买了。”（Lee，2009：660）

2006年7月的罢工发生在谦比希铜矿的工会和中方管理层的集体谈判期间。中方实际已经同意支付工人一些拖欠的工资。不幸的是，工资科发生一些计算错误，在工人的工资单上并没有显示支付工人的拖欠工资，而是明确显示被扣除了。当夜班工人在他们开始工作前看到工资单时，他们愤怒了。夜班工人破坏了矿上的设备，攻击了一名中方管理人员。第二天早上，随着门口的吵闹变成骚乱，一名工人被保安开枪打伤。当他被杀的谣言四散传开的时候，另外一群矿工冲击了中国人的居住区，一名惊慌失措的管理者又开枪打伤了另外五名矿工（布罗蒂加姆，2012：5~6）。一位参与了与中方管理者谈判的工会分部代表说：“正是这次罢工让中国人感到了害怕……它虽是非法罢工，但却是必要的，因为它是实现我们目标的最快方式。”（Lee，2009：660）

这次罢工的结果是，NFCA同意了基本工资上涨23%，如果包括津贴的话，实际总的增幅达到65%。以前的合同工也变成了固定工，临时工也签署了1~3年的合同，并承诺在不久的将来变为固定工。

这次罢工刚好发生在当年赞比亚的总统大选之前，在9月的总统大选中，反对党爱国阵线领袖迈克尔·萨塔（Michael Sata）把中国在赞比亚铜矿和贸易部门的存在当成了竞选议题。萨塔曾应台湾当局邀请而对台进行访问。他称来自中国的援助和投资是“特洛伊木马”，他声讨到，“我们必须万分小心，因为如果我们对他们听之任之，我们将会遗憾终生。中国正在榨取我们。我们正在变得更加贫穷，因为他们正在攫取我们的财富”。后来获胜的赞比亚总统利维·姆瓦纳瓦萨（Levy Mwanawa-sa）对中国资本却有不同观点，他反驳说：“中国政府已经给我们国家带来了很多投资，你们忍心反对中国人吗?”（布罗蒂加姆，2012：6）

(二)2011 年的 10 月的大罢工

2011 年 10 月,中色集团谦比希铜矿遭遇了长达两周多的大罢工,引起国内外广泛关注。这次罢工发生在迈克尔·萨塔在 9 月 22 日赢得总统大选后不久。10 月 5 日早上,没有与工会进行沟通,工人们就突然举行了这次罢工,提出一次性涨工资 200 万克瓦查(约合 400 美元)的口号。NFCA 管理层和矿业工人工会均认为,这次罢工因加薪谣传而起。据说这个加薪要求,是工人们在比较附近印度人投资的孔科拉(Konkola)铜矿的工资差距后提出的。但中方管理层认为,赞比亚工人不考虑谦比希矿比孔科拉矿的品位低、开采成本高、人均年产量低等事实。而且,中方管理层近年来也在不断提高工人的薪酬待遇,如 2009 年加薪 5%,2010 年加薪幅度甚至达到 12%。

罢工发生后,中方管理者找到工会代表进行协商,但工会也不清楚谁组织了此次罢工。尽管如此,中色集团副总经理陶星虎要求工会必须和管理层同时做工人的工作,按照程序办事,由工会代表工人与管理层进行薪资集体谈判,但工人从不予以理睬。随后,谦比希铜矿全部停产。部分极端的罢工工人打出反华口号,要求撤换中方管理层,甚至要求 NFCA 退出赞比亚。事态异常紧张,陶星虎积极通过有关渠道,努力寻找与萨塔总统见面协商的机会。

其间,NFCA 曾就工资问题做出让步,承诺加薪 20 万克瓦查,不过仍有少数工人阻止其他工人复工。10 月 19 日,NFCA 决定,根据相关法律法规[①],谦比希铜矿将 2000 多名工人全体解雇,并给予工人 48 小时的申诉期,在此期间愿意复工的工人可以填写申诉表,重新获得工作,否则予以开除。

2011 年 10 月 20 日,陶星虎见到了萨塔总统,向其解释集体开除只是一个敦促工人尽快复工的手段,2011 年的提薪计划也早已包含在当年的公司预算中,只是尚未到一年一度的薪酬集体谈判时间工人就举行了这次大罢工。这一解释获得了萨塔的谅解,他委派赞比亚矿业部长斯穆萨(Wylbur Simuusa)负责调停 NFCA 劳资问题。

---

① 依照赞比亚的法律,矿业工人的工资应在合同期满前三个月内,由工会和管理层集体谈判决定。但当年的工资集体谈判尚未启动,谦比希铜矿的工人就在未请示工会的情况下突然自发举行罢工,因此这次罢工属于非法罢工。

10月21日，在斯穆萨的主持下，赞比亚矿业工人工会铜矿省基特韦市主席与NFCA总经理王春来签署协议，工会承诺所有员工于10月22日立即复工，谦比希铜矿承诺接纳所有员工复职。10月26日，矿业工人工会的代表与NFCA开始了当年的集体薪酬谈判，在双方的反复沟通和协商下，中方管理层最后决定将基本工资水平由189万克瓦查提高到220.7万克瓦查，工会对这个结果还是比较满意的。

三 劳资冲突背后的原因：三方博弈分析

通过上文的描述来看，中色集团频繁遭遇的劳资纠纷事件体现了中方投资者、当地劳工和赞比亚政治当局三方力量之间的复杂博弈关系。

（一）中色集团的劳工管理体制

为了降低运营成本，中色集团在赞比亚的发展初期很大程度上采用了相对灵活的用工体制，大量使用短期合同工和临时工，尽量压低工人的工资标准和福利待遇。因此，不同合同类型员工之间的薪资差异，以及与其他大型铜矿相比更低的报酬，招致了当地矿工的反感和不满。尽管中色集团拥有的矿山存在着不易开采、品位率低、投产时间短等客观现实，但当地矿工却并不顾及这些，而是做横向比较，要求同工同酬。中国资本一度留下了吝啬和剥削的坏名声，再加上一些中方管理人员对当地矿工缺乏尊重，管理方式简单粗暴，不愿与当地矿工加强沟通，只是把他们视为卖苦力的劳役，这样的态度和做法极易招致当地矿工暴力性的抗争。

另外，相较于西方公司，中国公司习惯于在管理、技术等关键岗位上使用更多从中国国内过去的员工，而赞比亚对外籍雇员工作许可证的限制越来越严。中国公司之所以这样做主要是由于中国雇员好指挥、效率高、更可靠。语言和文化的差异、再加上赞方员工在工作技能和劳动纪律等方面的不足，使得中方管理者在很多岗位上不愿或不敢使用当地人。但这样的话，就会减少当地雇员上升到各级管理层的机会，也会忽视对当地基本技术队伍的培养使用，而这正是赞劳动部门和当地员工所不希望的（王小卫，2007）。

NFCA在成立之初，由于缺乏应对工会的经验，并习惯了国内那种一切由管理层说了算的做法，所以顽强地抵制工会组织的扩大，不同意合同工加入矿业工会。这一做法使得公司合同工对公司的意见和要求缺乏代言人，不满情绪很大（王小卫，2007）。初来乍到的中资企业试图运用中国国内的经验使工会成为管理层的附庸，或者试图通过与工会领导拉关系的方式搞定工会[①]，但这种企图让别国工会适应中国固有观念和管理模式的做法被证明是行不通的。

（二）赞比亚矿工的工作伦理和抗争传统

中色集团遭遇的劳资冲突除了纯粹经济利益的原因外，也与赞比亚矿工的工作伦理和劳动文化有很大关系。中方管理者与赞比亚工人在薪酬水平、劳动效率、劳动纪律等方面的分歧和争议反映了两种不同劳动文化之间的冲突。

改革开放以来，中国经济增长模式的一个显著特点就是依靠劳动力的成本优势，大力引进外资，发展出口加工业。外资之所以青睐中国，与中国劳工的低工资、能吃苦、守纪律等特点分不开。所以，来到赞比亚的中方管理者也以这样的工作伦理要求当地工人，但遭遇到的却是不能接受和冲突。赞比亚的失业率很高，中方管理者认为，当地员工应该珍惜中国资本创造的就业机会，努力工作，省吃俭用，为今后着想。不过，一名赞比亚工人却反问道："我们是很需要工作，但不能因为你给了我们工作，就像奴隶主一样剥削我们。我们要一份根本不能养活自己的工作干什么？"（沈乎、韩薇，2011：52）在不少中资企业中，不论管理层还是普通员工，超时工作很普遍，几乎没有加班工资。一名矿业企业前管理人员说："中国人跟赞比亚人说理，说我才挣这么点，说得赞比亚人哑口无言，憋了一肚子火离开。但辩论能解决问题吗？最后赞比亚人冲进办公室跟中国人拍桌子，说你们中国人愿意接受低工资是你们的事，我们不接受。"（沈乎、韩薇，2011：53）

赞比亚工人的劳动效率也让中国企业头疼不已。当地工人只接受按时计酬，能奖不能罚，无法推行计件工资，只能实行过程管理，不能实行结果管理。"赞比亚工人到点就下班，多工作一个小时就问你要加班费。有一次采矿过程中搞爆破，架子搭好了，炸药装上了，就缺点火这一步。工人一看到点下班了，收拾东西就走了。你能想象这种情况在中

---

① 中国企业邀请赞比亚的工会领导到中国免费考察的做法在矿工中招致了很大的猜疑，他们怀疑资方在"收买"工会，增加了矿工对工会的不信任。参见 Ching Kwan Lee（2009）。

国发生吗？不说别的，炸药在那儿放一夜多危险呐，他根本就不想。”一家中资矿企的管理人员苦恼地说：“你能想象吗？我们要抢进度完成目标时，撒手锏就是上中国工人，24 小时连轴转。中国工人背个书包，带个饭盒下去，一干就是十几个小时。”（沈乎、韩薇，2011：53）

赞比亚的矿工经常因对工会集体谈判的结果不满或者为了快速获得想要的目标而举行未经工会许可的非法罢工，草根抗争是赞比亚铜矿带的一个持续特征。从迈克尔·布洛维 1960 年代末的研究（Burawoy，1972）到米尔斯·拉莫最近的研究（Larmer，2007），都提到普通矿工对其工会领导的怀疑和不信任，这在赞比亚矿区的工人阶级历史中有着长久的传统。矿工与工会之间的不信任导致工人抗争的自发性和周期性爆发，它们并不受工会、政党或仲裁委员会的控制。正如一位矿工所解释的：“当他们（工会领导）与管理层谈判时，通常不能达成协议。他们不会有那种热情和激励……我们举行的所有罢工都是由工人自己而不是工会发起的。他们胆小懦弱……因为我们矿工不可能同时向管理层反映工资的事，那属于工会的职责。但是，就迫使管理层提高我们的薪资而言，恰恰是工人自己来争取的。罢工是最有效的，不过工会一直反对这样做。在大多数情况下，工会会达成我们不喜欢的协议，并且经常将他们已与管理层达成的事情强加于我们。”（Lee，2009：663）。如果清楚了赞比亚矿工的工会文化和抗争传统，我们就能明白他们为什么经常举行非法罢工。面对赞比亚矿工激烈的集体抗争，每次罢工往往都是以资方的让步而告终。

（三）赞比亚政治当局立场与劳资冲突

即使失业率居高不下，但赞比亚仍沿袭着英国的法律体系，有着超越其经济发展阶段的劳工保护法律条款。正如赞比亚中国经济贸易合作区副总经理昝宝森所抱怨的：“实在是‘太健全’了，法律水准有点超前……快 50% 的人没工作了，还要搞这么多房补、教育补、交通补，还不能随便辞人，要有不良工作记录才可以。”（张哲，2010）不过，关于外资企业对这种保护性劳动法律的遵守情况，赞比亚政府可以选择严格执行，也可以选择宽松执行。赞比亚执政当局的立场在外来资本与本地劳工的冲突中扮演着重要角色。

多党民主运动在赞比亚连续执政长达 20 年（1991～2011 年），这期间的几任总统都采取大力引进外资的政策，中国资本也正是在此期间获得扩张。从奇卢巴（Chiluba）、到姆瓦纳瓦萨，再到班达（Banda），这几任总统不仅从未公开发表过对中资不利的言论，甚至为中国资本进入赞比亚提供大力支持，在发生劳资冲突时往往也会偏袒中方管理者、谴责当地劳工，奉劝当地劳工珍惜工作机会。由于部分中国投资者习惯走上层路线，和赞比亚执政当局交往过密，因此，当地民众和矿工认为，中资企业助长了首都卢萨卡统治集团的腐败，普通民众受益较少。通过寻求执政当局庇护来抑制劳工反抗的做法，使得中国企业的大量投资不但没有转化成为当地民众的认同和拥护，反而激化了本地矿工与中资企业之间的冲突。

之前曾于2001年、2006年和2008年三次参加总统竞选失利的反对党爱国阵线领袖萨塔终于赢得2011年9月的赞比亚总统大选，结束了长达20年的多党民主运动政权。在赞比亚民主选举政体下，外资企业与地方民众的冲突，成为反对党利用的话题。萨塔就是以民粹主义的立场争取政治支持的，他的支持者多为对执政当局不满且迁怒于外资的底层民众。爱国阵线利用中资企业与当地矿工之间的冲突，经常以矿工、矿难和“中国掠夺”为题材，打着“赞比亚是赞比亚人的赞比亚”旗号，向外国资本及亲外资的执政党多党民主运动发难，借此争取矿工手中掌握的选票。萨塔的竞选策略，在获得底层民众和矿工政治支持的同时，也激发了矿工反抗外国资本的罢工潮。

在2011年的竞选中，萨塔虽不再提及中国问题，只是泛泛地承诺“更多工作，减税，让你口袋里有更多钱”，但是萨塔的亲民主义立场已深入民心。2011年大选结束后，罢工潮席卷赞比亚各地，它们不仅针对中国资本，也针对其他外国资本，中色集团遭遇的大罢工只是其中之一。此次罢工潮是赞比亚民众对多党民主运动政权长期以来过分亲近资本、忽视民生、贪污腐化的愤怒的集中爆发，也是在向新当选的萨塔政府施压，要求其履行竞选承诺的集体行动。

但实际上，萨塔并不是彻底的反外资和反华主义者，他只是想通过批评外国资本的竞选策略获得矿工的选票支持，并不希望矿工过激的要求和抗争而赶走外国投资者。这从萨塔上台后采取的一系列举动可以看出。2011年9月26日，萨塔在上任后的首个官方活动，就选择了会见时任中国大使周欲晓，他对中国公司在赞比亚的投资表示欢迎，但同时希望中国公司遵守赞比亚的相关法律，雇用更多的当地人而非中国人。10月29日，萨塔又在总统府举行了一场有上百位中国工商界人士和华人华侨参加的午餐。之后又分别于11月和12月派赞比亚开国总统卡翁达（Kaunda）和副总统盖伊·斯科特（Guy L Scott）访华。萨塔政府的这些举动向中国企业和政府传递了“加强合作，共同发展”的强烈信号。不过，为了兑现其在竞选期间的一些承诺，萨塔政府也着手在最低工资、矿业税等方面进行政策调整。比如，将一般雇员的最低工资提高至1132400克瓦查（不含住房、午餐和交通补贴）；将贱金属和贵金属适用的税率分别由3%和5%提高至6%。可见，萨塔上台后在继续欢迎外国资本加大投资并承诺为其提供安全的投资环境的同时，也要求外国投资者严格遵守赞比亚保护性的劳动法规并适度提高最低工资标准，试图在消除外国投资者顾虑与满足底层矿工期望之间寻找一个新的平衡，但这在一定程度上会提高外国资本在赞比亚的经营成本。

四　总结与讨论

中色集团在赞比亚遭遇的劳资冲突是多重原因导致的。首先，赞比亚矿工对中资企业提供的工资福利和劳动条件不满意，他们不断地通过集体谈判甚至非法罢工等方式来尽量争取更高权益。其次，赞比亚矿工的劳动观念、工作伦理和工会文化与中国国内情况迥异，简单地把中国国内的管理观念和惯例照搬到那里必然会遭遇冲突。最后，在赞比亚的民主选举政体下，反对党利用外国资本与当地劳工之间的冲突，通过批评外国资本的方式争取劳工的选票支持，这加剧了当地劳工对中国资本的抗争。

中色集团在赞比亚案例的特殊价值在于让我们认识到外来资本与当地劳工的冲突不单纯是一个有关利益分配的经济问题，在政党政治背景下劳资关系可能会演变为政治风险。如果对待外来资本的立场成为东道国主要政党在选举竞争中的关键议题，那么这种国内政治竞争就会波及投资国与东道国的国家间关系，从而转化为国际政治问题。中国企业在海外经营中的确需要支付合理薪酬、积极承担社会责任，以处理好与当地员工、社区居民的关系。但是，如果一味地顺从当地劳工和民众的要求，这无疑会大大增加企业的运营成本，降低企业的所得利润。东道国政府在调解外来资本与当地劳工的争议中扮演着重要角色，因此中国企业和政府需要通过观察东道国政治动态和施加政治影响来维护自身利益。在实行民主政体的东道国，中国企业和政府不仅要处理好与执政党的关系，还要与主要反对党建立联系通道，了解其对待外国资本的真实意图和竞选成功的可能性。中国企业和政府要学会在东道国政党竞争中寻求对自身利益的保护，降低中资企业在今后的总统选举期间可能遭遇的不确定性，同时游说执政当局采取适度而不是过分的劳工保护政策。中国企业已经在赞比亚投入了大量资金，如果其不能转化为一定的政治影响力，那么中国投资将面临很大的潜在政治风险。

参考文献

贝弗里·J. 西尔弗，2012，《劳工的力量：1870 年以来的工人运动与全球化》，张璐译，社会科学文献出版社。

黛博拉·布罗蒂加姆，2012，《龙的礼物：中国在非洲的真实故事》，沈晓雷、高明秀译，社会科学文献出版社。

刘世定，2011，《经济社会学》，北京大学出版社。

沈乎、韩薇，2011，《中色赞比亚罢工事件》，《财新周刊》第 43 期。

王小卫，2007，《中国矿业公司的海外经营——中国有色集团谦比希铜矿的经营实践（上）》，《世界有色金属》第 9 期。

王小卫，2007，《中国矿业公司的海外经营——中国有色集团谦比希铜矿的经营实践（下）》，《世界有色金属》第 10 期。

亚当·斯密，1972，《国民财富的性质和原因的研究》，郭大力、王亚南译，商务印书馆。

张意轩，2012，《赞比亚中国经济贸易合作区成立五周年庆典在京举行》，人民网，http://world.people.com.cn/GB/57507/17018224.html。最后访问日期：2014 年 7 月 20 日。

张哲，2010，《超越争议的非洲开发 中国在赞比亚的真实存在》，《南方周末》4 月 8 日。

Burawoy, Michael. 1972. *The Colour of Class on the Copper Mines: From African Advancement to Zambianization.* Lusaka: Institute for African Studies.

Chama, Brian. 2010. "Economic Development at the Cost of Human Rights: China Nonferrous Metal Industry in Zambia". *Human Rights Brief*, 17 (2).

Eden, L. and S. R. Miller. 2004. "Distance Matters: Liability of Foreignness, Institutional Distance and Ownership Strategy". Hitt, M. A. and Cheng J. (eds.) *Advances in International Management.* New York: Elsevier.

Larmer, Miles. 2007. *Mineworkers in Zambia: Labor and Political Change in Post - Colonial Africa.* London: Tauris Academic Studies.

Lee, Ching Kwan. 2009. "Raw Encounters: Chinese Managers, African Workers and the Politics of Casualization in Africa's Chinese Enclaves". *The China Quarterly*, 199 (3).

Zaheer, Srilata. 1995. "Overcoming the Liability of Foreignness". *The Academy of Management Journal*, 38 (2).

（责任编辑：胡亮）

降低国际生产“利得”的协调成本

——对李国武、陈姝妤论文的评论

王水雄*

科斯（1994）曾设想（事实上他也做到了）将他的论文集的中译本命名为《论生产的制度结构》，并认为他“运用于分析西方的制度结构的方法，很可能在分析中国的制度时也同样有用，因为它将经济安排的基本方面具体化了”（科斯，序言，第1页）。这种方法，简而言之就是强调由于交易费用的存在，个人、组织或地区的专业分工会受到限制；相关的统制经济的制度结构“只能在比其他类似的统制经济或比市场运行的结果更有效率时才能生存下去”（科斯，序言，第2页）。这样的制度结构的分析方法当然也适用于分析国际生产“利得”的问题。当然，在面对国际问题时，现实取向的博弈论相较于笼统的交易费用论在细节方面能够给我们带来更多的启迪。只是在大的框架方面，考虑到交易费用的制度结构的分析方法仍然是有益的。

设想国际生产是一个组织过程，其细节自然涉及国际资本与东道国本土力量之间的谈判或曰博弈问题，其框架则适用于制度结构的分析。李国武、陈姝妤的论文《东道国政党政治下的劳资博弈：以中色集团在赞比亚的遭遇为例》（以下简称《劳资博弈》）至少能够在这两个方面给我们带来启迪。

一 海外投资的战略取向

在经验层面，《劳资博弈》分析了中色集团在赞比亚遭遇劳资冲突的

* 王水雄，中国人民大学社会学理论与方法研究中心副教授，电子邮箱：xiongshui@ruc.edu.cn。

多重原因，除了利益问题、管理方式之外，民主选举政体下的政治舆论及行为动员机制也被强调为诱因之一。由此该文也得出了这样的战略指导思路：“在实行民主政体的东道国，中国企业和政府不仅要处理好与执政党的关系，还要建立与主要反对党的联系通道，了解其对待外国资本的真实意图和竞选成功的可能性。中国企业和政府要学会在东道国政党竞争中寻求对自身利益的保护，降低中资企业在今后的总统选举期间可能遭遇的不确定性，同时游说执政当局采取适度而不是过分的劳工保护政策。”

应该指出，就中方而言，这样的战略取向总体上是较为稳妥的。不过，需要强调的是，政治人物通常都是讲究功利主义的；当选之前的态度往往非常鲜明，当选后的做法则不免趋向温和。正如《劳资博弈》中所指出的那样，在赞比亚政治中长期作为反对党领袖的“萨塔并不是彻底的反外资和反华主义者，他只是想通过批评外国资本的竞选策略获得矿工的选票支持，并不希望矿工过激的要求和抗争而赶走外国投资者”。据此，《劳资博弈》指出：即使通过采取动员劳工支持而赢得执政地位的反对党在上台后，也需要在满足底层劳工期望与维护外来资本利益之间取得新的平衡。

这么看来，“建立与主要反对党的联系通道”的“中方”主体究竟是“企业”还是“政府”可能就有讲究。如果是政府，不免会让东道国的执政党产生不满；如果是企业，则反对党领袖为了其素来的声誉不免会对此种“通道”有所忌讳。当然，企业之中，有资方与劳方之分，所以，可能由企业中代表劳方的工会出面与“主要反对党”建立“联系通道”会更为稳妥。而这又涉及代表资方的中方企业法人与工会乃至赞比亚工人代表之间的协调机制问题。从《劳资博弈》中透露的信息来看，鉴于赞比亚工人经常能绕开工会“非法”罢工，也许这种劳资协调机制才是问题的关键之所在。

二 博弈主体的分化控制

协调机制首先涉及协调的主体问题。东道国员工在企业中的异质性显然能够降低其组织起来抗争资方的风险。而这种异质性的增加，一方面可以通过增加东道国员工的晋升机会来实现，另一方面可以通过多设几个企业甚至淡化“资方”的统一性来分割。

从《劳资博弈》所反映的情况来看，“一切由管理层说了算”的粗暴分化东道国员工的做法（比如说“不同意合同工加入矿业工会”）并不可取，更可取的做法也许是分化他们的晋升预期（让员工中的相对优秀者可以通过自己的努力来晋升高级职称）和攀比取向。

中色集团在赞比亚的规模过大，雇佣员工过多，以及特色太单一（从《劳资博弈》来看，这容易导致工人将其工资与印度人投资的企业所提供的工资进行比较），也容易导致工人进行攀比，而形成可能是对中方不利的相对统一的认知和意识，比如形成中资企业品位低，靠压榨工人获取暴利等印象。这个维度的分化涉及中色集团（甚至是“中方”）自身的“分化”问题。

三 双边协调：任责政治

从赞比亚这样的外资引入国或曰东道国来看，对外来资本的争取是发展的重要动力机制之一。明智的政治家应该能意识到，引进外资只是一种发展手段，对待外国人的态度也只能说是一种策略，并不涉及主义之争和原则性问题。就此而言，东道国如何避免极“左”（完全站在劳方）和极右（完全站在资方）的做法，其实至关重要。

在对待劳资问题上，集权体制容易要么倒向这一边，要么倒向那一边。其间的转换有时候是温和的，有时候则是通过暴力方式来实现。无论如何，给外来资本的观感是：在这里，“东道国”的国际生产存在大量的不确定性，容易导致投资血本无归，所以需要时时警惕政治风向的变化。相对而言，《劳资博弈》基于赞比亚的例子，带给我们的启示是：民主选举体制有助于在实质上降低这样的不确定性。是的，偏向劳方的反对党有时通过选举能够在东道国执政，但是，他们并不会完全排斥外来资本，因为这会导致失业进而丧失选民们的支持。

此外，民主选举体制下，东道国与外来资本谈判时，似乎能够进行更具任责（commitment）的威胁和承诺。根据谢林（Thomas C. Schelling，1980）的说法，任责意味着博弈的一方公开地恶化其选择范围和决策空间，这样的举动能够提高其针对另一方的谈判地位。具体而言，由于其一直以来公开而鲜明的态度，赞比亚更具劳方立场的“反对党”领袖萨塔在 2011 年 9 月竞选获胜后，该政府相对于外来资本的谈判地位就被大大强化了：竞选过程中的公开表达是“我”获胜的关键，资本家们对不起！“我”没有其他选择，只能信守“我”一贯的劳方立场。

反观一个集权政府，要做到这一点就不那么容易了。这样的政府或执政党有时也会承诺其对外来资本的优惠政策将长期坚持不动摇（通常通过最高决策者每年在特定场合的口头表态来实现）。如果真的如此，其相关劳动者（甚至是该国的企业家）不免会受苦；如果事实与此不一致，则又面临失信于“人”（外来资本）的危险。一旦“发现”政治风向不对，外来资本甚至是本国资本可能会在短时间内迅速外逃，对国内经济造成“银行挤兑”式的效果。

四 平衡发展：权利增长

一个国家“竞争外来资本”的目的是什么？难道是为了将外资变成“风险投资”？诱敌深入，温水煮青蛙，“聚而歼之”，最后据为己有？显然，鉴于国际生产和贸易所能带来的极大的长远好处，政治家不可能如此短视。

对上述问题的解答，涉及“为什么让资本获利”这种更基本一些的制度安排问题；当然最为基本的问题是：我们需要什么样的经济和社会发展？笔者认为，经济和社会发展的最终目的是民众权利的增长（王水雄，2015b）。这种权利涉及生存发展、衣食住行等最基本的权利；也涉及人的、总不免会受到限制的自由度的扩大。这两种权利有时候是矛盾的，但更多时候是相辅相成、相互促进的。

在具体操作上，一个国家需要在满足劳工（无论是否“底层”）期望与维护资本（无论是否“外来”）利益之间取得平衡。注意：无论是对资方还是对劳方的简单偏袒，都容易造成对对方利益的“侵害”，这里存在科斯所谓的“侵害”的相互性问题。问题的关键在于通过“权利界定妥善化”和“交易费用降低”来避免“尽可能大的侵害”，实现社会产值最大化（王水雄，2015a）。

如此，最有利于社会发展的一种劳资平衡方式是：发现劳工不能忍受资方提供的待遇时，适当地站在劳工立场，推进和协调劳资双方的谈判；反之，发现资方不能承受过高员工工资的重压时，则需要站在资方立场，推进和协调劳资双方的谈判。政府作为第三方，还需要赋予劳资双方更多的公平权利（比如，减税、反垄断、社会保障、法无禁止即可为之类），让劳资获得更多合作空间与协调机会。发展这样的空间和机会，也就是发展经济与社会。

特别需要避免以这样一种方式来实现所谓的“劳资平衡”：这段时间，发现资方难以承受成本压力时，就压低劳方的工资和福利待遇；下一段时间，发现劳方不堪忍受低工资时，就剥夺资方的权益，甚至通过驱逐、惩罚资方乃至企业家来为劳方“出一口气”。这样的劳资平衡，不仅是虚幻的，而且显然不利于经济和社会发展，并会让政府权力过度膨胀——这是在集权政府体制下易于发生的现象。

中资企业海外投产遭遇为权利增长的经济发展观提供了见证，也为我们反思自己的体制提供了契机。就当今世界的国际关系而言，“己所不欲，勿施于人”的古训很有道理；反过来，也可以说，“人所不欲，勿施于己”。中色集团在赞比亚的劳资博弈遭遇，似乎意味着我们的经济发展观还没有真正定位到民众权利增长的水平上来。《劳资博弈》引述一家中资矿企的管理人员的话说：“你能想象吗？我们要抢进度完成目标时，撒手锏就是上中国工人，24 小时连轴转。中国工人背个书包，带个饭盒下去，一干就是十几个小时。”如果这是普遍现象，那么看来，我们自己的体制似乎是在通过“剥削”“中国工人”（“中国工人”如此勤劳勇敢可能自有其“合理”的原因）来补贴世界其他国家？而其他国家的劳动者还不买账！

参考文献

罗纳德·H. 科斯，1994，《论生产的制度结构》，盛洪、陈郁译，上海三联书店。

王水雄，2015a，《“产权明晰”的迷思：科斯是怎么被误解的》，《中国社会科学内部文稿》第 2 期。

王水雄，2015b，《权利分层：社会分层研究必要的补充维度》，《社会学评论》第 6 期。

Thomas C. Schelling. 1960/1980. *The Strategy of Conflict*. Harvard University Press.

（责任编辑：胡亮）

经济社会学研究 第三辑
第 21～51 页

政企关系、双向寻租与中国的外资奇迹*

耿 曙 陈 玮**

摘 要： 中国究竟如何创造出外资奇迹？根据笔者调查，中国吸收的制造业外资中，相当比例是受各地政府的优惠政策吸引。但地方政府为何如此热衷招商？关键在政府与外资间的"双向寻租"活动。这种活动既有传统寻租的企业逢迎政府，也有政府逢迎企业的"反向寻租"活动。笔者认为，正是这样的反向寻租，一方面遏制了寻租活动的过分猖獗，另一方面诱使地方政府提供大量优惠，换取外资企业的投资落地。中国的外资奇迹就这样被制造出来了。本文聚焦在"招商引资"过程中的政企互动，说明地方政府与外资企业的激励机制、行为及其后果。通过上述分析，笔者希望对中国如何参与国际生产提供一个制度层面的解释。

关键词： 政企关系 外资 地方政府 招商引资 寻租

一 招商引资在中国

根据一般看法，中国进入 20 世纪 90 年代后，其持续高速增长与参与

* 本文曾发表于《社会学研究》2015 年第 5 期。

** 耿曙，上海财经大学公共经济与管理学院常任轨副教授，电子邮箱：skeng 0731@163.com；陈玮，上海财经大学公共经济与管理学院博士，电子邮箱：mcdull_chenwei@163.com。

全球生产有关（Zweig, 2002；Steinfeld, 2010）。证据之一是此时中国的经济产值中，出口占有很高比例。① 再进一步看，中国出口中外资创造的比例又出奇得高。② 这说明中国过去1/4世纪的经济奇迹，很大程度得归功于成功的招商引资。这个招商的过程，启动于20世纪90年代，在中国加入WTO（2001年）之后，外资流入直线上升。中国不但成为发展中国家的翘楚（参见图1），也是全球数一数二的外资吸收国。

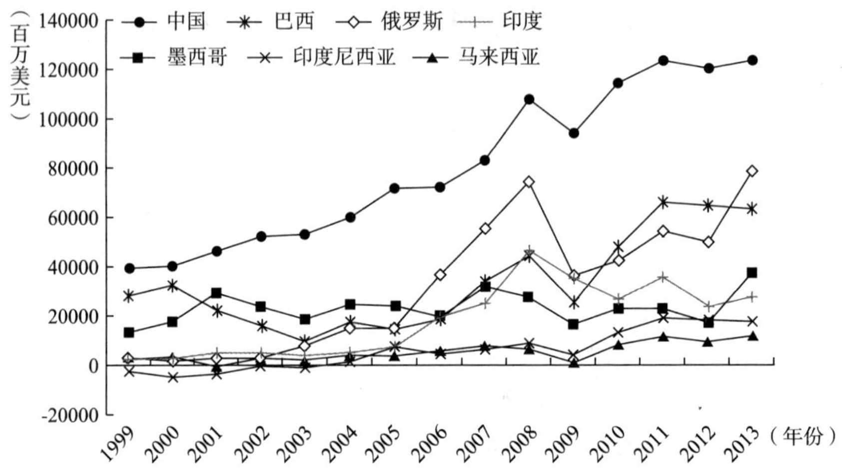

图1 1999~2013年主要发展中国家FDI流量比较（单位：百万美元）

数据来源：UNCTAD（2014），http://unctadstat.unctad.org/wds/ReportFolders/reportFolders.aspx，获取时间：2014年10月23日。

外资对中国既然如此关键，中国引资又如此成功，③不免让人进一步追问：中国如何吸引如此大量的外资？此即本文希望回答的问题。笔者根据多年来针对沿海外资的田野调查发现，中国吸收的制造业外资中，极大比例是被政府优惠政策所吸引，而后者又与央地关系和政企互动有关（Li & Zhou, 2005；张军、周黎安，2008；Xu, 2011）。具体而言，由于中国经济的央地分权结构，加上政府体制的晋升考核，落实到具体的

① 根据国家统计局数据，1995~2013年，中国出口总额占GDP比重平均达到25%，最高年份可达35%，最低也有20%左右。数据来源：http://data.stats.gov.cn，获取时间：2014年10月23日。

② 根据国家统计局数据，2005~2013年，外资企业投资出口比例占出口总额比例平均达55%，最高接近60%，在某些战略意义更高的产业（如光电产业）中，这个比例更曾经逼近8成。数据来源：http://data.stats.gov.cn，获取时间：2014年10月23日。相关议题也可参看芬斯特拉、魏尚进（2013）的第12、13章。

③ 有关中国吸收外资的整体情况，崔新健（2008）提供了一个极清晰的图像。

招商/投资过程中，引发了地方政府与外资企业间的双向寻租活动。此一过程既包括传统意义的企业逢迎政府（Buchanan，Tollison and Tullock eds.，1980），也出现了政府扮演“寻租者”（rent-seekers），外资类似“设租者”（rent-setters），政府逢迎企业的反向寻租活动。根据作者考察，正是这样的反向寻租，一方面遏制（传统）寻租的过分猖獗，另一方面则诱使政府提供补贴，换取外资落地的好处。进一步看，既然地方政府竞相争取，外资企业自能在投资谈判中，逼迫政府提供超额补贴。因此，正是双向寻租式的政企互动，尤其反向寻租，诱使地方政府提供补贴，吸引来巨额外资。

为了说明上述过程，本文后续内容将安排如下。第二节针对中国吸收外资问题，检讨了“市场驱动”（self-directed/market-driven）与“政府招募”（government-attracted/state-led）两类解释，同时聚焦于微观层面的政企互动。第三节将根据作者自2002年以来针对台资、港资为主的外商持续进行的调研，说明“反向寻租”如何形成，特别是在“招商引资”过程中，地方政府与外资企业的激励、行为及其后果。第四节则进一步探讨，“反向寻租”的结构如何进一步诱发政府与政府间的竞争、政府与企业间的博弈，使得政府最终落入“自我强化”（self-reinforcing）的陷阱，进一步扩大对外资的竞逐与补贴。结论则希望以本研究为起点，对中国如何参与国际生产提供一个历史制度层面的解释。

二　中国如何创造外资奇迹？对立的分析视角

针对中国如何吸收大量外资的问题，学界的解释大概可分两类：市场解释与政府解释，[①]当然也有不少表面强调政府角色，本质仍为市场解释的研究。我们在此一并回顾，考察它们对分析外资流入的长处与不足。

（一）外资流入的市场解释

首先为解除管制观点，这是标准的市场解释。最典型的代表为杨开忠、陶然、刘明兴的论点（2003）。他们认为改革开放后的经济变迁导因于国家逐步退出，市场发挥作用。依此逻辑，外资之所以流入中国，为

① 针对相关研究，仍缺乏理论层面的文献综述，罗长远、张军（2008）虽非综述性质，仍可以参考。

的是追逐要素与市场优势，政府只消高抬贵手，外资自然络绎于途。[①] 但进一步看，在中国改革的背景下，市场的空间都得来自政府创造，不论其有意或无意。强调“刻意创造”者如林毅夫、蔡昉、李周（1999），他们认为中国的高速增长，关键在政府调整策略，主动顺应市场，开发比较优势（廉价劳工），外资因此逐利而来（张军，2008：188～194）。侧重“无意后果”者如黄亚生（Huang，2003），他认为由于政府重点保护国企、因而弱化民企，一旦门户开放，两者都难匹敌，外资因此长驱直入，纷纷投资中国。

上述解除管制虽为主流，却存在下述三项疑问。首先，即便已有所放松，管制在中国却仍然无所不在，自律市场仍远弱于其他国家，为何能够得到外资如此的青睐？其次，若因中国内资普遍孱弱，外资因此纷纷投入，他们首应抢占国内市场，而非拓展制造外销，[②]毕竟论及出口的扩张，内资与外资间并无竞争关系。最后，根据作者调查，地方政府的积极作为，往往是外资助力而非阻力，因此市场解释似显捉襟见肘。因此后续讨论，都更侧重政府——尤其地方政府——作为。

财政联邦是另一个较为典型的观点。此观点虽强调地方政府，却视其为市场代理（agent），行为取决于类似市场结构的财政分权。代表学者如蒙蒂诺拉、钱颖一和温加斯特（Montinola，Qian & Weingast，1995），他们强调“中国式的财政联邦制”——中央政府维护竞争秩序，地方政府为扩大财政收入，只能参与类似市场竞争的区域竞争，自我改进效率，因而诱发经济（尤其非国有部门）蓬勃发展。与之契合的两类研究，一类侧重内部治理，如戴慕珍（Oi，1992）强调政府为创造财政收入，组建“地方发展国家”（local developmental state），对外招商引资，对内扶持产业。另一类则强调适应环境，如陶然等（2009）说明为能回应作为央地互动框架的“分税制”，地方乃结合土地开发与对外招商，发展出“收入最大化”的方案。

地方政府作为财政联邦框架下的“行动者”，其行为与民营/私营企

① 与此类似的观点，可以参考较具代表性、类似研究手册的勃兰特、罗斯基编著的《伟大的中国经济转型》（2009）当中由李·布兰施泰特（Lee Branstetter）与尼古拉斯·拉迪（Nickolas Lardy）两位所撰写的，讨论中国外资外贸的《拥抱全球化》一文（第540－583页），其中完全未曾提及招商引资。此外，一份流传很广的研究报告则特别强调，吸引外资的关键在投资环境，地方政府（以税收减免为主）的优惠政策，并“没有吸引到大量外商直接投资”（世界银行东亚与太平洋减贫与经济管理局，2007：58－59）。

② 制造业一向为外资投入的主要对象，一般占有七成以上的比例，产品也多半为出口导向。

业类似，均反映成本－收益，争取外资也是“将本求利”，所以财政联邦观点的本质仍为市场解释，也因此难免面临类似质疑。首先，如果招商引资目的在增加财政收入，为何偏好“税负减免”作为招商手段？毕竟，今日的减让未必保证未来的回收，且手段或将戕害目的，不免让人存疑。其次，地方若意在财政收入，未必非得依赖外资，因外资享受各种优惠，利税贡献有限，加上较难任意汲取。但少见地方政府招募内资，可见招商似非只为财政收入，外资指标本身就是政绩。最后也是最根本的问题，地方政府的招商，究竟基于经济目的还是政治考量？若是前者，招多招少视自身需要而定，招商引资应有上限；若是后者，招商意在展现政绩，那么数量既与需要无关，更得较同侪出色，地方政府间常会不计成果、层层加码，彼此激烈竞争。后者正是“招商引资”的特征。

市场解释的问题，在其预设“外资流动取决于经济需求”。对此，我们可以比较东部与西部省份的外资流入。从图 2 中可见，相较于投资环境更好、平均获利更大的东部省份，西部的外资却增速更快，交叉点则是启动区域平衡战略的十六届三中全会后。① 此外，在市场发展趋缓、景气较低迷的 2007 年到 2009 年，西部增速也更为明显。再从微观面来看，根据笔者调研，自 2000 年中期之后，不少台资虽感西部环境不佳，但受各种优惠吸引，还是纷纷展开内迁。② 换言之，此类外资的流向，主要受政府政策所驱动。外资流动既然独立于经济需求之外，就只能乞灵于市场解释之外的解释了。

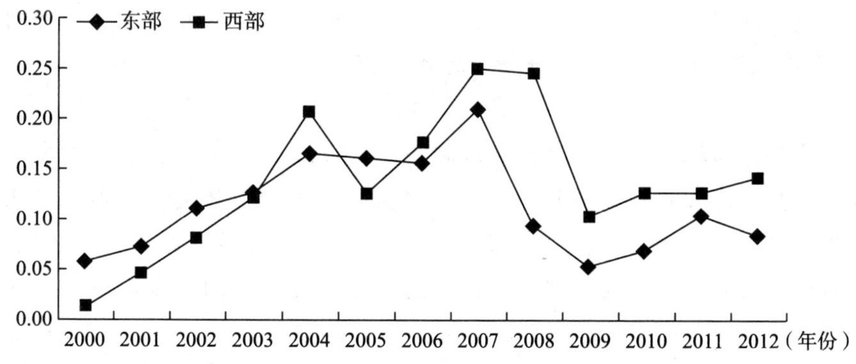

图 2　2002～2012 年西部与东部外商投资增长率趋势图

资料来源：国家统计局网站，http://data.stats.gov.cn，最后访问时间：2014 年 10 月 23 日。

① 见《中共中央关于完善社会主义市场经济体制若干问题的决定》，http://www.gov.cn/test/2008－08/13/content_1071062.htm，最后访问时间：2015 年 2 月 24 日。

② 一个很好的案例为耿曙等（2013）。

（二）外资流入的政府解释

根据政府视角，驱动外资流入中国的关键不是市场获利，而是招商引资政策。招商引资的主体，则是中国的地方政府。[①] 但地方政府为何如此关键？最完整的解释来自晋升竞争观点。它认为地方政府扮演要角，其激励来自国家内部，而非实际发展需要。此观点历经荣敬本等（1998）、白素珊（Whiting，2001）、金山爱（Edin，2003），完成于周黎安（Li & Zhou，2005；张军、周黎安，2008；周黎安，2008）的研究。它主要强调中央/上级基于“相对政绩”考核，并以“职务晋升”作为激励，下级政府则资源丰富，能力巨大，如愿奋力一搏，自不难引入外资。由于招商引资是政绩考核的重点，地方官员因而奋力招商。对此，我们可以参考昆明市围绕“招商引资是第一政绩”所展开的工作布局（沈荣华，2013：137～145）：

> （昆明政府）要求全市干部牢固树立：“工作有轻重，唯招商最重；工作有缓急，唯招商最急；实绩有大小，唯招商最大”的工作理念……招商引资成为昆明经济发展中的头等大事，政府上下各个部门都成立招商局，并都分配到了相应的招商引资任务指标，形成了一种全员招商的态势……确立“没有与招商引资无关的领导干部，没有与招商引资无关的部门，没有与招商引资无关的岗位”意识。（要求）县市区委书记用1/3甚至1/2的时间和精力来学习招商引资，县市区长用一半甚至2/3的时间和精力来抓招商引资，常务副县市区长用全力以赴、专心致志抓招商。

上述案例说明了在现有政府体制下，地方政府“招商引资”的强烈冲动。配合政府解释的分析，还有一些文献涉及政府招商的手段，如张军等（2007）强调“间接手段”，也就是通过投资基建，改善投资环境，借此吸引外资。此外如研究一线招商的刘震涛等（2006）则侧重强调结合服务与优惠等“直接手段”，特别是地方政府竞相允诺优惠，因此形成地区间税收竞争（张晏，2007）。但无论基建投入或政策优惠，都是依靠“财政补贴”来吸引外资，至于补贴多少，取决于政治逻辑，而非经济理

---

① 不论从学术层面提出的分析与论证（如黄宗智，2010），还是一线参与招商咨询的案例报告（如赵民、洪军、张骏阳，2010），都在说明招商引资的枢纽在地方政府。

性。此处可以笔者访谈作为微观面的证据。

> 这个镇上没有没享受优惠的台商，绝大多数台商享受多种优惠，例如外商投资的税收减免、产品出口的减税退税、土地使用费的减免、土地出转金的折让（协议地价）、入园入区的水电各种补贴，还有各种靠与地方政府协议的台面下补贴——“两免三减半”可以谈成“五免五减半”甚至“十免十减半”，有好多企业到尽头没缴过税。里头最厉害的是地价减让，早来的企业不花什么钱就拿到地了，现在要搬迁或转让，1公顷5百到6百万，转手就是好几亿，靠生产销售100年赚不回来。现在高科技企业还能低价拿地，（地方）政府左手花钱收回土地，右手又马上廉价转给它们（外资），这当然不是为赚钱，而是拼政绩指标，投资优惠之巨大，台商当然趋之若鹜。(2006－8，东莞，台商)

根据上述访谈，我们可以检讨前述观点。首先，解除管制观点有误导之嫌，地方政府绝非招商的阻力，反而可能是最大的助力。其次，财政联邦解释虽然合理，但不够完整精确，政府招商未必反映发展需要，也非一味追求财政收入。反之，晋升竞争既凸出地方政府的关键角色，又说明优惠作为主要手段，同时还点出其背后具有政治理性，因此最能解释中国天量外资从何而来。

但此处晋升竞争解释仍然有其不足。首先，政府既能承诺优惠，企业必将投入寻租（Krueger，1974；Bhagwati，1982），外资若苦于投入，恐将望而却步（Habib and Zurawicki，2002），但这明显未在中国发生。根据作者调查，相较内资企业，外商应酬官员者极少，官员抽取资源也难，即便语言相通的台商港商亦然。政府干预连带的寻租腐败，为何受到遏抑？什么机制在发生作用？政府解释对此语焉未详。

其次，晋升竞争解释将中央/上级视为所有动力的来源，忽略地方、企业的能动性。根据笔者调研，一方面，虽然中央给定招商方向，但在运用手段、优惠大小等方面，各地政府迥然不同，前后任有时差别甚大。地方有些做法，如私授优惠、恶性竞争，中央屡禁不止。可见，地方政府竞争外资的动力，并非全为中央/上级塑造。此外，晋升竞争也轻忽了企业角色：似乎只要政府拿出政策，企业只能如数回应。但据笔者调研，在招商引资的政企博弈中，企业不但反复挤压政府优惠，同时还鼓动区域竞争，故千万不可以被动视之。

再进一步看，晋升竞争仍属结构层面的分析，不涉及微观行为者，也不讨论互动过程。因此，对地方政府何以“前仆后继”、无法自拔地陷入招商竞争，无法提供深刻而完整的解释。鉴于上述理由，笔者将提供一个基于政企互动的解释，讨论在央地分权、晋升竞争的结构下，政企双方的行为激励、互动过程及其互动后果。换言之，笔者将提出一个微观制度的分析，说明中国如何创造外资奇迹。

三 地方政府与外资企业间的双向寻租：激励、行为与互动

基于上述，本文将尝试就地方政府与外资企业间的“政企互动”进行考察，提出一个基于“双向寻租”的中国“外资奇迹”的解释。在解释之前必须说明，本研究的焦点在：西方制造业投资中国的外资企业，与中国沿海地区的地方政府间的互动。至于为何侧重制造业外资呢？当然一方面这是中国最主要的外资，对此可以参考图3，制造业外资投资最高曾达到全部吸收外资的七成以上，近年也还是维持四成以上的比例。另一方面，它们也是对中国来说最重要的外资，中国要靠他们走向国际市场、创造出口增长、提升产业技术。也因此，制造业外资投资中国的姿态最高、条件最好，促成了一轮在制造业外资与沿海地方政府的竞逐与互动。这些制造业外资主要流入的区域，当然是中国沿海，尤其是珠三角与长三角两个区域。对此，笔者将曾经蹲点访谈的调查点及调查时间，放在本文附录以备参考。

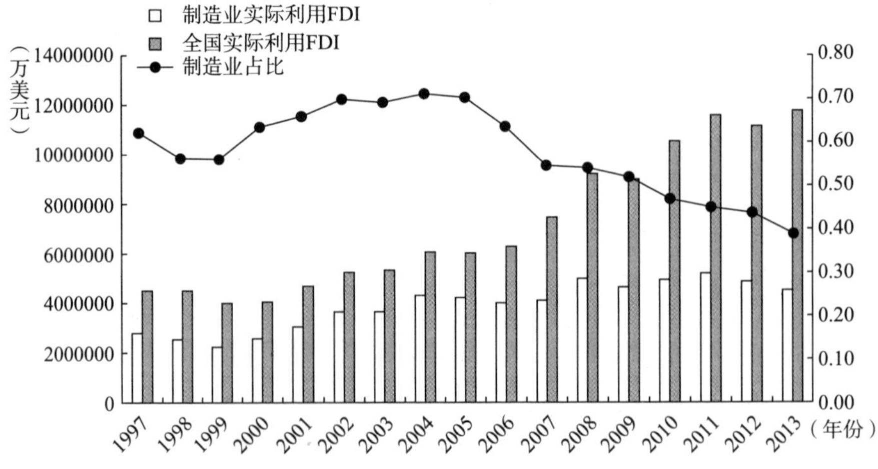

图3 1997～2013年制造业外资占中国实际利用外资比例趋势图

资料来源：国家统计局网站，http://data.stats.gov.cn，最后访问时间：2015年8月12日。

（一）地方政府与外资企业寻租与反向寻租

中国地方政府到底如何招商引资，才得以成功吸引大量外资？在回答此问题之前，不妨考察一个实际的投资协议案例。

> 那次还没来（大陆）之前，就有10多个地方政府通过朋友联系，但是因为时间有限，只能考察6个地方，每个地方都拿出最大诚意，提供各种好处，拜托我们去投资。（举例而言）过程都是最好的接待，出面的都是最大的领导。（为何最终落脚昆山?）比较各地的环境与优惠，选整体条件最好的呀。（地方政府为何拿出这么多好处?）地方当然也有好处呀，例如就业呀、税收呀、各种经济指标呀，（所以）你要我去，当然就得拿出好条件。（但是就业多是民工，又给我们税收减免）。起码领导有好处吧，私下好处不说，昆山历届的领导都像坐直升飞机，一路往上升官。我们的投资是给领导创造政绩，他们怎能不拿出好处呢。（2007－7，昆山，台商）

根据上述描绘，我们不难看到：招商引资过程部分类似“传统寻租”，只不过传统的寻租是企业向政府寻租，此处则是政府向企业寻租：多个争取“超额获益”的地方政府，环绕某个能够创造超额获益的目标企业。[①]此时，地方政府类似传统寻租者，为得外资落地的获益，努力示好并应酬外资，同时允诺各种优惠；反之，外资企业则类似传统设租者，基于其创造获益的能力，逼迫对手将部分收益回馈为投资优惠。换言之，两种活动内容类似，均为“直接非生产性行为”（directly unproductive activities），但主客形势异位（参考表1的对照）。我们不妨将其称为“反向寻租”。[②]

---

① 此处地方政府的“超额获利”，类似传统寻租中企业的“租金”，可以“作为政绩竞赛中的垄断优势”作为例证加以理解。

② 这其中肯定存在概念上的创造性转换。对此，我们可以首先设想，政府可否从事图洛克（Tullock，1967）、克鲁格（Krueger，1974）、布坎南（Buchanan，1980）和巴格沃蒂（Bhagwati，1982）式传统寻租理论所认定的“寻租活动”？如果可以接受这样的类比（McChesney，1987；张向达，2002），必然要问“政府所寻‘租金’为何”？企业所寻“租金”简单，就是因为供给有限所带来的超额“营收获益”（“地租”的类比），但政府则比较麻烦，其“超额获益”涉及政府能够取得的各种好处，包括经济层面的（例如发展、税收、包括贪腐）与政治层面的好处（典型如政绩、晋升）。在本文中，因为外资落地能给地方政府带来“超额获益”，后者因努力示好并应酬外资，同时允诺以各种优惠，此即“政府寻租”或“反向寻租”。

表 1 “传统寻租”与“反向寻租”的对照

互动角色	寻租者	设租者
传统寻租	企业	政府
反向寻租	政府	企业

根据笔者看法，在外资投资中国的过程中，政企双方的互动既存在（传统）寻租，也存在“反向寻租”。在中国这样政府能力强大、深入广泛介入经济的社会中，传统寻租必然盛行，[①]但是因为央地分权、晋升竞争的背景，衍生“反向寻租”式的政企互动，后者则通过投资选择与投资迁移，部分拉平了政企间的不平等，遏抑了政府的施政怠惰、任意干预或无度汲取（周雪光，2005），适度节制了传统寻租。外资无须如本国企业整日应酬官员，也不致因此降低投资意愿。另一方面，“反向寻租”的过程，给政府创造出竞争压力，给外资提供大量补贴，[②]因此对外资形成了“一手市场获利、一手政府优惠”的投资引力。由于外资落地，政企等于互蒙其利，双方都乐此不疲，中国成为“外资天堂”（heaven of FDI），资本源源不绝流入。

“反向寻租”影响所及，改善了地方的投资环境，包括有形的基础建设与无形的服务、管理与市场建设等（Shirk，1994）。在此同时，也创造出：（1）外贸增长；（2）经济增长；（3）体制转轨等，形成所谓“中国奇迹”（Cheng and Kwan，2000）。但从另外的角度看，中国经济结构也出现：（1）投资集中（如基建部门）；（2）结构失衡（低端制造）；（3）重复建设（过度竞争）等，还进一步引起：（1）国资流失（资源廉让）；（2）污染输入（容忍污染）；（3）劳工竞次（压缩权益）；（4）贸易失衡（如中美之间）等问题。[③] 换言之，双向寻租的互动模式，既解释了“中

① 此处除企业通过政府，试图建立垄断的“主动寻租”外，也包括要求政府提供服务或维护市场秩序（预防他人垄断），避免其任意干预或汲取，因此为“被动寻租”者。

② 此处“补贴”（或广义而言的“优惠”），大致包括如下几个范畴：（1）资源廉价转让（如土地转让金的折让）；（2）产销各种补贴（有针对要素的、有针对产品的）；（3）专用性资产的投入（如外资设厂前的“七通一平”）等。上述“优惠”必须超越既有条件（如投资环境），需要政府作为（如资金投入），才能加以创造。

③ 如果继续既定的外资政策，不仅造成公共资源的浪费，也不利于中国的长期发展。这可以对照之前黄亚生（Huang，2003）的分析：政府不只保护国企，同时补贴外资（“超国民待遇”），民企缺乏公平竞争、茁壮取代的机会。未来不只国际市场，连国内市场都将沦为外资的屠戮战场。

国式/社会主义市场经济”的成就，也点明其问题。

（二）反向寻租的机制与过程

进一步考察，前述传统寻租的情境是，一个可以管制市场进入、创造超额利益的政府，环绕着一群寻求垄断地位、竞争超额利益的企业。但我们在中国沿海观察到的政企关系，却是一个可以排除他地机会、创造政府业绩的企业面对一群寻求大量投资、争夺政绩财税的政府。[①] 此时，我们若能跳脱传统狭义“只看企业收益”的角度，那么外资企业（尤其是高、大、新，被列为重点争取对象的外资企业）将可以给地方政府/官员创造“竞争优势”，将其余竞求表现的政府/官员甩开，并为其创造出“超额收益”（可以类比为“租金”，后文对此有所厘清）。从这个角度看，地方政府/官员可被视为“寻求垄断”并借求“超额收益”的寻租者，而重点外资则可以视为“创造垄断”并抽取“寻租者收益”的设租者。换言之，经典寻租是一个创租政府，多个寻租企业；反向寻租是一个创租企业，多个寻租政府。后者中政企地位已悄然易位。

进一步考察，这样的“反向寻租”如何发生？这当然与中国式分权体制，即“财政分权、政治集权”（Montinola, Qian & Weingast, 1995; Blanchard & Shleifer, 2001; Xu, 2011）脱不了关系。首先，因为财政分权体制，一方面中央放权地方，因为分灶吃饭，滋生财税激励，地方政府于是各有追求，形成上述分析中的“复数政府”。另一方面，地方政府控制审批、土地、信贷、税收等权力，有资源或能力参与各种寻租的竞争。其次，因为“政治集权”，所以中央奖励外资，地方就竞争外资（Shirk, 1994; Huang, 2008）。固然财税激励会促使官员寻租，但“晋升考虑”起码同样关键——毕竟，职务晋升代表各种激励的全面提升。也因此，官员对企业的重视，并非专注于其投资的“实惠”（见后续分析），更重要的是外资进驻创造的“政绩表现”。尤其所谓高大新企业，在能见度上，更可以“一家抵一万家”，特别为地方政府所重视。晋升激励所驱，招商火力全开。制度背景如此，政企关系于是倒挂，“反向寻租”于是出现。

回头来看，我们此处对于“反向寻租”的理论类比，必须在两个层面上放宽经典寻租理论的假说。首先，经典寻租理论预设单一政府、层

---

① 此处所谓“单一企业”，乃针对单一的外资投资案例而言，针对每一次开启投资安排，都只有一个外资案例。

级式的政企关系，这对一般“民族国家为单元、中央政府为焦点”的“单一制国家”进行分析，当然属于合理预设。但观察改革开放后的“中国式分权”体制，既存在复数政府，政府间也存在激烈竞争（张军、周黎安编，2008；刘亚平，2007；周黎安，2008；Montinola, Qian and Weningast, 1995）。此外，本研究所讨论的国外投资，在广袤的中国境内，可以自由移动、选择区域，与前述多数政府为谈判对手（张晏，2005：47～83；傅勇，2010；Keng, 2010）。因此，在分析中国的外资问题时，似乎需要放宽经典寻租的“一个政府、多数企业”的预设。

其次，在克鲁格（Krueger, 1974）创造性的运用“租金”一词，类比因占据供给有限的要素（李嘉图式“地租”）而获得的超额利润后，逐渐建立起现代“（经典）寻租”的概念。[①] 我们若师法于此传统，再配合前述的复数政府的设定，则“租金”不仅可以视为“企业所得”：企业在彼此竞争过程中，因占据某些要素、获得竞争“优势/垄断”，并因此取得的超额利润；还可以进一步衍生类比为“政府所求”：政府在彼此竞争过程中，因为占有某些条件（例如重点外资的入驻），获得（政府间）竞争中“优势/垄断”，并因此获得的超额收益（如地方财税、官员晋升、官员私利等）。换言之，相较于经典寻租的用法，“租金”的概念或许也可以有所放宽，方便我们观察政府竞争中官员的行为激励。因此本文的研究问题是：政府若处于类似“寻租”情境下，有没有可能也有类似的“寻租”冲动？

当然，若经更严格的条件设定，此种“反向寻租”的政企互动，必须要求如下四项制度前提。首先，从寻租方（地方政府）来看，必须具备如下要件：

1. 存在多个禀赋相近的竞争主体。也就是说，必须得有相当数量的各级政府或各国行政区域，均有条件参与外资竞争。[②]

2. 若占有“垄断地位”可取得超额收益。此超额利润便是“租金”，此乃“寻租者激励”，亦即政府一旦成功争取外资，将可占有

---

① 图洛克（Tullock, 1967）则将此种“要素的占据”，视为一种市场上的“垄断地位”，而租金则为因占有垄断地位而获得的超额利润。

② 这个条件在中国“改革开放”，尤其1992年邓小平南巡讲话引发全面而多层次的开放后（从国家到省到市到县到乡镇，均可设立开发区、科技园等，全心瞄准争取外资），应该基本满足。

竞争优势（“相对垄断”的地位），并为其创造各类收益。[①]

其次，同样的，但换个角度，从设租方（外资企业）角度来看，也须满足如下要件：

1. 拥有创造“垄断地位”的能力。关键在于资本的自由流动，没有严苛的法规限制，或太多的实际困难，阻碍资金/企业的进入与退出。[②]

2. 争夺“垄断地位”者可提供相当回报。此乃“设租者激励”，例如在投资谈判过程中，外资企业可以争取大量政策优惠。[③]

综合上述，若落到现实来看，“反向寻租”能否成立，核心关键在：（1）外商投资能否带给地方政府垄断优势，并取得超额利润（寻租者激励）；（2）政府招商能否通过取得预期利得，回馈外资企业“优惠减让”（设租者激励）。若两者均是，则双方不难一拍即合，反向寻租自然形成。

（三）反向寻租行为者的激励及其行为

根据笔者看法，“反向寻租”形成于地方政府与外资企业的互动过程中，不能简化为分权结构（“财政联邦”）或中央考核（“晋升竞争”）或两种力量结合（Xu，2011）的结果，作为主要行为者的地方政府与外资企业，均有各自的激励与行为逻辑。[④]

我们现就地方政府的激励与行为进行分析。首先，地方政府的决策来自地方领导，通常是地方政府一、二把手。因为，决策非中下层所能置喙，更与一般公众无关。其次，在中国财政分权、晋升竞争，加上存在腐败机会的背景下，官员的激励大概可分四类：（1）地方发展；（2）财税收入；（3）个人政绩；（4）个人收入（郭广珍，2009）。对决策领导而言，第

---

① 此乃从“寻租方”角度，反向寻租成立的关键。

② 这个条件在在中国加入 WTO，放宽各种投资限制、提供各种投资保障，而且基于“涉外无小事”的行事风格，与“此处不留，自有留处”的实际需求后，应该也能够勉强满足。

③ 此乃以“设租方”来看，反向寻租成立的关键。

④ 有些学者由于缺乏深入的调研，只能很表面的掌握政府与外资的行为激励，即便后续发展了复杂的博弈模型，还是不能有效地说明问题，其典型案例如邱晓明（2013）。

一项是公共的，第二项是半公共的，后两项则是私人的。根据产权理论，理性个体倾向牺牲公共利益成就私人利益。因此在招商引资的协议过程中，地方政府常见几项“决策偏向”（policy biases）。对此，我们可以先参考外商访谈。

> 你要政府减少税收，这不可能，企业好或不好，地方发展或不发展，（政府）税收一定要收到的。（企业）除了该交的得交（法律规定的），领导也不能不打点。所以你们问：领导重视政绩还是好处，根据我这些年来的经验，我跟你说，有的重视政绩，有的只在乎好处，大部分是两个都要。（2007－8，东莞，台商）

我们来整理一下其中机制。首先，代表官僚利益的政府决策，往往会倾向减让公共获利（如环境保护、征地补偿、当地就业等），借以增加政府获利（如财税收入、审批规费、经济指标等）。其次，展现领导利益的政府决策，往往会倾向减让政府获利（如财税收入、审批规费等），借以增加领导个人获利（如政绩表现与贪腐机会）。最后，受制本任领导利益的政府决策，往往会倾向减让后任获利（政绩表现与贪腐机会），借以增加本任获利。① 前面自然可以理解，最后则可以参考下则访谈：

> （之前的僵局怎么解决的?）因为市长准备要动了，他当然希望赶快谈好，政府这边立场就比较松动了，（因为）不想把政绩留给下一任。（2006－8，昆山，台商）

换言之，在协议招商的过程中，出现决策者合法侵占公众、政府和后任的机会，加上官员任期既短暂又不确定，“有权不用过期作废”。因此，攫取机会搭配时间压力，招商引资往往成为地方施政的第一优先，经常动员全体人员，不惜一切代价。由于招商冲动极高，土地无偿出让（殃及后任）、后续税收减免（殃及政府）、污染视而不见（殃及公众），就丝毫不难理解。

另一方面，招商引资“一个铜板敲不响”。地方政府纵有强烈激励，

---

① 这些资源可以视为前后任领导共享的“公共资源”（孙海婧，2013），但前任有权任意耗用，造成诸如土地大量廉让、背负巨量债务与公共建设烂尾等后果。

外资企业是否响应呢？这得分析后者的行为激励。企业投资目的在于获利，获利一般有三个来源：（1）制销获利（基于企业生产与管理，得之于市场者）；（2）制销补贴（对要素或产品的补贴，例如入区水电折扣、税负减让、出口补贴、社保补贴等）；（3）投资套利（基建前置、土地廉让、建厂贷款、地方配套投资等）。第一项得之于市场，姑且不论；后两项则得之于政府，他们既然全力罗致，企业自可借机索求，也因此牵动外资流向（Tung & Cho, 2000）。问题是从政府争取的“权益”（即投资优惠），往往不如预期的可靠，因此存在“估价过高”问题。对此可先参考笔者之前一份田野札记：

> 在南方中国一个外资云集的城市。一眼望去，左边不是台商协会的郭会长吗？比邻而坐那位尊贵的先生，高居内陆某自治区的人民政府副主席，主席右边是3位分管经贸的主管，再下去是负责贸易、观光等的10位部门领导。再看看郭会长左边，两位常务副会长及监事长，再过去也是10位协会主要干部。这样的安排，明显是刻意表现对等。但东莞顶多是个地级市，台协更是个再边缘不过的民间组织，这种对等的格局到底打哪来的？招商说明会后发现，原来这个招商之旅，不但自设鸿宴，附带歌舞，美声美酒，宾主尽欢。过程中每位贵客还被一一献上纯洁无暇的“哈达”，临行时也没忘捎上两瓶当地上好白酒。隔段时间，我们熟悉的常务副会长在电话里邀约考察，我好奇地问：“真打算组团过去投资呀？”回答：“哎呀，多考察、多比较没错的啦，常常能要到想象不到的好处。”（田野札记，2007－7，东莞）

我们再参考外商访谈。“（谈及土地低价转让）好多台商原来在台湾呆不下去了，过来前根本做梦也没想到，来这里还没开始生产（在谈判投资的过程中），就先赚到天价的利润。”（2007－1，东莞，台商）。但是这些企业在落地后也浮现相当的风险：

> 领导换了，前面承诺的，后面的不一定会承认。（那么签合同呢？）你又不是同政府签的，你既然过来（投资）了，就要接受大陆政府的领导，但政策法令说变就变，过几年可能一切都不算数。（2006－8，东莞，港商）

每个台商都一堆辛酸，（当初）一听这么好就来了，结果呢？（地方政府）也许做不到，也许不愿意做。之前说得天花乱坠，等你资金汇进来了，他那边就不认账了，这叫“开门招商，关门打狗”。很多台商都是被骗来的。（2008 -7，深圳，台商）

我们再整理一下其中机制。首先，由于政府体制不同，外资企业常误认领导承诺为政府承诺（如权宜做法、私下补贴等）。其次，由于合同效力不同，外资企业经常误认协议权益为法定权益（如合资安排、税负减让、厂房租售）。最后，由于政策制定过程不同，外资企业经常误认政策法规不会轻易变动（从税负通关到用工、公安等各种中央与地方政策）。换言之，政府所允诺的各种“权益”，很可能被投资的企业高估。

虽然不乏“存心欺骗”，①但因为下面原因，取之于政府的权益往往很不稳定。首先，这些权益都具有特殊性、暂时性，未必符合法规，加上适用于少数对象，政府很容易单方面变更。其次，中国对产权保护不足，协议得不到足够的尊重，司法也未必能够有效救济。最后，中国属于威权体制，法规政策制定与变更时，既未必咨询适用对象，也未必太考虑施行后果。也因此，外资实质得到的，往往少于政府允诺的，相对其之前的协议，优惠经常被严重高估。

综合上述，在招商引资过程中的“反向寻租”，奠基于地方政府与外资企业的相互需要：前者为能换取外资落地，实现领导好处，不惜提供大量优惠；后者则为换取产销之外的额外获利，争取政府优惠，因此大举投资中国。双方都具有强烈冲动，一拍即合，外资因此快速流入。但如此一来，各地政府引进的外资，很可能超过地方实际需要，而流入中国的外资，也可能高于企业原有的投资规划。② 换言之，受政府补贴驱动，双方在既有的“投资需求”上，又额外创造出不小的外商投资。中国的外资奇迹就这样被制造出来了。

---

① 由于缺乏司法体系保障，招商引资时允诺的权益，并没有很完整的产权，地方政府往往可以在形势变迁后（产生“沉没成本”后），任意变更约定条件或藉此勒索或汲取利益，对此可参考聂辉华、李金波（2008）。

② 所流入的外资中，同时夹杂“创利”与“寻惠”两类，前者受“投资条件”所吸引，后者则受“政府优惠”所牵动。从这个角度看，若没有政府释出的优惠，将不会有后一类外资。当然，此处存在“是否超额或过量招商”的问题，根据作者看法，在理论层面，这个问题很难论证；但在实际层面，这个趋势又很实在。与此类似的是所谓“产能过剩”“过度竞争”一类的概念，对此可以参考曹建海、江飞涛（2010）。

四　反向寻租的自我强化与结构锁定

由于政府、企业互蒙其利，招商过程中的反向寻租乃得持续不断。但若时间一久，政府了解所招外资，很多意在套利；外资也发现所得优惠，其实未必值得。双方能否更新信息，回归经济需求，减少超量引进的外资？根据笔者考察，情况远非如此。在反向寻租的过程中，双方都基于自身利益最大，发展各自“应对策略”（coping strategies），结果都堕入“自我强化”的过程，双方深陷其中。反向寻租因此越演越烈。

这样的过程开始于企业，企业既然以寻求整体获益（概念上可以分为“市场获利”与“政府优惠”两块）为目的，由于优惠的信息并不透明——有些无法公开，有些需要议价探底——为能最大化其获利，外资必然增加各地比价的机会。根据我们的访谈，台港企业在落地之前，起码会耗费6～8个月，甚至长达2～3年的时间在各地选址，一方面搜集信息，避免遗漏承诺巨额优惠的区域，另一方面还能来回砍价，逼迫各地层层加码，外资因而乐此不疲。但对地方政府而言，由于外资考察后投资概率下降，为能增加吸引外资的数量，只得接待、洽谈更多的外资；同时因为竞争对手增多，比价砍价也更频繁，地方政府也只能不断加码优惠。换言之，双方在“反向寻租”的结构下，为了最大化各自利益，反向寻租将更加强化，造成：（1）更多地方政府加入，竞争有限的外资；（2）因此挤压出更大优惠，意图获取外资落地；（3）更多优惠又吸引更多的外资，加入寻求优惠的招商过程中。

反向寻租于是激发一轮轮“自我强化的循环”（David, 1985），不断的扩大，卷入并强化压力，越来越多的政府与外资深陷其中。当然，整个故事并未终结，上述反向寻租的结构，不只发生在政府外资间，还刺激地方政府的竞争，进一步回头推动又一轮的政企博弈。

新一轮的竞争发生在争取外资的地方政府之间。由于招商活动必须投入先期成本，组建招商队伍、报销接待经费、耗费洽谈时间、提供基础建设等（孙开、周淑梅，2011），这都是“沉没成本”，多数无法回收，加上官员任期有限，若未及时表现，机会稍纵即逝（耿曙等，2016）。这些成本（与机会成本），都有赖外资最终落地，才能回补之前投入。因此，外资在初步确认选项后，各地政府便启动割喉竞争：随着时间推移，先期成本投入越大，招商之争越不能输。地方政府更必须加码优惠，一面强化吸引外商，一面吓退其他对手。结果使反向寻租的过程又再次被强化。

其中特别困扰的是，政府的投入或优惠，取决于竞争过程中对手的出价，在进入地方的“割喉竞争”前，各方都无法预知成本（从而及时退出）。由于“沉没成本”问题，竞争之中的各方只能再加码优惠，结果招商付出的代价，有可能超过其带来的获利。但对地方政府而言，“惨胜”好过“惨败”。这样下去，政府将走向无法退出、没有底线的“让利竞赛”（车晓蕙、陈钢，2003），因此源源不绝地创造优惠，又持续不断的卷入外资。换言之，反向寻租通过自我强化，将越来越多的政府与外资卷入其中，还使卷入其中的双方越发难以脱身，形成“锁定”（lock-in）效应。如此一来，在既定制度环境下，政企互动模式一旦形成，中国将很难走出“让利竞赛”式的招商引资。

退一步检讨，在“招商大战”的过程中，除了最后外资落地的区域外，其他区域的所有希望都将尽成泡影，其他政府的所有投入，都将全数白费。前述大量资源（包括所有时间精力、挤占公务、资源耗费、考察设点，甚至还有如整地、建路灯各种前期投入，“七通一平”），均在反复“考察－议价”的过程中耗费消散。同样的，企业在觅地设厂的过程中，经年累月的穿梭考察、各方谈判，事后也证明纯属浪费。换言之，从个别政府/厂家来看，虽然可能是成败存亡之争，但就社会总体观察，耗费资源之所争的，不过是各方间的“转移”。不论何者胜出，都属经济体内成员，谁得到意义都不大；但却在竞争转移的过程中，耗费本可从事“直接生产性活动”的资源。此即“传统寻租”导致的“资源耗散”，反向寻租虽有悖于传统寻租，但两者引起的社会浪费，本质并无二致。

若从长期的角度来看，由于“反向寻租”所促成的政府“过度补贴”或“过度承诺”问题，造成外商投资中国的门槛过低，因此往往存在“过度进入”的问题，其中尤其以华人资本最为明显。但就长期经营效率来看，这些进入的资金不见得都适合生存于中国的经济环境中，但由于地方政府的政绩需要，这些被“反向寻租”所吸引的企业，或者重复建设、过度竞争，或者未能顺利退出，造成许多外资企业名存实亡、资金烂尾的问题。

五 结论

中国改革开放是人类历史的大事，从没这么多人这么快脱贫致富。改革开放在进入20世纪90年代后，中国持续、高速增长的关键在其参与全球生产。成功的故事则始于招商引资，大量资金夹带高新技术、海外市场、管理模式、经营理念进入中国，结合其富余要素如勤奋劳工、广袤土地，创造出更上一层楼的经济奇迹，又称“中国奇迹”（林毅夫、蔡昉、李周，1999）。招商引资既然如此关键，可是研究，尤其制度层面切入，相对有限。问题还是在将其视为自然而然的市场过程：外资流入是受要素吸引的结果，自然无须额外解释。

但是根据本文的分析，中国吸引外资的关键在于地方政府，他们不但不是阻力，还是中国成为外资奇迹的关键。那么，地方政府如何招商？外资又为何落地？双方互动的过程，被作者称为“双向寻租”，既有传统的企业向政府寻租，也有特别凸显的政府向企业寻租，后者迫使政府提供大量优惠，而外资则受其引诱纷纷投入。[①] 这种互动模式一旦形成，还将不断自我强化，政府、企业越来越卷入其中，也越来越深陷其中，双方都难自拔（Pierson，2000）。就这样，各地政府引进的外资，很可能超过地方原来的需要，而流入中国的外资，也可能高于其原有的投资规划，外资奇迹就这样被制造出来了。这才是“中国特色”的招商引资，从这个角度讲，本研究对中国如何参与全球生产，提供了一个制度层面的解释。

之前对外资企业与地方政府的互动研究中，虽然不乏深入、透彻的田野调查（如黄玉，2009；欧阳静，2011），但多将其嵌入整体的国家社会关系中，综合了结构与个体层次，却未就其过程总结出明确的理论解释。也因此，本文是从地方政府与外资企业的互动入手，分析中国外资涌入的起因、过程与后果，希望能以此作为理解整体中国经济社会变迁的一个侧面，帮助揭示改革开放过程中，涉及不同社会组成要素和多重面向的社会互动过程。

如果把中国吸收外资作为一个案例，我们可以从中看到，跨境投资、

① 本文所论证的情况，在港台与境外华人、中小规模、主要制造出口的外资投资中，情况最为常见，但并不限于上述类型的企业。也由于这类企业寻求优惠的冲动最强，引发快速的资本流入，中国则在某种意义上，过度吸引了这类外资，造成劳动密集的制造业成长太快，出口扩张过速。

全球外包背景下的“资本优势”，竞相崛起的发展中国家，往往沦落入“趋底竞争”（race to the bottom）的境地（叶静、耿曙，2013），并因此形成一套相对扭曲的制度体制。表面看，这些国家取得了外资，参与了出口，创造了增长，但深一层看，他们往往付出过高的代价，而且如中国案例所显示，这样竞相“磕头”的招商体制，一旦束缚加身还不易解套。这是中国的困扰，也是发展中国家的可悲。在中国之内，“趋底竞争”发生在区域之间，而中国之外则存在于国家之间（Evans，1979），在这个意义上，我们从中国研究中看到了“地方政府”与“外资企业”的互动模式，谁说这种模式不会存在于中国之外呢？

附录：作者调研记录

时间	地点	访谈周数
2014.07	昆山、苏州他处、上海	2 周访谈
2014.01	昆山	1 周访谈
2013.07	昆山、苏州他处	2 周访谈
2012.02	东莞、深圳	3 周访谈
2011.07 - 08	上海、昆山	3 周访谈
2010.06 - 09	上海、昆山、无锡	8 周访谈
2009.07 - 08	东莞、中山、上海、苏州	8 周访谈
2008.07 - 08	上海、无锡、东莞、深圳	4 周访谈
2008.01	东莞	2 周访谈
2007.07 - 08	东莞、北京、天津、济南、烟台、青岛	4 周访谈
2006.08	东莞、昆山、无锡、上海	3 周访谈
2006.03 - 04	深圳、东莞	1 周访谈
2004.07 - 08	上海、昆山、苏州他处、无锡	6 周访谈
2003 - 07 - 08	上海、昆山、苏州他处	2 周访谈
2002 - 07 - 08	上海、昆山、苏州他处	2 周访谈

参考文献

勃兰特·劳伦、托马斯·罗斯基编，2009，《伟大的中国经济转型》，方颖、赵扬译，上海：格致出版社/上海人民出版社。

曹建海、江飞涛，2010，《中国工业投资中的重复建设与产能过剩问题研究》，北京：经济管理出版社。

车晓蕙、陈钢，2003，《追求 GDP 新引资热迷失于“让利竞赛”》，《瞭望新闻周刊》第 42 期（10 月 20 日）。

崔新健，2008，《中国利用外资三十年》，北京：中国财贸经济出版社。

芬斯特拉·罗伯特、魏尚进编，2013，《全球贸易中的中国角色》，鞠建东、余淼杰译，北京：北京大学出版社。

傅勇，2010，《中国式分权与地方政府行为：探讨转变发展模式的制度性框架》，上海：复旦大学出版社。

耿曙、庞保庆、钟灵娜，2016，《中国地方领导任期与政府行为模式：任期的政治经济学》，《经济学（季刊）》，即将刊登。

耿曙、林瑞华、许淑幸，2013，《地方政府驱动的转型升级：以富士康为例的台商考察》，载陈德昇编《大陆台商转型升级：策略案例与前瞻》，台北：印刻出版社。

郭广珍，2009，《政治收益、经济贿赂与经济绩效：一个新古典政治经济学模型》，《南方经济》第 11 期。

黄亚生，2005，《改革时期的外国直接投资》，钱勇、王润亮译，北京：新星出版社。

黄玉，2009，《乡村中国变迁中的地方政府与市场经济》，广州：中山大学出版社。

黄宗智，2010，《中国发展经验的理论与实用含义——非正规经济实践》，《开放时代》第 10 期。

林毅夫、蔡昉、李周，1999，《中国的奇迹：发展战略与经济改革》（增订版），上海：上海人民/上海三联。

刘亚平，2007，《当代中国地方政府竞争》，北京：社科文献出版社。

刘震涛、江成岩、王建芬、张娟，2006，《招商引资：对台经济合作方法和策略》，北京：清华大学出版社。

罗长远、张军，2008，《转型时期的外商直接投资：中国的经验》，《世界经济文汇》第 1 期。

聂辉华、李金波，2008，《资产专用性、敲竹杠和纵向一体化：对费雪－通用汽车案例的全面考察》，《经济学家》第 4 期。

欧阳静，2011，《策略主义：桔镇运作的逻辑》，北京：中国政法大学出版社。

邱晓明，2013，《地方政府利用外资中的博弈与角色演进研究》，北京：社会科学文献出版社。

荣敬本、崔之元、王拴正、高新军、何增科、杨雪冬等著，1998，《从压力型体制向民主合作体制的转变：县乡两极政治体制改革》，北京：中央编译出版社。

沈荣华，2013，《昆明样本：地方治理创新与思考》，北京：清华大学出版社。

世界银行东亚与太平洋地区减贫与经济管理局，2007，《中国利用外资的前景和战略》，北京：中信出版社。

孙海婧，2013，《任期限制与地方环境规制中的短期行为——基于代际的视角》，《经济与管理评论》第3期。

孙开、周淑梅，2011，《地方政府招商引资行动的局限性与对策思路》，载寇铁军编，《地方财政与体制创新》，大连：东北财经大学出版社，第229-240页。

陶然、陆曦、苏福兵、汪晖，2009，《地区竞争格局演变下的中国转轨：财政激励和发展模式反思》，《经济研究》第7期。

杨开忠、陶然、刘明兴，2003，《解除管制、分权与中国经济转轨》，《中国社会科学》第3期。

叶静、耿曙，2013，《全球竞争下劳工福利“竞趋谷底”？——发展路径、政商关系与地方社保体制》，《中国社会科学（内部文稿）》，第1期。

张军，2008，《中国企业的转型道路》，上海：格致出版社/上海人民出版社。

张军、高远、傅勇、张弘，2007，《中国为什么拥有了良好的基础设施?》，《经济研究》第3期。

张军、周黎安编，2008，《为增长而竞争：中国增长的政治经济学》，上海：格致/上海人民出版社。

张向达，2002，《政府寻租及寻租社会的改革》，《当代财经》第12期。

张晏，2005，《分权体制下的财政政策与经济增长》，上海：上海人民出版社。

——，2007，《财政分权、FDI竞争与地方政府行为》，《世界经济文汇》第2期。

赵民、洪军、张骏阳，2010，《招商三十六计：招商引资困局应对良策与细节》，北京：人民邮电出版社。

周黎安，2008，《转型中的地方政府：官员激励与治理》，上海：格致/上海人民出版社。

周雪光，2005，《逆向软预算约束：一个政府行为的组织分析》，《中国社会科学》第2期。

Bhagwati, Jagdish N. 1982. "Directly Unproductive, Profit-seeking (DUP) Activities?" *Journal of Political Economy* 90 (5).

Blanchard, Olivier and Andrei Shleifer. 2001. "Federalism with and without Political Centralization: China versus Russia." *IMF Staff Papers* 48, Transition Economies: How Much Progress?

Buchanan, James M., Gordon Tullock and Robert Tollison eds. 1980. *Toward a Theory of the Rent-Seeking Society.* College Station: Texas A & M University Press.

Cheng Leonard K. and Yum K. Kwan. 2000. "What Are the Determinants of the Location of Foreign Direct Investment? The Chinese Experience." *Journal of International Economics* 51 (2).

David, Paul A. 1985. "Clio and the Economics of QWERTY." *American Economic Review* 75 (2).

Edin, Maria. 2003. "Local State Corporatism and Private Business." *Journal of Peasant Studies* 30 (3/4).

Evans, Peter B. 1979. *Dependent Development: The Alliance of Multinational, State, and Local Capital in Brazil*, Princeton, NJ: Princeton University Press.

Habib, Mohsin and Leon Zurawicki. 2002. "Corruption and Foreign Direct Investment." *Journal of Internal Business Studies* 33 (2).

Huang, Yasheng. 2003. *Selling China: Foreign Direct Investment during the Reform Era*. Cambridge & New York: Cambridge University Press.

Huang, Yasheng. 2008. *Capitalism with Chinese Characteristics: Entrepreneurship and the State*, Cambridge & New York: Cambridge University Press.

Keng, Shu. 2010. "Developing into a Developmental State: Changing Roles of Local Government in the Kunshan Miracle." in *Dynamics of Local Government in China during the Reform Era*, Yunhan Chu & Tse-Kang Leng eds., Lanham, MD: Rowman & Littlefield, pp. 225-271.

Krueger, Anne O. 1974. "The Political Economy of the Rent-Seeking Society." *American Economic Review* 64 (3).

Li, Hongbin and Li-an Zhou. 2005. "Political Turnover and Economic Performance: The Incentive Role of Personnel Control in China?" *Journal of Public Economics* 89 (9-10).

Montinola, Gabriella, Yingyi Qian & Barry R. Weingast. 1995. "Federalism, Chinese Style: The Political Basis for Economic Success in China." *World Politics* 48 (1).

Oi, Jean C. 1992. "Fiscal Reform and the Economic Foundations of Local State Corporatism in China." *World Politics* 45 (1).

Pierson, Paul. 2000. "Increasing Returns, Path-dependence, and the Study of Politics." *American Political Science Review* 94 (2).

Shirk, Susan L. 1994. *How China Opened Its Door: The Political Success of the PRC's Foreign Trade and Investment Reforms*. Washington, DC: Brookings.

Steinfeld, Edward. 2010. *Playing Our Game: Why China's Rise Doesn't Threaten the West*. New York & Oxford: Oxford University Press.

Tullock Gordon. 1967. "The Welfare Costs of Tariffs, Monopolies, and Theft." *Economic Inquiry* 5 (3).

Tung, Samuel and Stella Cho. 2000. "The Impact of Tax Incentives on Foreign Direct Investment in China?" *Journal of International Accounting, Auditing and Taxation*? 9 (2).

Whiting, Susan H. 2001. *Power and Wealth in Rural China: The Political Economy of Institutional Change*. Cambridge & New York: Cambridge University Press.

Xu, Chenggang. 2011. "The Fundamental Institutions of China's Reforms and Development." *The Journal of Economic Literature* 49 (4).

Zweig, David. 2002. *Internationalizing China*: *Domestic Interests and Global Linkages*. Ithaca and London: Cornell University Press.

Buchanan, James M. 1980. "Rent Seeking and Profit Seeking." in James M. Buchanan, Gordon Tullock and Robert Tollison eds., *Toward a Theory of the Rent-Seeking Society*. College Station: Texas A & M University Press, pp. 3 - 15.

McChesney, Fred S. 1987. "Rent Extraction and Rent Creation in the Economic Theory of Regulation." *Journal of Legal Studies* 16 (1).

（责任编辑：孙瑜）

“双向寻租”与当代中国政商关系的转变

——对耿曙和陈玮论文的评论

纪莺莺*

像其他发展中国家一样，中国经济发展也显著地依赖于吸引外资进入中国投资。那么，为何中国可以吸引到大量外资落地？耿曙与陈玮认为，答案系于政企之间所结成的“双向寻租”这一结构。这一概念认为，政府和企业都可能成为设租方和寻租方。既存在企业逢迎政府的传统寻租形式，也存在政府逢迎企业的“反向寻租”。反向寻租既遏制了传统寻租的猖獗，也诱使政府提供补贴或各种优惠，换取外资落地的好处。而这一概念中，重点自然是“双向寻租”这一新面向。

那么，为何形成这种结构？因为中国经济的央地分权结构，加上政府的晋升考核体制，促使地方政府追求经济成长，并陷入彼此竞赛。落实到具体的“招商引资”过程中，由于政府依赖企业来提升政绩显示度，使得那些能够带给地方政府垄断优势和超额利润的企业有了更高的谈判权力，地方政府反而需要借助各种补贴、优惠与优待来吸引这些外资企业。不仅如此，双向寻租还具有自我强化的效应，引诱更多政府和企业更深地卷入。“双向寻租”本身是一个用以刻画微观层面上政商关系互动的概念，它的制度基础则系于当下中国政府的特殊结构与运转机制，而它又令人信服地解释了中国地方政府成功吸引外资的原因。从而，作者们实现了一个从宏观制度到微观行动又回到宏观制度的解释链条。

耿曙与陈玮以政府与外资企业的互动关系作为切入点，提出一个新概念，以弥补市场视角和政府视角在解释中国外资增长奇迹时的不足或盲区。因此，本文正是希望在政商关系的视野中，试图对“双向寻租”

* 纪莺莺，南京大学社会学院助理研究员，电子邮箱：jiyingying@ nju. edu. cn。

这一概念的意义和限度做一点点理解。

一 从"庇护主义"到"双向寻租"

耿曙与陈玮的论文虽然将目标定位于从政商微观互动的角度切入，为中国外资增长的奇迹提供一个新的解释。但本文以为，此外另外一项重要的贡献还在于，通过对"反向寻租"和"双向寻租"概念的讨论，作者们捕捉了近期中国政商关系转型的一个新面向，提供了一种理解当下中国政商关系的新可能。因此，将本文放置在讨论中国政商关系的脉络之中来看，此文提醒读者，或许我们对地方层面政商关系的刻画，需要考虑从单边之"庇护主义"（也就是作者们所说的传统寻租）而转向"双向寻租"的可能，抑或是探寻其他更加能够把握住权力分配特征变动的新概念。

中国政府与商业群体之间的关系，向来是理解中国经济增长、政治变革和社会结构转型的关键问题。迄今为止的政商关系研究以私营企业主为主要研究对象，而关注他们与国家之间的以融合、庇护与吸纳为主导特征的关系模式（黄冬娅，2014）。但我以为，无论是跨越边界的"融合"（Solinger），抑或是基于利益交换的"庇护"，还是政治权力对经济精英的"吸纳"（Dickson），其核心实际上还是以"庇护主义"为基础，即国家始终占据着掌握和分配资源的强势地位，包括私营企业主在内的社会成员通过特殊主义关系以获取资源、许可和解决问题。"庇护主义"与本文所说之传统寻租高度相连。因此，从20世纪80年代开始，庇护主义被认为是观察中国政商关系的主导模式（Walder，1995；Oi，1995）。这一观察迄今仍然是主流认知框架。

在这期间，王达伟（Wank，1999）曾提出对于上述观察的最大修正。他在20世纪90年代提出了"共生性庇护主义"（symbiotic clientelism）的概念。这种新型庇护主义关系与传统庇护主义关系存在重要的差别，政商双方的地位不再像以前那样不平等，而表现为"共生"（symbiosis）而非单向的依赖，政府官员越来越依赖商业力量所创造的经济绩效。与传统庇护主义讨论一致的则是，王达伟也认为庇护主义关系构成了转型中国政治社会运作的某种基础，是具有重要功能的社会关系形式。它连接起了官僚政治和市场经济的桥梁，构成了市场经济体制兴起和发展的基础。简言之，王达伟指出，市场经济的发展改善了企业主在政商权力格局中的弱势地位，改善了政商双方的不平等关系。

除此之外，过去十年间研究界对于中国政商关系的观察和提炼，并无特别变化。令人疑惑的则是，随着改革进程日深，经验事实本身真的没有重要变化吗？在过去二十年间，“招商引资”成为推动中国经济发展的重要引擎。实际上它并不仅仅是吸引外资的主要手段，也成为国内不同地区吸引本区域外资本的重要途径。诚然外资可能具有更受青睐的地位，但是在“招商引资”的过程中，相对落后地区对于经济发达区域资本的青睐，可能毫不逊色。这样一种广泛而重要之发展策略对于国家与商业阶层关系的影响、重塑与限度，在理论意义方面的发掘还远远不够。

由以上两方面的视角出发，耿曙与陈玮此文具有重要而特别的理论贡献，虽然只是以外资为研究对象，却有可能对理解中国政府与私营企业的关系产生一些借鉴。本文以为，通过“双向寻租”这一概念的提出，耿曙与陈伟及时地捕捉了近期中国政商关系转型的一个面向，即在某些环节之中、特定条件之下、限定意义之上，企业这一方面能动性的增长，以及这一增长的后果。在最浅的层次上，此概念的关键在于企业在政府面前议价能力的增长。因此，可以推断，这一现象也应当在议价能力高的私营企业那里被观察到。而近期的经验研究确实给出了一定的证据。例如，黄冬娅（2013）指出，坐落于特定的国家制度结构之中，企业主具有不同的议价能力，进而使用不同的方式来参与政府决策。符合政府重点产业政策的企业，抑或是对地方财税收入和经济发展指标具有重大贡献的地方支柱企业，都具有撬动政策过程的砝码。纪莺莺（2015）也发现，在追求通过“招商引资”带动地方经济发展的基层，较之于在地方政治经济格局中地位薄弱的中小企业，那些能够带来显著就业、税收和经济指标的龙头企业享有更高的政策机会，会更多地得到地方政府的优待，也更多地获得与地方政府直接商榷的机会。

二　有关“反向寻租”概念的几个扩展性问题

尽管“双向寻租”丰富了我们对于政企互动关系的理解，但这一概念可能还是具有需要进一步澄清之处。

第一个问题是，在事实的层面上，反向寻租与传统寻租是什么关系？假如认为寻租涉及政企双方之间的议价能力的对比，传统寻租和反向寻租如何可能存在于同一对政企关系之中？作者们推断道，“在中国这样政府能力强大，深入广泛介入经济的社会中，传统寻租必然盛行”（耿曙、陈玮，2015：150）。对于本土私营企业来说，这当然是不需太多质疑的论点。但是，纯从逻辑上说，假如外资具有强大的议价能力，则似乎只应当存在“反向寻租”这一现象。作者们又说道，反向寻租适度节制与遏制了“传统寻租”。但是，对于反向寻租与传统寻租在经验事实中的相对地位，作者们似乎并没有给出十分清晰而充分的说明。进而，对于这两种现象之间的张力和动力机制，似乎也还有做更清楚说明的空间。当然这也许是另外一篇论文的议题了，在这个意义上，本文可提供新经验研究的灵感。

第二个问题与第一个问题有关，“反向寻租”是否具有阶段性？作者们列举出的大量证据，都是关于“招商引资”这个过程中吸引外资落地的阶段。一旦合作关系启动以后，情况是否会发生质变呢？作者们也提及，政府所允诺的“天价”好处也未必总是能够兑现的，在落地之后好处是否继续获得或者实现，倒也是一个仍然可以从政企互动视角加以分析的问题。也许仍然是作者们所说的，是在传统寻租和反向寻租之间求取了某种混合乃至平衡？

第三个问题则是，作者们认为，外资奇迹是双向寻租的经济后果。那么，如何在政治性后果的意义上理解双向寻租呢？本文以为，尽管双向寻租识别出了国家与外资企业在权力关系上的变化，即使双向寻租在某种意义上也适用于政府与某些本土私营企业的关系，但是它同时又具有权宜性、偶然性和不确定性的本质属性。本文以为，并没有理由预期，反向寻租会带来地方政治结构、治理结构或制度环境的改善。原因是：第一，反向寻租对于政企双方的影响，始终是实际利益的得失；第二，套用作者的论证逻辑，在政府极其强势的环境中，反向寻租并不太可能占主导地位。尽管出现了“反向寻租”的迹象，但是两者未必是具有同等地位的概念。

三　“反向寻租”的概念如何成立？

虽然本文开头曾将“庇护主义”与“双向寻租”这一概念并置，来理解后者的贡献，同意它说明了企业一方权力的增长。按照斯科特的定义，“庇护关系是一对角色之间的交换关系，可被界定为两人之间工具性友谊关系的一种特殊情况，其中占据较高社会经济地位的庇护者利用其影响力和资源向社会经济地位较低的被庇护者提供保护和利益，作为回报，被庇护者则向庇护者提供一般性的支持和帮助，包括个人服务”(Scott, 1972: 92)。王达伟提出“共生性庇护主义”的意义在于，尽管企业的地位有所增长，但庇护主义这一根本权力格局并未改变。而在“双向寻租”的想象中，则将作为政治主体的政府与作为经济主体的外资企业放在对等地位上，因此寻租关系是完全可逆的。

换言之，上述对比或许牵出了两个值得思考的问题：第一，纯从经济学理论而言，反向寻租是否是一个可与传统寻租并置的概念？第二，就讨论中国的具体经验而言，如何评价“共生性庇护主义”和“双向寻租”这两个概念的差别？换言之，为什么有理由将这些经验现象概念化为“反向寻租”，而非某种发展型政府与企业的一般关系？需要说明的是，本文绝非质疑“反向寻租”概念，而只是为了通过设问的方式，挖掘出作者在进行概念化思考时言有尽而意无穷之处。

思考第一个问题意味着，反向寻租所描述的事实，跟一般意义上的“竞争”有什么差别呢？在传统寻租的概念中，政府设租、多个企业寻租，政府授予特定企业以垄断地位或超额利益。在这个过程中，哪个企业胜出受制于政府决定，并不取决于市场竞争或是符合市场利益。因此，寻租产生的条件是存在限制市场进入或市场竞争的制度或政策，这往往在政府干预的条件下发生。例如，一个企业通过某种途径影响政府来获得权利垄断，它没有创造价值但是仍然可以获得超额利润。质言之，传统寻租之所以是寻租，是因为政府并不符合其规范性的行为准则，而破坏了市场竞争的配置原则。

那么，再来看相反的方向。在“一个可以排除他地机会、创造政府业绩的企业面对一群寻求大量投资、争夺政绩财税的政府”（耿曙、陈玮，2015：151）。企业，自然会选择那个给它最多优惠进而可带来最多利润的地方政府，这样企业的成本收益计算才是最合理的。而特定的地方政府，当然也获得了所谓投资和政绩。政府虽然有责任提供有利于企业的制度环境，可是企业的天性却是根据成本利润的计算来做决策。这个过程虽然使企业看上去有优势，但这也与一般卖方优势的交易行为似乎并没有太大差别。

作者显然在逻辑上经过了严密的推敲。他们在提出“反向寻租”的概念后，立刻补充道，必须在两个层面上放宽经典寻租理论的假说。第一，从单一政府放宽为多数政府，考虑到中国复杂的政府组织结构和分权现实，这一点确是成立的。第二，需要重新定义“租金”。不仅视为企业所得之超额利润，而且需重新界定为包含政府寻求的超额收益。重新定义的关键正是“超额”，惟其如此才能说明它为何不能被视为一般的交易过程。传统寻租过程中的超额，在于企业之获得非经自由竞争，而是基于某种额外的优势或垄断。与之类比，反向寻租过程中的超额，按照作者的论证，则是指政府排他性地垄断了引入外资企业的资格，而获得独占性的丰厚回报。作者指出，在反向寻租的过程中，政府所承诺提供的大量优惠政策，则有侵占公共利益和政府利益的风险。并且，双方为了各自利益最大化，不断地扩展、卷入并强化压力，乃至更多的政府与外资深陷其中。而且一旦投入，越发难以脱身，形成“锁定”效应。从而，似乎这个“让利竞争”的模式，最终形成难以走出的陷阱。“反向寻租”，因此在整体上造成了资源的耗费，而非专事直接生产。从而，传统寻租导致的资源耗散，与反向寻租导致的耗散，并无二致。

上述论证逻辑已相当严密和有说服力。但是在本文看来，似乎还是存在可以商榷之处。第一，传统寻租的出发点，是政府赋予个别企业以特殊权力，这一点在政府管制经济时不可避免，因此寻租现象在某种意义上说也是不可避免的。但反向寻租的出发点则是，企业赋予地方政府以独占性地位，这却是企业在比较各地开出优惠条件之后所做出的选择，与“招商引资”这一特殊情境高度相关。第二，政府可由反向寻租获得超额利润这一点，也必须发生在“晋升竞争”和“分权结构”的环境中。尽管作者提出反向寻租观照的是政企双方的行为及其激励结构，而不希望将解释还原为纯粹政府因素的解释。但实际上，作者反复论及，外资企业的动机系对各地政府开出优惠条件的考量，说到底岂不还是归因于政府要素？第三，假如承认政府与企业是两种本质属性不同的主体，则是否可以通过逆转方向的方式提出概念呢？因此，在概念化方法的意义上，传统寻租与反向寻租之间似乎还存在差别。

那么，就讨论中国的具体经验而言，如何评价“共生性庇护主义”和“双向寻租”这两个概念的差别？本文以为两者最大差别也许在于，前者似乎并不改变对于基本权力格局的判断，承认庇护者与被庇护者之间存在本质差别。而后者则在一定程度上取消了权力分析，或者说将政治权力和经济权力进行了通约。

总体上说，陈炜与耿曙的文章虽然将问题意识定位于解释中国外资增长的奇迹，但本文认为，它在理解中国政商关系的转变方面具有非常重要的启发、创新和理论价值，为沿着“反向寻租”所揭示的政商关系趋向继续讨论奠定了良好的基础。这一创新性的概念必将激发更多后续研究。

参考文献

耿曙、陈玮，2015，《政企关系、双向寻租与中国的外资奇迹》，《社会学研究》第5期。

黄冬娅，2013，《企业家如何影响地方政策过程——基于国家中心的案例分析和类型建构》，《社会学研究》第5期。

——，2014，《私营企业主与政治发展：关于市场转型中私营企业主的阶级想象及其反思》，《社会学研究》第4期。

纪莺莺，2015，《商会的内部分化：社会基础如何影响结社凝聚力》，《公共管理学报》第1期。

Solinger, Dorothy. 1992. “Urban Entrepreneurs and the State: The Merger of State and Society.” In *State and Society in China: TheConsequence of Reform*, edited by A. L. Rosenbaum, Boulder: Westview, pp. 121 – 141.

Dickson, Bruce J. 2003. *Red Capitalists in China: The Party, Private Entrepreneurs and Prospects for Political Change.* Cambridge University Press.

Walder, Andrew. 1995. “Local Government as Industrial Firms: An Organizational Analysis of China's Transitional Economy”. *American Journal of Sociology*, Vol. 68, No. 6.

Jean, Oi. “The Role of the Local State in China's Transitional Economy.” *The China Quarterly* 144.

Scott, James C. 1972. “Patron-Client Politics and Political Change in Southeast Asia”. *The American Political Science Review*, Vol. 66, No. 1.

Wank, David. 1999. *Commodifying Communism: Business, Trust, and Politics in a Chinese City.* New York: Cambridge University Press.

（责任编辑：孙瑜）

经济社会学研究　第三辑
第 52 ~ 89 页

政府内部上下级部门间谈判的一个分析模型

——以环境政策实施领域为例*

周雪光　练　宏**

摘　要： 政府内部上下级部门间"讨价还价"的谈判是政府运作过程的重要组成部分，也是认识政府组织制度和行为的一个切入点。本文提出关于中国政府内部上下级部门间谈判博弈的一个分析模型，讨论、阐述谈判博弈过程的制度规则、不同类型的策略选择以及这些要素之间的关联。本文的实质性分析得益于组织学的有关文献和我们对政府内部运作过程的田野观察。我们首先以谈判博弈模型作为分析视角，提出相关的研究问题和分析概念，建构科层制内部上下级部门间的诸类谈判模型，澄清各种谈判环节的逻辑关系，并讨论不同谈判博弈的启动条件。此后，我们通过某市环保局和其直接监督机构省环保厅之间互动的个案研究来阐述分析框架、理论思路和有待研究的问题。

关键词： 政府谈判　谈判博弈　政府行为

* 本研究得到斯坦福大学校长国际研究创新基金和中国发展研究基金会资助，特此致谢。本文写作得益于与 William Barnett、Jonathan Bendor、Karen N. Eggleston、Yinyu Ye 和 Leonard Ortolano 的讨论，以及曹正汉、冯仕政、黄晓春、刘世定、张静、周黎安和《中国社会科学》审稿人的批评指正。作者文责自负。本文曾发表于《中国社会科学》2011 年第 5 期。

** 周雪光，斯坦福大学社会学系教授，电子邮箱：xgzhou@ stanford. edu；练宏，中山大学政治与公共事务管理学院讲师，电子邮箱：lianhong1218@ 163. com。

一 研究问题

在文献浩瀚的中国社会转型和制度变迁研究领域中，有关政府内部运作过程和机制的研究存在着一个明显的空白。一方面，过去的三十余年见证了当代中国政府组织的大规模扩展及其在经济发展和社会建设过程中的主导作用。随着经济和社会领域的制度变迁，中国政府组织也经历了一系列重要变革，包括政府内部规则和程序的不断繁衍，考核评估体系和激励机制的建立、细化，以便确保下级部门执行上级部署的有效性（Landry，2008；Yang，2004；周黎安，2008）。中国政府的作用正是通过科层组织能力的不断精细化和扩展加以实现的。从这个意义上说，中国政府科层组织即是中国国家的化身。

但在另一方面，有关中国政府组织的知识累积却缓慢、薄弱，至今起色不大。应该说，近年来社会科学界的学者提出了一系列有关政府行为的重要分析概念，如压力型政府（荣敬本，1998）、政治锦标赛（周飞舟，2009；周黎安，2004，2007）、政策执行过程中的变通和共谋行为（孙立平、王汉生等，1997；孙立平、郭于华，2000；应星，2001；周雪光，2008）、逆向软预算约束（周雪光，2005）以及改革开放时期的技术治理取向（渠敬东、周飞舟、应星，2009）等；出现了关注政府行为的大量研究工作（赵树凯，2010；王汉生、王一鸽，2009；吴毅，2007；曹正汉，2011；等等）。这些分析概念也在随后的研究文献中得到了广泛的引用。而总体来说，随后的研究工作虽然使用这些分析概念和理论说法，但大多各自为战，并没有共享的研究问题，不是有意识地在已有研究基础上进一步发展；文章浩瀚但重复堆砌甚多，并没有促就真正的知识积累，这一缺陷在关于中国组织研究的英文文献中亦复如是（周雪光、赵伟，2009）。

我们以政府内部上下级谈判的研究为例展开讨论。政府内部上下级部门“讨价还价”的谈判过程是众所周知的。在英文文献中，兰普顿（Lampton，1992：34）注意到：“谈判是中国政府组织威权关系的几种形式之一，在计划经济时期的政策决策及其实施过程中起着核心作用，并且在后毛泽东时代的改革十年中扮演着越来越重要的作用。”这一观点成为中国组织研究学者的共识，随后的相关研究也论证和支持了这一说法。在李侃如和兰普顿（Lieberthal & Lampton，1992）提出的中国政府组织决策的“碎片化的威权主义”（fragmented authoritarianism）模型中，政府机构各方间利益的谈判和妥协是其中的关键特征。谢淑丽（Shirk，1993）也指出，在经济政策制定过程中，政府内部通过谈判达成共识是中国政治运作的一个重要特点。在有关中国政府政策制定和实施的研究中，政府内部机构间的谈判成为一个反复出现的主题，如能源领域的政策制定（Lieberthal & Oksenberg，1986）、政策的实施过程（Lampton，1987）和基层政府的官员行为研究（Edin，2003；Huang，1995；O'Brien & Li，1999；Walder，1989）。

虽然政府内部的谈判行为是贯穿中国政府研究领域的一个主题，但这些研究工作大多各行其是，并没有建立在已有研究基础之上，因此对知识累积的贡献微小。在我们所阅读的大量文献中，很难找到明晰的分析框架以及有分析力度的理论概念或者模型构建，持续相关的系列工作几乎无从寻觅。兰普顿（Lampton，1992）提出了有关政府内部谈判的最为全面的概述，其内容涉及政府内部部门谈判的背景、领域和基本形式；但他仅仅讨论了谈判的正式制度基础和一般性特点，对谈判内部运作过程未有涉及。谢淑丽（Shirk，1993）着墨于政府机构间谈判的重要性，但是对于政府内部谈判过程也同样只有粗略的勾勒。这些问题和不足在一定程度上可归因于近距离观察政府内部过程的困难，也源于近年来学科取向的研究风格使得研究者忽视近距离的经验观察。这种研究趋向导致了对中国政府组织微观过程的研究明显缺失，这个领域中的一系列基本问题亟待解释：政府部门间谈判的主要过程或形式是怎样的？谈判过程中不同部门和官员间的互动模式是什么？哪些因素影响了各方的谈判能力？在政府内部谈判这一研究领域中，有哪些重要的理论概念和分析工具？在兰普顿提出中国政府内部谈判重要性二十余年后的今天，在众多研究之后，我们仍然对这些普遍存在的谈判过程特点、差异以及内在机制不甚了了。

本文的研究是我们试图填补上述空白的一个努力。我们从有关谈判和战略互动的博弈论视角出发，提出解释中国政府科层结构中上下级谈判的一个分析模型。需要指出的是，本文的目的不在于建立正式模型，也不关注博弈模型的技术层面。我们将博弈论思路作为一个分析视角，借以提炼和定义有关的研究问题和分析概念，并以此勾勒谈判过程中出现的不同博弈类型。本文的实质性理论思路来源于组织学的有关文献以及我们在政府部门进行田野观察的心得体会。有关政府科层组织的研究成果表明，博弈论的分析视角有助于深入分析政府组织的结构、过程和行为（Bendor，2010；Miller，1992；Milgrom & Roberts，1990）。我们通过博弈论的思路来提炼、界定这些博弈过程中的不同要素，关注不同谈判过程之间的逻辑关联，详细阐明不同谈判形式和过程的具体条件，以此来增强分析的力度。

本文的内容结构如下：第一，我们提出一个分析模型，界定中国政府科层内部谈判博弈的规则、结构和行为意义，并提出有关的研究问题和分析概念。第二，我们以某市环保局与其所在省的环保厅谈判过程为着眼点，以经验材料来进一步阐明我们的理论框架中提出的分析问题、理论概念和谈判博弈过程。我们的个案研究来自 2008 年到 2011 年对某市环保局的参与观察。

二 科层组织内部的谈判模型

在这一部分，我们首先将政府内部谈判过程置放在一个具体组织背景中，即环保领域中的政策落实执行过程；其次，我们就上下级互动提出有关谈判博弈模型的研究问题和分析概念；最后，我们从委托-代理关系的特定角度，提出政府上下级部门之间谈判的一个分析模型，并讨论这一模型的一系列实证意义。

（一）研究背景

政府内部上下级部门间谈判总是发生在具体的组织场景中，并且受制于特定组织背景以及相应的制度规则。为便于理论阐述和实质性讨论，我们首先在一个具体场景中来讨论科层组织内部的结构关系：我们的注意力放在环境保护领域中政府管制部门内部的组织结构及其相应关系。

图 1 描述了环保领域中政府各部门间的垂直权威关系：国家环保部是这一领域中的最高行政机构，以下由省环保厅、市环保局、县环保局依次构成。我们的分析重点是市环保局和省环保厅之间的谈判关系。图 1 显示，在组织结构矩阵图中，市环保局受制于双重权威关系：①在横向上，它接受当地政府（即市政府）的管辖，即“块块关系”；②在纵向上，它接受上级职能部门即省环保厅的领导，即“条条关系”。在一些具体项目的实施、现场检查或者特殊关系的条件下，市环保局有时直接与国家环保部互动。中国政府的组织结构规定，地方环保部门接受上级职能监督机构的

技术指导和相关指令；同时，它接受地方政府的行政领导，而后者控制着属地各职能部门的财政预算、人员编制和晋升流动等。显然，与上级职能监督机构相比，当地政府与市环保局有着更密切、直接的权威关系。下一层次的县环保局同样面对着县政府行政领导和市环保局职能指导的双重权威关系。① 虽然下面的讨论主要关注省环保厅和市环保局之间的委托－代理关系，但这一分析模型也基本适用于政府内部其他领域中上下级部门的谈判过程，因为这些部门间权威关系有着很大的同构性：其他职能部门（例如交通局、卫生局等）在政府结构中也有着同样的结构地位，处于类似的条块双重权威关系中。

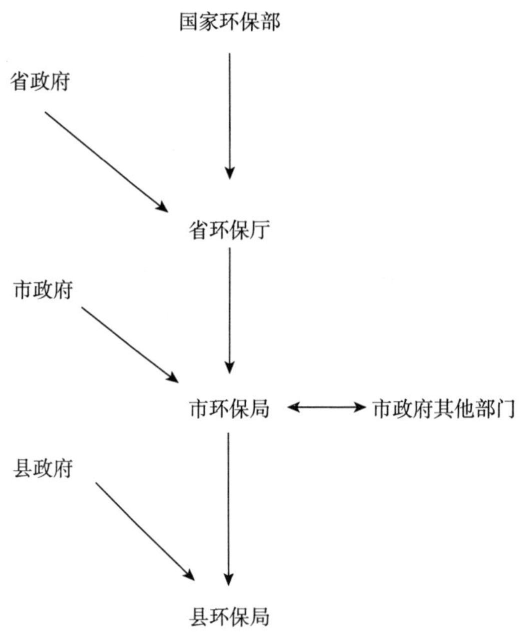

图 1　市环保局在政府组织体制中的结构位置

不难看出，这一制度安排导致了市环保局面对多个委托方和来自不同方向的要求，因而容易产生多重目标的冲突。一方面，市环保局的主要职能在于执行自上而下的环境政策和管制措施；另一方面，它必须服

① 在中国行政体制中，“条块”关系经过多次调整。在某些历史时期，政府部门的权力和资源大多下放在属地政府层次，因此“块块”权力更为重要；而在另外一些时期，中央政府加强自上而下的管理和支配，从而强化了“条条”权力（渠敬东、周飞舟、应星，2009）。在环保领域中，近年来随着国家对环保政策的重视，“条条”权力得以强化。

务于地方政府的目标。地方政府为了扩大获取资源的基础，积极地推动属地内的经济发展，这常常和环境管制的政策目标产生矛盾甚至冲突。例如，我们研究所在地的省政府在“十一五”计划期间，制定了一套用于考核地方政府的绩效体系，其中“环境保护”只占到6%的比重，而“经济发展”的比重则高达25%。显而易见，市环保局面临着市政府和省环保厅的多重压力以及这些压力之间的冲突。另外，市环保局的一些工作也依赖于市政府其他部门的配合。比如，市环保局需要和市统计局合作，测算人均环境统计数据；同时也需要借助市城管局的力量，落实居民区的污染控制措施；等等。

环境管制领域的另外一个突出特点是，其检验技术、统计手段、测量标准等方面都存在大量的模糊性。与信息的不确定性（不完备性）或不对称性不同，模糊性指在同样信息条件下人们会有不同的解释和理解（March & Olsen，1979）。例如，对同一份水样进行测量，可能因为测量程序的不同、测量误差的存在或者人为操控等因素而产生不同的数据结果，反映出信息的不确定性或不完备性。而即使面对水样的同一测量结果，人们的解释也可能是不同的。比如，测量出的水样超标，原因可能归咎于监管不力，可能是测量工具或技术的缺陷，也可能是不可控自然力量所致（比如暴雨破坏污水处理厂的管网等）。人们的解释取决于多重因素，如个人或组织利益、以往经验和人们在组织科层结构中所处的地位等，而这些多重解释的可能性表现为信息的模糊性。值得注意的是，信息模糊性的问题并不会因为信息的增加而得到解决，因此针对信息不完备问题采取的对策无法解决这一问题，针对信息不对称情况而采取的激励设计也难以奏效。

上面，我们列举了环保领域中管制部门所面临的种种环境特点：多个委托方，多重任务目标，以及信息、标准和技术的模糊性。这些因素意味着，与上级政府部门相比，下级部门拥有更多的地方性信息和技术处理能力，这使得它们在与上级政府部门进行合法性申诉和互动中有着更大的谈判能力，在有关资源分配、考核标准、工作负荷、责任分担等方面的“讨价还价”过程中拥有更大的谈判空间。由此不难理解，尽管政府内部存在着正式科层结构和行政权威，但组织内部的谈判现象普遍存在且十分盛行，在技术性强的领域如环保领域尤其如此。

（二）分析概念

按照当代经济学的术语，“谈判通常被解释为就合同的要求和操作达成协议的过程”（Kennan & Wilson，1993：45）。从更广泛的角度来看，“人们间几乎所有的互动都可以视为不同形式的谈判”（Binmore，Osborne & Rubinstein，1992：181）。经济学模型通常将谈判视为双方分割同一块“蛋糕”的互动过程（例如员工和雇主间针对工资水平的讨价还价），通过轮流出价（alternating offers）的谈判过程，最终达成协议（或者未能达成协议）。博弈论研究试图针对这一谈判过程建立正式模型加以解释分析。当然，博弈论的正式理论是高度模型化的，不同模型强调谈判的某些特定关系或过程，并据此提出特定的假设条件，因此有着极强的针对性，不能盲目搬用。但博弈论在一般意义上也提供了启发性的分析视角，可以帮助我们澄清前提假设、界定理论不同要素间的逻辑关联、提出理论预测，从而增强分析力度。我们以下的讨论以博弈论为分析视角，界定政府谈判中的不同博弈过程，讨论参与双方所拥有的策略集以及选择这些策略的条件（预期收益）。委托方或代理方的不同战略选择可能导致不同类型的谈判博弈，因此，我们着眼于提出一个分析框架，讨论不同情形下可能发生的博弈过程及其相应的规则，将博弈规则、谈判机制以及预期行为意义结合在一起，以便解释实际过程中的政府内部谈判现象。

1. 组织背景下的谈判

我们注意到，已有的博弈论模型主要是关注市场背景下的谈判过程。在这一类谈判博弈中，参与的双方都是自愿的，在出价或拒绝对方出价方面有着平等地位，而且还可以做出“退出”谈判的抉择。正式科层关系下的谈判与市场背景下的谈判有着明显的不同之处，这是我们应该在建模过程中予以注意的。但博弈论模型为思考科层组织内部的谈判模型提供了重要启发，为人们有针对性地修正和调整组织内部结构提供了基础。具体来说，政府组织内部谈判发生在正式权威和科层关系的结构之中。在政府的职能领域中（如环境管制领域的职能部门），各个部门是由科层链条组织起来的，通过正式权威下达相关的管制指令。政府内部的谈判或发生在科层结构中上下级部门间的互动中，或发生在环保系统与属地政府（如市政府）管辖下的同级部门的互动中。从这个意义上看，政府科层结构中的谈判反映了“在科层制度环境下的……互相控制”（Dahl & Lindblom，1963，转引自 Lampton，1992：34）。因此，我们的分析框架需要考虑特定的组织背景。

举例来说，假设上下级双方就某一项目（如财政预算分配、工作量分配或者问题责任归咎）进行谈判。解释这一谈判过程及其结果的分析着眼点之一是参与各方的谈判能力（bargaining power）。而近年来发展起来的有关谈判的博弈论研究，为我们提供了富有解释力的分析概念和模型，有助于我们明晰有关的理论观点。博弈论的有关模型指出："谈判能力可以归结于这样的问题，即谈判各方关于对方愿意妥协的信念是什么？以及关于对方对自己愿意妥协的信念是什么？"（McMillan，1992：47）从这一角度出发，谈判各方可以在博弈的不同阶段，运用不同的策略手段，来增强其自身的谈判能力。博弈论模型提出的一系列概念有助于我们分析解释谈判过程和谈判能力。下面我们再讨论几个有关的分析概念。

2. 信息

对于博弈论模型或其他的行为模型来说，谈判各方的信息分布是分析谈判过程和机制的核心问题。正如博弈论正式模型已经证明的，如果参与各方拥有完备信息，那么谈判过程一定会达成有着帕累托效率的谈判结果（Rubinstein，1982）。但是，有关谈判研究最有意思和富有挑战性的地方恰恰在于，参与一方或双方存在信息的不完备性，即一方对于对方意图或承诺的信息掌握不完备或不确定（Fudenberg & Tirole，1983）。在环境管制领域，有关污染的程度、原因以及下级部门的努力程度等诸种信息时常有着不确定性、不对称性和模糊性。正如关于委托－代理的文献所注意到的那样，通常代理方比委托方拥有更丰富和更准确的地方性信息。如我们下面要讨论的，这极大地提高了代理方在谈判过程中的谈判能力：代理方更愿意进行"信号博弈"（signaling game），即通过向委托方提供私有信息，或者利用信息模糊性在合法性基础上提出自圆其说的理性解释。

3. 时间压力

博弈论的谈判模型中一个重要因素是时间压力（time discounting factor）。已有博弈论模型指出，耐心（patience）是增强谈判能力的重要资源（Rubinstein，1985）。在谈判过程中，拥有更多耐心的一方能够获得更大的份额。这是因为，在讨价还价的过程中，缺乏耐心或无法承受时间拖延的一方不得不做出更多的让步。在政府背景下的谈判过程中，这一因素尤为重要。政府内部运作过程有着诸多的时间周期节奏：财政预算的周期、检查的周期、政策实施的期限等。这些自上而下的政策实施和相应检查的期限等通常由上级政府部门制定，下级执行者如果没有在相应限期内把握机会、争取资源或及时“摆平”问题，那么或空手无获，或有着严重后果。因此，对下级代理方而言，时间拖延的成本甚高，时间压力成为诱发其行为方式的一个重要因素。在我们的分析模型中，时间期限的压力是理解政府内部谈判及其博弈策略和行为方式的一个重要分析角度。

4. 可信性承诺

可信性承诺或威胁在谈判过程中起着重要作用，这一点无论是直观上还是博弈论正式模型中都显而易见。在谈判过程中，如果一方可以做出可信性承诺或威胁，它就会拥有更强的谈判能力。因此，谈判过程的一个重要方面是参与各方获取、确认或者修改有关对方承诺或威胁的可信性程度的信息。在一个科层组织中，上级监管机构有着正式权力，因此更有可能做出可信性承诺或威胁。但正如我们下面要分析的，上级监管机构的承诺或威胁并不是恒量，而是不断变动的，体现在自上而下的政策实施的两种形式上：其一是常规状态的实施过程，其二是动员状态的实施过程。前者意味着常态（相对低度的）可信性承诺或威胁；而后者意味着高压下的承诺或威胁，其可信性也大大提高。在实际过程中，这两种基本形式的采用经常转换，可交替使用。我们的分析框架需要对可信性承诺这一因素给以足够的考虑。

以上讨论提出了关于谈判过程的一系列分析问题，例如谈判双方的信息分布、时间期限以及可信性承诺等。这些分析概念和研究问题帮助我们在分析的层次上认识和把握各类谈判现象以及相应的博弈过程、博弈规则和所诱发的行为方式。

（三）模型建构

在这一部分，我们提出有关委托方（省环保厅）和代理方（市环保局）之间谈判过程的一个序贯博弈模型。我们建立这一分析模型的主要任务如下：第一，通过描述这一谈判序贯博弈的时间序列，明确组织背景下的谈判过程以及相应的博弈规则（rules of sequence）；第二，在科层组织背景下，讨论和定义参与各方拥有的策略集（strategy set），即可供选择的各类策略；第三，讨论这些策略得以选择采用的条件，这一讨论涉及博弈各方的收益结构（payoff structure）。在这些讨论中，我们会关注信息分布、可信性承诺和时间压力等诸种因素。在这些讨论的基础上，我们提出有关的基本命题和可验证的实证假设。图 2 勾勒出这一分析框架中委托方和代理方互动的序贯博弈过程，我们下面的讨论将按图 2 的顺序进程依次展开。通常在建立正式模型的考虑中，需要提出双方的偏好函数。在这里，我们只是粗略地假设双方有着落实环保政策的共同目标，但各自有着不同的成本函数。具体过程中的影响因素我们将在下面的讨论中加以考虑。

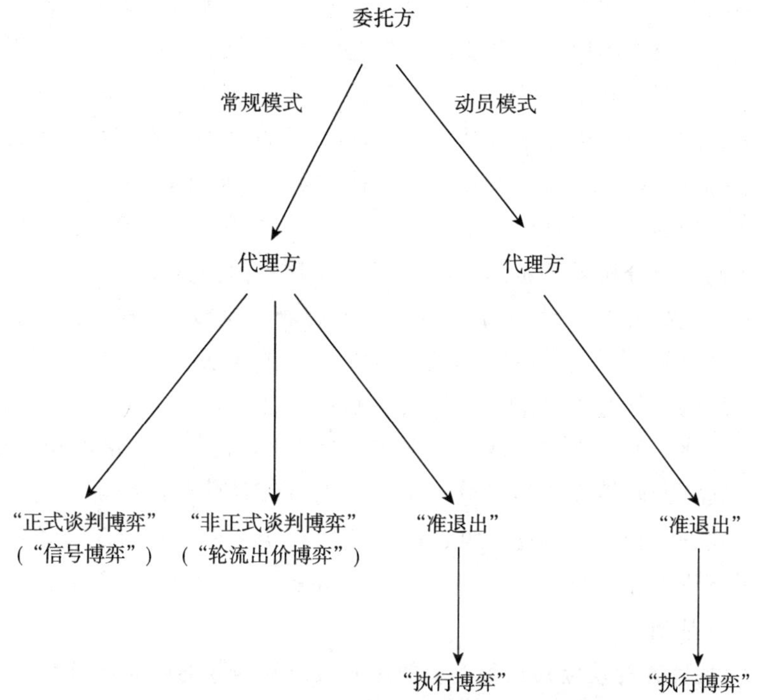

图 2　政府内部上下级间谈判过程的序贯模型

1. 委托方的第一步：常规或动员实施模式的选择

在图 2 所示的模型中，委托方首先做出第一步选择，即在动员模式或常规模式之间选择其一，用以启动政策实施过程。在我们的分析模型中，上级部门的策略集由常规模式和动员模式这两个策略组成。我们将这两种模式的选择解释为上级部门向下级部门发送其可信性承诺或威胁的信号。在常规模式中，环保政策通过已经建立的规则、程序和期待加以贯彻落实，上级政府的压力或威胁亦呈现出常态。在动员模式中，上级部门通过高度压力的形式推行政策实施，并注入了大量注意力和资源，包括严格的监督机制、密集的审核和考察，以及相应加强的惩罚措施，来传递其更高的可信性承诺/威胁的信息。

这两种政策实施模式背后有着丰富的组织意义。从组织分析的角度看，在常规模式中，工作的贯彻执行建立在日常状态和相应的组织期待中，组织内的各单位处于松散关联的状态，彼此间反应缓慢（Weick，1976），这为上下级部门间谈判过程的发生留下了更多的空间。但动员模式意味着，组织中的不同部分（比如各个部门或办公室）处于一个高度耦合的状态，密切关联并且彼此间反应敏感。在这个意义上，动员模式是一个富有效率的政策实施方式。但是，动员模式的启动和维持需要投入大量的资源（比如注意力、额外的资源、频繁的检查以及对其他方面任务部署的中断或干扰等），因此，动员模式选择的成本高昂，难以长期有效地持续下去。所以，顾名思义，常规模式是组织运行的常态。

在我们的分析模型中，上级监管部门采取第一步行动。这一特点凸显出我们组织分析的基本思路：第一，在政府内部谈判过程中，上级监管机构在选择和影响谈判过程的博弈中有着主动权；而对代理方而言，上述两种实施模式的选择在很大程度上是一种无法控制的外部因素，只能在随后的执行过程中采取相应的策略应对之。第二，上级部门在两种实施模式之间的选择表明委托方的可信性承诺或威胁程度的变化。第三，对政策实施的两种模式的区分也明确了上下级部门组织内部相关程度的不同以及相互转化。由此可见，区分这两种实施模式提供了将委托方可信性承诺程度加以概念化和建模的一个分析手段，为讨论随后的谈判博弈提供了基础。

2. 代理方的反应：三种类型的应对策略和相应的谈判博弈

在委托方选择了具体政策实施模式的第一步后，代理方随后需要采用相应策略做出反应。代理方需要在它所拥有的策略集中选择一种策略，以便有利于追求其目标。下面，我们首先讨论代理方策略集的三种基本应对策略及其特征，并讨论由此诱发的相应博弈类型。然后探讨代理方选择这些不同应对策略的条件。我们的讨论一方面来自组织理论基础上的逻辑推理，另一方面得益于我们对田野研究中大量实例的归纳提炼。

（1）正式权威基础上的谈判

在政府科层组织结构中，下级部门（代理方）可以通过正式的组织程序与上级部门（委托方）进行谈判，即以正式文本形式向上级监管机构提出解释、请示或者其他方面的请求；而上级部门随后会针对这些自下而上的请示通过批示、发文等正式交流渠道加以反馈。我们将这种形式称之为“正式权威基础上的谈判博弈”（以下简称为“正式谈判博弈”）。在各种类型的科层组织中，上述正式谈判博弈是上下级部门间普遍存在的一种沟通方式。

正式谈判博弈的中心机制是合法性和“合乎情理”（appropriateness）的逻辑（March，1994）。正式谈判通过文本形式经由正式程序进行。下级机构将自己的请求置放入正式组织过程中，例如请求上级监管机构调整实施方案或追加预算的申请报告，这种行动发生在正式权威关系基础之上，并且以正式文件形式传递、呈现和保存，这意味着该要求是公布于众、有目共睹的。因此，这种请求必须具有合法性和合乎情理的逻辑，否则就难以进行有效谈判。

从这一角度来看，正式谈判博弈通常具有“信号博弈”（signaling game）的特点（Spence，1974），即在谈判博弈中，代理方拥有“私有信息”并愿意主动地将这些信息传递给委托方，从而增强谈判能力和说服委托方接受其提议。博弈论中有关信号博弈的模型表明，在特定条件下，拥有私有信息的一方可能有激励去发送信号的反应策略，即通过发送私有信息来影响对方。信号博弈模型提出了一系列有关发出、发送有效信号的条件。这些模型可以帮助我们认识分析下级部门采纳“信号博弈”的激励，以及发送有关自己努力、成就或者面临挑战等方面信号的各种策略形式和条件。

另外，我们提出一种新的“编织理由博弈”（framing game）的可能性，即代理方针对某一特定做法或结果，通过事后编织自圆其说的理性解释的形式来说服上级部门接受其做法或结果。这种博弈类型产生的关键原因在于信息的模糊性：由于对同一种信息或情况可能会有不同的解释，这种模糊性给代理方带来了解释和自圆其说的空间。当然，这种博弈的结果取决于委托方是否接受代理方的这些事后编织的理性解释，其发生和有效的条件尚有待进一步的界定、分析。

（2）非正式的、社会关系基础上的谈判

在正式科层条件下，上述的正式谈判博弈存在一个明显的缺点，即它大多是一次性博弈：作为代理方的下级部门提出正式请求，而上级部门做出反应，或接受或拒绝，该博弈到此结束。在正式权威结构中，很难想象，下级部门在自己的要求遭到拒绝后，仍然有空间与上级部门进行多轮反复谈判以便改变原有的结果。从代理方的角度来看，这种一次性博弈及其规则显然将自己置于不利地位。对于代理方来说，为了使谈判过程变得更有意义和效率，需要将一次性博弈转变为多次博弈。在多次博弈中，双方在类似于市场上轮流出价的多轮博弈过程中互动，在这一过程中信息和评估可以不断得到修改和更新，代理方可以通过采取相应的策略来提高其谈判能力。因此，在一定条件下，代理方倾向于绕过科层权威关系下的正式谈判博弈，将委托方和代理方的互动转变为多轮谈判博弈，即类似于罗宾斯坦（Rubinstein，1982）提出的“轮流出价博弈”（alternating offers game）。

轮流出价博弈可视为以社会关系为基础的非正式谈判过程。科尔奈（Kornai，1992）观察到，社会主义经济形态中的权威关系具有家长式的特征，即上下级之间不是单纯的正式权力关系，而是类似于家长制度下的庇护关系，社会关系在这种互动过程中起着重要作用。在这一关系下，上级监管者和下属机构的互动常常发生在非正式场合，如餐桌、娱乐聚会或家庭访问。这样的场合远离工作任务的科层环境和正式权威关系，谈判双方间的科层关系被弱化，双方可以在非正式互动过程中以非正式“轮流出价”方式进行“讨价还价”。在这一场景中，掌握更多信息的一方（即代理方）拥有更强的谈判能力。我们将这个过程称之为“非正式的、社会关系基础上的谈判博弈”（以下简称为“非正式谈判博弈”）。

从作为代理方的下级部门来看，非正式谈判博弈有着几方面的优势：首先，通过将谈判过程从正式权威背景转移到非正式社会关系场景，诱发了性质不同的互动过程，有利于弱化委托方的可信性承诺或威胁。其次，进入非正式互动的谈判过程有助于延长谈判的时间，减轻了上级部门的时间压力，允许有多轮的“讨价还价”，有利于增强代理方的谈判能力。

非正式谈判博弈的一个重要机制是“多维度谈判”，即不同形式的资本（政治资本、社会资本、经济资本）通过多维度的互动而相互转化，成为解决相关问题的有效工具（Geertz，1978；Bourdieu，1986）。例如，面对上级检查出的一系列严重问题，代理方可以通过动员社会资本——特殊性社会关系——来转移上级的注意力，弱化上级对问题的判断，从而达到减轻责任、减少惩罚的目的。也就是说，社会资本可以在非正式谈判过程中转化为有效影响对方的谈判能力。从这个意义上讲，正式的组织过程和非正式的社会过程（如朋友关系、社会纽带和礼物交换等）是相互交织和互相影响的。上述非正式谈判博弈的一个重要行为意义是，风险规避的代理方被强烈地激励着去投资社会资本，以便在谈判中增强

“讨价还价”的筹码。这一分析框架有助于解释中国政府组织内非正式社会关系盛行的现象。

（3）“准退出”选择

在市场谈判博弈中，通常任何一方都可以选择退出谈判。“退出”选择的存在无疑会影响谈判过程和结果。直观上看，有退出选择的一方在谈判不成的情况下也有退路，因此拥有更强的谈判能力。在博弈论谈判模型中，退出抉择是需要分析的一个重要因素。但我们注意到，政府内部的谈判博弈发生在双边垄断的条件下，任何一方都不能选择退出，对代理方而言更是如此，即下级部门不能拒绝自上而下的指令部署，无法自行选择退出互动过程。

我们提出，即使在正式权威结构中，代理方也有着“准退出”的抉择。“准退出”抉择是指这样的情形：代理方面对来自上级部门的压力，无法通过正式谈判或非正式谈判来“讨价还价”达成新的协议时（例如在上级部门选择动员模式的情形中，正式或非正式谈判的空间被大大压缩），代理方只能被迫接受上级监管部门的命令或要求。但是，这并不意味着代理方仅仅会遵照上级部门的命令而执行之。在实际运行过程中，如果上级监管部门选择动员模式的实施方式，代理方虽然不得不接受其指令，但可能在随后的执行过程中私自调整，甚至歪曲和操纵。我们将代理方这一反应策略称之为“准退出”选择策略，即代理方被迫接受上级命令，但在随后的执行过程中通过不合作的方式“退出”。因此，“准退出”是另外一种形式上——行为上——的谈判。在这个意义上，“准退出”策略将双方谈判博弈推延到下一轮的“执行博弈”（implementation game）互动中。这一类行为需要单独建模加以分析。

“准退出”策略的主要机制类似于斯科特所提出的“弱者的武器”（Scott，1985），即代理方由于不能公开地抵制反抗或通过正式程序来讨价还价，而不得不采取那些非正式的、微妙的抵制方式，例如暗中调整、消极抵制，从而导致“集体无行动”（Zhou，1993）。这种策略削弱了组织正式权威的合法性和效率，从而影响了政策实施的有效性。而委托方预期到这类行为模式的后果，不得不给予代理方一定的谈判空间，或者采取其他措施付出代价来应对代理方的不合作行为。

3. 代理方策略选择的条件

至此，我们讨论了图 2 所示的按时间顺序的博弈序列和相关规则、委托方和代理方各自的策略集以及这些策略选择所导致的博弈谈判类型和机制。接下来的问题是，谈判双方选择不同策略的条件是什么。对这一问题的思考和分析促使我们进一步讨论各类博弈的特点，提出理论解释以及相应的实证意义。

我们首先讨论委托方选择不同的（常规或动员）政策实施方式的条件。在我们的模型中，委托方选择不同实施模式的目的是，向代理方发送有关其可信性承诺或威胁强度的信号。在我们的模型中，这一选择的导因可能是外在的，来自外在环境的震荡、任务计划周期压力或者其他危机。这一选择也可能是内在的，即源于对代理方在执行过程中可能出现的问题预期。在这种情况下，委托方通过子博弈均衡的回溯推理来确定实施方式的选择。两种实施模式的选择与转换是一个重要的政府组织现象，也是分析解释政府内部谈判过程的一个重要环节。为了简化下面的分析，我们不详细讨论这一环节的选择机制，而是把着眼点放在这一问题上：一旦上级部门选择了某一实施方式后，下级部门选择不同应对策略的条件是什么？

毋庸置疑，一旦委托方选择某一种（常规或者动员）实施模式，这意味着向代理方发出了有关自己可信性承诺或威胁强度的信号，下级部门必须根据对方承诺或威胁的程度而采取相应的策略。当委托方选择动员模式推行某一政策时，这意味着上级部门实施更高强度的可信性威胁，并且通过大规模的自上而下的运动方式，产生高压的政治环境。在高度动员状态下，如果代理方采取与正式权威相悖的行为，其受到严厉惩罚的风险就急剧上升；因此，代理方的最佳策略是“准退出”，即接受自上而下的要求，在不利的高压环境下小心翼翼地保护自己。在这一情形下，下级与上级进行谈判的空间和余地都很小。这一应对策略将委托 - 代理互动推延到下一轮新形式的博弈中去（即“执行博弈”）。上述讨论可以总结为如下的命题：

> P1 在委托方（上级部门）采纳动员模式的条件下，“准退出”是代理方（下级部门）的最佳应对策略。与常规模式相比，代理方在动员模式中从事正式或非正式谈判博弈的空间更小。

虽然动员模式有利于上级部门推动其政策实施，但如我们上面所讨论的，这一模式有高昂的代价：一方面，委托方需要投入很高的成本；另一方面，代理方并不一定真正执行上级要求，而是选择准退出策略，在下一轮的执行过程中注入自己的解释和意图。在这种情况下，委托方不能将动员模式作为政策实施的主要方式。在一般情况下，上级部门更多采用的是常规模式。而在常规模式的政策实施中，代理方可以根据实际场景条件选择不同的谈判策略，为实现自身利益争取更大空间。我们下面讨论在常规实施模式下，代理方选择不同应对策略的条件。

首先，我们考虑导致代理方启动政府组织渠道进行正式谈判博弈的条件。对代理方而言，正式谈判比非正式谈判拥有更低的成本，因为谈判渠道已经稳定建立，而且谈判可以在任何阶段以公开和合法的方式进行。正式谈判博弈具有以下显著特征：第一，正如正式规则所规定的那样，信息沟通和要求的传达都以正式和公开的方式进行。第二，任何有关资源或机会分配的请求都在公开的场合中进行，因此上下级间的申诉和回应必须建筑在合法性基础之上。正式谈判博弈的这些特征也隐含了代理方选择正式谈判博弈的特定条件：①在一些场合中，代理方拥有“私有信息”并愿意通过正式渠道来向委托方提供这些信息，以图影响对方，增强自我谈判能力。按照同一逻辑，在另外一些场合中，信息的模糊性使得代理方可以通过建构自圆其说的理性说法来强调自身努力程度或显示政绩。②一些涉及制定或修订正式评价标准的问题，需要经过正式程序，因此谈判只能通过正式渠道进行。③一些任务或场景涉及各类任务或不同部门的相互关系，例如修订适用于各个部门的考核标准，超出了上下级部门的双边关系，难以通过双边私下谈判了断，只能通过正式程序进行解决。我们提出以下命题来明确这些特点和条件：

P2.1 在正式谈判过程中，代理方通常运用正式文书形式向委托方提供信息、解释等合法性诉求。

P2.2 正式谈判更有可能发生在信息模糊或代理方有着私有信息的场景条件下。这些条件有利于代理方建构自圆其说的理性说法。

P2.3 正式谈判过程具有“信号博弈”的特征，其中代理方自愿地提供私有信息，旨在影响委托方的判断和认可。

P2.4 当谈判内容涉及多方利益和正式程序时（如制定或修改评比标准），正式谈判博弈更可能发生。

其次，我们考虑下级部门作为代理方在争取自身利益、得到获取资源分配的特殊渠道以及出现问题的责任归咎等方面与上级部门进行谈判的情况。这些方面是上下级部门在互动中经常涉及的问题，但正式谈判博弈难以解决这些问题，其原因如下：第一，特殊利益的请求难以在合法性的基础上公开提出，因此无法通过正式谈判过程得以实现；第二，如上所述，在正式博弈背景下，谈判双方轮流出价的空间很小，因而谈判过程难以达到有效率的结果。受这些困难条件影响，下级部门放弃正式谈判博弈转而采用非正式谈判博弈。然而，非正式博弈也是有成本的，例如需要其他领域的或其他形式的资本，特别是需要特殊社会关系构成的社会资本。我们提出以下一些命题来明晰非正式博弈的特点及其发生的条件：

P3.1 与正式博弈相比，非正式博弈谈判的过程更长，经历更多的轮流出价过程。

P3.2 在上下级互动中，在正式渠道的信息对代理方不利的情形下，代理方更有可能启动非正式博弈。

P3.3 非正式博弈更可能涉及特殊性的社会关系，发生在非正式的场合（比如饭桌或私人聚会等），表现出轮流出价的多轮博弈特征。

最后，我们讨论“准退出”策略。该策略意味着代理方被迫接受委托方提出的要求，从而“退出”谈判过程。对代理方而言，准退出选择是一种被迫后退的选择；也就是说，当代理方无法通过正式或非正式渠道和委托方谈判时，它没有更好的选择，只能接受上级监管机构下达的任务。然而，我们分析框架中的准退出策略意味着，代理方表面上接受上级命令，但在后续的政策执行过程中却可能按照自己的意志和利益而加以调整，从而通过一些更为微妙的方式加以谈判。对代理方而言，准退出选择也是有成本的，因为它在执行过程中的歪曲是有风险的，而且代理方的工作和努力由于未经正式或非正式谈判的协商确认将不被委托方认可，从而不能得到相应的奖励。因此，代理方更愿意通过正式或非正式谈判来明确自身利益，以使其随后的表现得到上级的适当评估和认可。在此基础上，我们提出如下命题：

P4.1 当代理方从事正式和非正式的谈判能力较弱时，或者处于高度动员的组织环境时，更有可能选择准退出策略。

P4.2 如果代理方选择准退出策略，这意味着将谈判博弈转化为下一阶段的“执行博弈”。

在我们的上述分析框架中，代理方的策略集包括了三种策略：正式谈判博弈通常表现为信号博弈，非正式谈判博弈则表现为轮流出价博弈，而准退出策略导致了下一轮的执行博弈。我们的讨论也指出，这三种应对策略和随后的各类博弈有着不同的收益和成本，因此代理方的策略选择是有条件的：当代理方认为它的请求可以在公开和合法的场合下进行，并具备有力的证据支持其提议时，它更可能选择正式谈判的方式，由于科层规则和结构为正式谈判提供了稳定的组织基础，因此交易成本较低。与此相比，非正式谈判需要动员其他领域、其他形式的资本（特别是社会资本），其代价更高。但在特定条件下，如针对特殊利益要求、责任归咎等的“讨价还价”，非正式谈判常常是更为有效的形式。这一谈判博弈的主要优点是，它绕过了正式的科层结构和秩序，允许双方间的互动、信息交流和妥协，这有利于提高代理方的谈判能力。对代理方而言，准退出策略是最后的手段，在它无法与上级部门进行正式或非正式谈判的条件下才会发生。简言之，代理方选择哪一种策略不是任意的，而是取决于特定的条件。在其他条件相同的情形下，代理方的策略选择偏好依次为正式谈判 > 非正式谈判 > 准退出。

我们上面提出的分析框架不仅来源于博弈论的逻辑思路，而且在很大程度上得益于我们 2008 年到 2011 年在某市环保局的田野观察。下面我们以田野观察的具体实例，进一步阐明上述分析模型中的理论思路、分析概念和基本命题。需要指出的是，以下的个案研究讨论不是试图用田野证据来验证我们的分析模型和命题，而是通过实际资料来进一步阐述和说明这一分析模型的各个环节和概念，以及这一模型与所观察到的行为类型之间的关系。个案研究帮助我们提炼、发展分析概念和理论思路，但并不能适用于验证我们的理论假设。

三　个案研究：环境政策领域中的谈判行为

在这一节，我们依据上述分析模型来解释、分析我们在某市环保局田野工作中观察到的各种事例。从 2008 年到 2011 年，我们在 W 省的某市环保局进行了长期的参与观察研究。我们的研究人员每年数月在该环保局上班，参加了环保局对企业的检查、政策执行、国家环保部和省环保厅的检查评比等过程，在日常工作环境中观察、记录了上下级部门的大量交往互动。

我们依据上述分析模型的结构来组织和讨论我们田野研究中所收集的大量资料。我们的经验观察、讨论与上述分析模型的着眼点一样，主要关注省环保厅和市环保局这一上下级间的谈判过程和行为。在政策实施过程中，政府内部谈判发生在许多领域和林林总总的问题上。为了简化以下讨论，我们集中在环保领域经常出现的三个谈判主题上：①绩效评估标准。省环保厅制定出一系列详细措施对下属的各市环保局（以及其下属县环保局）的工作绩效进行评估排序。市环保局常常就评估标准、各类指标以及权重与省环保厅展开谈判。②工作量和绩效评估。有时，某个具体政策的任务目标通过谈判在不同部门中加以分配。在另外的情形下，关于下级部门是否完成目标的判断具有模糊性，因此导致不同的解释和谈判。③责任归咎、分担。当出现意外事故或者政策目标没有实现时，相应的责任在当事人之间如何分担或归咎？这也是上下级部门谈判的一个重要内容。

（一）委托方的启动：动员模式还是常规模式

我们的分析模型提出，委托方（即省环保厅）首先选择用动员或常规方式启动政策实施过程，从而开始上下级互动过程和随后的谈判博弈。我们在田野调查中发现，政策实施过程经常在动员模式和常规模式间变动转化，而省环保厅和市环保局之间关系的关联状态也随之变动。在大多数情况下，自上而下的政策主要通过执行常规程序加以实施，如例行的现场检查、填写登记表格、颁发许可证、公文往来交流等，这些活动在日常工作程序中得以完成。在这些过程中如果发生问题，有关部门人员会交流信息意见，尽力取得妥协方案。与此相比，动员模式的情形很是不同：在高度动员压力下，上下级部门紧密地捆绑在一起，上级部门发布紧急动员指令和三番五次的督促要求，通过密集检查评估，不断要求下面汇报，将下级部门的注意力集中在特定的政策实施领域。在这一高度动员的过程中，代理方对于自上而下的各种要求规定极其敏感，反应迅速，全力以赴应对之。在这一情形下，无论是正式还是非正式的谈判余地都被大大地压缩了。

我们以 2008 年的年度检查为例。年度检查，顾名思义就是环保领域每年一次的例行检查。在年度检查期间，作为监督机构的省环保厅，派检查团来到各市环保局就地检查、评估和界定下级部门贯彻任务的程度，以及确认下级部门是否达到设定的年度目标。其中的一个重要检查内容是，省环保厅验收由市环保局收集记录的各种减排数据和文件（尤其是SO_2和 COD），然后决定是在多大程度上认可还是驳回这些上报的任务完成量即减排量。在以往年份，这些评估和核查工作都是通过常规程序进行的，市环保局上报的减排量在很大程度上都得到了认可。然而在2008年，省环保厅出乎意料地采取了更为严格的步骤，对该市环保局的档案资料进行了长达15天的详细核查，严格应用各类标准，拒绝认可市环保局上报的大部分任务完成量。当年，全省各市环保局都有类似的经历，大部分地市都被判定为未完成年度设定的目标：只有40%的市环保局完成了降低SO_2和COD的规定目标，一半的市环保局只完成了其中一个减排指标，个别市环保局的两项减排指标都没完成。① 上级部门在核查过程中的突然变化引起了下属市环保局的不满和争议，但是毫无效果。

省环保厅在2008年由常规模式到动员模式的转变，不是源于省环保厅与各市环保局之间内在互动的结果，而是来自组织外部环境的震荡冲击。在前一年，即2007年，国家环保部出乎意料地收紧了对省环保厅的考核，驳回了省环保厅上报的大部分任务完成量：只有19%的SO_2减排量和21%的COD减排量得到国家环保部的认可。② 这一突如其来的紧缩做法使得省环保厅不得不在2007年底进行紧急调整，压缩其下属所有市环保局的减排比例，这引起各市环保局的困惑和不满。为了避免这种被动局面再次发生，在2008年，省环保厅主动采取新的策略，即大大缩紧对各市环保局的减排量认可。为了表明其可信性承诺和确保这种新强硬策略的有效执行，省环保厅采取了动员型实施模式，调动更多的资源（包括大量派出人员、高度注意力和密集检查），给下属市环保局施加巨大压力，并坚决回绝了自下而上的种种谈判努力。这一动员模式有效地压缩了市环保局的谈判空间，致使其谈判策略无法奏效。在这种情况下，市环保局没有其他选择，只能被迫接受省环保厅的要求。按照我们的分析框架，省环保厅以此发出它实施新方案的决心和可信性承诺的信号，而市环保局不得不选择了准退出机制，即退出与上级部门的“讨价还价”谈判，转入下一个阶段的执行博弈。我们的观察显示，省环保厅之所以

---

① LH“五年计划22”，第12页。

② LH“五年计划22”，第12页。

采用动员模式，一方面是因为外部变动的影响（国家环保部对核查过程的验收标准提高），另一方面来自意在迫使下级服从的内在过程影响。在科层等级环境中，委托方拥有做出可信性承诺的权威性。

但省环保厅承诺的可信性是随着时间而变动的：第一，这一权威关系既不是完全的也不是绝对的。市环保局面对多个委托方，尤其是面临着市政府强有力的行政权威。因此，省环保厅一方面需要确保实施的有效性，另一方面也要采取适当措施以确保和市环保局保持长期合作。第二，上下级监督关系存在不同节奏的政策周期，政策实施的动员模式因代价太大和注意力的转移而难以长期维持。因此，我们应该把这种承诺看成一种变动的状态，它可能在强势（动员模式）和常态（常规模式）之间来回变动。我们的田野研究发现，动员模型并不是政策实施的主要模式。在更多的日常工作中，省环保厅经常和市环保局交流，在这一过程中双方也能够就许多问题和条款进行谈判。下面我们讨论市环保局在常规实施模式的情形下的策略选择。

（二）代理方的应对策略：正式谈判、非正式谈判，还是准退出？

我们的模型指出，委托方首先走出第一步，选择政策实施常规或动员模式，以便实施其政策，如向市环保局下达官方指示，制定落实目标任务，或者发现、处理市环保局的违规行为。而市环保局随之在其策略集中选择相应的策略加以应对。我们的分析模型提出了下级部门的三种策略：正式权威基础上的谈判博弈（“正式谈判”）、社会关系基础上的轮流出价博弈（“非正式谈判”）和准退出选择。下面，我们将通过田野调查的经验观察依次讨论和阐明前两种策略。

1. 启动正式谈判过程

如前所述，正式谈判主要采用正式文本形式，通过正式渠道传递下级部门的请求或解释，在这一过程中接、收两端的组织机构均记录文件的发送和接收，这些文件直接送到相关主管官员手中，又通过批示、制定新方案或不回应等方式加以反馈。在市环保局与省环保厅打交道的过程中，正式谈判可能随时发生在各种场合和实施过程的不同阶段。让我们首先提供几个例子，然后讨论它们的意义。

案例1 2007年，市环保局管辖区域内的一个大型污水处理厂未能按照项目设计的要求运转，导致污染的测量指数超标。面对这一困境和绩效评估不被认可的威胁，市环保局通过正式报告与省环保厅沟通，表明其重视程度，以减轻相关责任。市环保局上书的报告声称超标问题的出现主要是因为受不可控的外部因素影响（设备更新、技术维护和住宅区化粪池的缺失等）。市环保局极力表明，它正在努力解决这个问题。当省环保厅对污水处理厂的减排量不予认可时，市环保局局长通过书面文件向省环保厅反馈："建议对政府主导的减排工程，充分考虑项目的实际投资，使减排投入和减排数据能够统一，这样才能提高政府继续加大减排投入的积极性。否则，不但将影响减排工作的整体推进，还使得我们基层环保部门很难向政府交代。"[①] 市环保局还利用国家环保部高层官员实地视察的机会，说明污水处理厂虽然存在问题，但总体上仍然在富有成效地处理污水。这位高层官员接受了市环保局的这一说法。事后，市环保局利用高层官员的表态与省环保厅谈判，要求其认可更多的减排量。[②] 通过这一系列重新界定责任的努力，市环保局在谈判过程中赢得了有利的地位。在 2009 年的年度核查中，市环保局的减排量得到国家环保部的大量认可，甚至远远超出市环保局官员的意料。[③]

案例 2 近年来省环保厅制定了一套评估准则，对各市环保局的工作业绩进行排序，而市环保局针对其中的评估标准与省环保厅"讨价还价"。例如，其中一个标准涉及环保局对属地企业监管的责任。市环保局通过正式文件向省环保厅提出建议，认为应该考虑不同地区的企业数量。市环保局在文件中指出，有些市的环保局管辖范围内，只有十几家企业；而它自己的管辖范围内，却有超过 100 家企业，因此对企业监督的评定应该考虑相关的工作量。[④] 我们在田野调查中观察到，市环保局在水质、空气质量和超额完成的奖励等多方面，都通过正式文件方式和省环保厅进行了谈判。但这些谈判并不总是奏效的。

案例 3 这一个例子涉及问题责任的归咎分担。2009 年，省环保厅发现某条流经市环保局管辖区域的河流出现严重污染，连续四个月下发处罚通知。市环保局迅速做出回应，将责任归咎于其他地市。在给省环保厅递交的几份正式文件中，市环保局提供了水样数据，证明河流的污染是位于上游的另一个行政管辖地区的企业造成的。这些努力使得市环保局解脱了问题责任。但市环保局的内部文件却显示，河流污染主要源于该

---

① LH"五年计划 22"，第 7 页。

② LH"激励制度 1"，第 12、15、26、29 页；"五年计划 22"，第 28 ~ 29 页。

③ LH"激励制度 9"。

④ LH"激励制度 9"，第 2 ~ 3 页。

市环保局管辖区域内若干家企业的工业水排放。[①]

以上三个案例表明，市环保局利用正式谈判博弈（正式的文书和程序）来说服上级部门接受自己的请求或解释，并提供详细信息来证明其诉求的合理性。在许多情况下，代理方都会提交正式的请求文件。我们也观察到，这一博弈大多是一次性的。也就是说，上级部门或接受或拒绝这些自下而上的请求、解释，博弈到此结束，没有多轮的重复谈判。可以想象，如果下级部门坚持轮流出价般的反复要求——这有悖于正式权威关系——就会付出极高代价。只有在一些偶然的场合，例如案例3，当下属部门拥有强有力的理由或得到上级许可时，这种重复谈判才会发生。

我们的讨论表明，正式谈判过程具有信号博弈的特点。下级部门启动谈判博弈，主动向委托方提供私有信息。代理方在发送信号时力图：①表明自己的努力；②强调面临的困难和挑战，以此请求上级部门的理解和支持。这些私有信息的提供增强了市环保局在谈判过程中的谈判能力。信号博弈在环境管制领域频繁使用的一个重要原因是，在这个领域中政府行为涉及大量的量化指标和技术手段，为下级部门的行为提供了建立在“客观证据”基础上谈判的合法性。

2. 寻求非正式谈判博弈

下面，我们讨论“非正式谈判博弈”。我们的田野调查表明，社会关系基础上的非正式谈判普遍存在。这一经验观察和许多已有研究结果特别是有关政府行为的大量中文文献（吴毅，2007；孙立平、王汉生等，1997；张静，2000；艾云，2011）相吻合。我们的分析模型有助于澄清谈判过程背后的机制。我们首先讨论几个案例，然后阐释它们在我们分析框架中的意义。

案例4 针对自上而下检查的快速反应。2007年以来，省环保厅采取新的举措，每月通报各市环保局管辖区内的违规行为。[②] 这样的信息一旦公之于众，对相关市环保局和当地政府很是不利，甚至影响到它们的年度绩效评估。有趣的是，作为一种惯例，这份报告在正式通报的前十天会以“初步通报”的形式进行非正式通报，这给各市环保局进行非正式谈判提供了一个窗口。2009年的某天，省环保厅的检查组到该市环保局管辖范围内的污染企业里采集水样。市环保局听到这个消息后立即动员，

① LH“激励制度9”，第6页。

② LH“激励制度1”，第1页。

快速反应。市环保局领导吩咐有关工作人员立即收集有关数据，并与污染企业的经理一道，前往省环保厅做工作。这样做的意图是，在初步结果出来之前，先与有关官员进行非正式接触。一旦发现初步结果超标，这些早期接触就可以为进一步的努力铺平道路，以便可以将超标名单从省环保厅通报中摘除。经过私下运作，他们通过老乡关系找到省环保厅主管通报的官员，悄悄地解决了这一超标问题。这不是一个孤立的事件，我们收集的各个市环保局的有关数据显示，初步报告中的许多违规事例最后在正式名单中不复出现。① 由此可见，这种非正式谈判被广泛采用而且颇有效率。

案例 5 代理方常常在检查过程中花费大量的努力来培养非正式的社会关系，以利于非正式谈判。在这里，引用我们的另一项研究工作加以说明。

> “检查组在检查过程中力图绕过当地官员。但如果没有当地官员的协助，他们大多数情形下寸步难行……因此，检查组到达目的地后，通常都由当地官员陪同进行检查。这给当地官员精心构建和培养与检查组间的非正式关系开启了大门。陪同检查组的地方官员都是精心挑选的。”在一个案例中，“在省检查组到达县城的前两天，一份关于检查组成员构成和车辆牌照号码的详细资料便被秘密地传递到县有关机构。根据这些信息，县里有关人员发现，检查组负责人来自邻近城市，以前跟该县主管局有过紧密联系……而另一工作人员也辨认出，检查组另一个成员是他以前的同班同学”。县领导随之安排了相应的陪同人员。（Zhou，Ai & Lian，2011）

上述案例反映了非正式谈判博弈的主要特点。第一，这些互动行为往往是非正式的，通过口头沟通或其他象征性的姿态而不是正式文本的形式呈现出来。第二，它们大多在非正式场合进行，例如餐桌上或私人拜访。第三，这些交往通常涉及特殊的社会关系，比如同事、校友、朋友和老乡关系等。如果代理方和委托方之间没有直接的特殊社会关系，那么他们会利用其他的间接关系寻找非正式接触的渠道。

我们提出的博弈模型有助于阐明非正式谈判博弈背后的机制。非正

① LH“激励制度 6”。

式关系互动有助于延长谈判过程，降低时间压力的成本，有利于非正式谈判博弈的展开。正式谈判涉及一般性正式规则和权威结构，但非正式谈判大多在特殊的场合或过程中进行。例如，在案例 4 中，市环保局为了应对初步报告，通过非正式接触而大大延长了谈判过程，使得它可以与省环保厅进行多轮互动。此外，社会环境和特殊性关系有效地弱化了正式权威的力量，允许更多的信息交流和解释，促就了轮流出价、妥协和互惠交换的过程。这些做法微妙地改变了双方的谈判能力和相应的谈判结果。

谈判各方之间的成本代价不同是影响各自行为模式的重要因素。在科层制背景下的谈判过程中，代理方面临着更大的时间压力。正式的权威关系赋予上级部门设定期限和提出要求的最终权力；政府内部有许多时间期限——财政预算周期、考核周期、上交报告的截止日期等。在许多情形下，代理方需要和委托方就资源分配、工作量和责任分担等方面进行谈判。时间压力对诱发地方官员的特有行为方式产生重要影响，例如我们观察到，上级部门花费大量时间、精力准备自上而下的检查，以便减少一旦出现问题但因时间不足而无法应对的困境。

时间压力也有助于解释委托方限制自下而上谈判努力的一些行为、做法。上级部门在核查过程中有时迅速地做出决定或刻意绕过地方官员，从而减少下级部门启动非正式谈判的机会。例如，以前省环保厅的惯例是，派出检查组与当地官员一起收集企业污染样本，并在本地检验数据。但这样做的后果是，一旦发现问题，地方官员可以就地便利地启动非正式谈判博弈。现在省环保厅改变了做法，要求检查组不通知当地官员，直接到企业收集有关污染样本，带回省环保厅后检验数据。在 2007 年底，省环保厅成立了监控中心，集中了先前分散在不同部门的权力，从而大大减少了检查过程中受到各类社会关系影响的机会。正如一位市环保局官员所说：“自从省监控中心成立后，现在省环保厅都没法接近了。过去，要是测量仪器有问题，程序上省环保厅的不同部门都会坐在一起商量。但现在不这样了，一旦数据从监控中心出来，就直接报告给省总量控制办公室，不再有各部门一起商量的情况了，而且也不再与其他部门有任何关系。”不难看出，这些措施极大地限制了非正式谈判博弈的启动。而市环保局针对来自县环保局的谈判活动也有类似的做法，如在确定各县环保局排比顺序时，特意大大缩短其决策过程，在很短时间里做出决定并予以公布，以便压缩自下而上的非正式谈判空间。

（三）分析模型的扩展

以上，我们通过省、市环保部门之间互动的多个案例，进一步阐述了上下级间的谈判模型。虽然我们的讨论着眼于省、市两级环保部门间的互动，但不同层次、不同领域的政府部门有着类似的科层制结构，因此，我们的分析模型有着更为普遍的意义，可以推广到其他政府部门的谈判现象中。此处我们简要讨论两种相关情形。

1. 与下级部门的谈判

我们的分析模型同样适用于下级部门的委托 - 代理谈判。许多研究工作发现，在中国，各部门间的策略选择有着广泛的组织趋同现象，如压力型政府、晋升锦标赛、共谋等。环保领域中的各级部门有着类似的体制环境和相似的结构位置（如二元权力结构等）。在田野调查中，我们经常观察到下级部门（如县环保局）有着与市环保局类似的正式谈判行为。例如，省环保厅在 2007 年的检查中发现，污水处理厂的 COD 出水浓度远远低于技术标准，违背了环境法规；县环保局的回应策略是通过正式文本报告，向省环保厅表明问题原因在于强降雨，这样问题便超出了职责范围，与自己部门的环境监管工作无关。①

当实施过程在科层制度中逐级向下推进时，上下级间的非正式社会关系更加突出并占据主导地位，从而使得社会关系基础上的非正式谈判博弈愈演愈烈。我们的田野观察表明，省环保厅和市环保局间的非正式互动只是偶然的，在特殊情况下启动，而且大多围绕着几位固定官员发生。与此相比，市环保局和县环保局之间的非正式互动更加密集，而且发生在更多层次上。首先，市环保局官员在众多场合中与县环保局接触，比如发放排污许可证、现场检查、一起落实项目、实施上级政策等。其次，这些互动延续到各种非正式社交场合，比如午餐、晚餐、聚会和私下交流等。因此，不同部门的官员在广泛接触过程中成为朋友，甚至互相熟知对方的私生活细节。最后，这种互动在许多情形下不是基于正式权威关系的，而是更多地来自相互依存关系。在市县环保部门官员的日常交流中，他们互相把对方称作“姊妹局”，而不是上下级关系。因此，非正式博弈在基层层次更为盛行。我们把这些观察总结成以下命题：

---

① LH“激励制度 1”，第 4 页。

P5 政策实施的过程越接近基层，非正式谈判博弈较之正式博弈越为盛行。

2. 横向部门间的谈判

我们前面讨论过，市环保局需要依赖市政府其他部门的配合才能完成任务。例如，关于市环保局是否达到减排目标的测定，需要依赖市统计局提供 GDP、城市化率和人口增长的数据。市环保局对当地污水处理厂的治理，也需要得到市城管局的合作。市环保局督促县环保局落实其相关指示，往往也需要依靠县政府的正式权力。我们的参与观察发现，横向部门间的互动也涉及正式和非正式的谈判博弈，这与纵向部门间的互动类似。具体而言，当横向部门在日常工作中需要协调合作时，往往需要通过正式渠道进行，因为横向机构之间的互动往往要经过上级部门（如市政府）的出面协调，常常采纳正式谈判博弈的形式。但与上述正式权威下的正式谈判不同，横向层次的谈判博弈大多不是“信号”博弈，而更多是平等基础上的轮流出价博弈。

在另外一些情形下，由于信息的不确定性或其他原因而不能进行正式谈判时，社会关系基础上的非正式谈判博弈成为有效的应对策略。以 2008 年的一则故事为例。市城管局向上提供的统计数据和市环保局提供的数据不一致，可能会对市环保局年度绩效评估产生负面影响。但如果正式要求市城管局修改数据，意味着指责对方工作差错，可能引起矛盾，甚至导致对方拒绝合作。在这种情形下，非正式谈判起到了特有的作用。市环保局的几位高级官员邀请市城管局的领导吃饭，在一个宽松的社交环境中说服市城管局同意修改数据，即通过非正式的轮流出价博弈，使得市城管局做出退让和妥协。我们将这些讨论总结为以下命题：

P6 横向部门间的谈判，或采取正式谈判博弈或采取非正式博弈，其条件与以上讨论的有关上下级博弈的条件类似，即有关 P2 和 P3 的讨论。

四 讨论与结论

政府内部上下级部门间谈判是政府运行的一个重要组成部分，也是一个普遍存在的政府行为。在本文中，我们借用博弈论的分析视角，提出了政府内部谈判博弈的一个序贯模型，以及有关的分析概念、理论思路和实证意义，特别是提出这些分析概念以及博弈过程中不同环节之间的逻辑联系。我们讨论了委托－代理关系中各方行动的时间顺序、可供选择的策略集以及在不同策略互动中所产生的相应博弈类型。这一分析模型帮助我们区分上级部门选择常规模式和动员模式的条件，以及下级部门选择不同策略的条件和行为特征。我们以环境领域中政府管制行为的田野观察材料来进一步阐述说明本文提出的分析概念和理论命题。我们田野研究的目的不是验证本文提出的理论观点，而是帮助我们思考、提炼和发展有关理论概念和思路。我们希望这一模型有助于提高研究政府运作过程和政府行为的分析力度，有助于产出有关政府内部谈判的分析概念、研究问题和理论思路方面的共享知识，有助于这一领域中的知识积累。我们也希望，这一模型的实证意义可以在今后的研究工作中通过系统资料加以验证。

由于建模简化的需要，我们提出的分析模型没有考虑有关政府内部谈判过程的一些重要课题。如审稿人指出的，在实际政策落实过程中，动员与常规模式时常并行使用。我们的田野研究也观察到这类情形。但我们的理论模型强调了这两种启动模式之间的不同和它们的分别应用。我们的模型也没有讨论市环保局与另外一个委托方即市政府之间的互动。再如，代理方同时使用正式谈判与非正式谈判的混合博弈策略的情形在日常政府运作过程中司空见惯，但出于简化模型的考虑，我们也没有加以讨论。另外，组织内部有着不同的利益群体和部门，而我们的模型对此未做考虑，而是隐含地假设了各个部门在谈判过程中以整体形式出现。本文建模讨论中的这些简化，不是因为我们没有注意到这类问题，也不是因为我们以为这些问题不重要，而是出于我们针对有关研究问题进行理论抽象的需要。例如，我们区分政策实施的常规型和动员型两类启动机制，从而提出了一系列新的研究问题：这两类机制之间是什么关系？在什么条件下某一种机制得以启动？当两者同时使用时，它们之间的矛盾和冲突是如何解决的，与谈判行为有什么关系？我们区分这两类机制还有着关于博弈过程建模的进一步考虑。在我们提出的博弈模型中，上级部门在某一特定过程中只能在两者间选择其一。在这里我们关心的是，一旦某一实施机制（常规或动员）得以启动，下级部门如何应对。只有在澄清了这些基本概念和关系后，我们才能更好地考虑进一步的研究问题。例如，当两种机制被并行使用时，我们需要考虑博弈过程中的混合策略，以及这些策略发生的条件和对方相应的应对策略。这些属于博弈过程的新的模型和分析问题，是下一步研究的课题。正是在这个意义上，我们希望本文的研究工作提出了新的研究问题和新的分析角度，而我们这里讨论的分析概念和思路也有利于进一步的研究探索。为了这个目的，我们简要地概括出一系列有待研究的问题。

- 一项显而易见的下一步工作是，在上述思路基础上提出正式模型，一方面可以检查、修正和完善上述思路和各个环节间的逻辑一致性；另一方面可以挖掘这一分析模型以及隐含的各类博弈类型背后的行为意义，以推动这一领域的经验研究。
- 一个值得关注的课题是上级部门有关“动员状态”和“常规状态”的政策实施模式选择。有关“动员型政府”的讨论已广见于文献(冯仕政，2011)。我们的分析模型提出了一个新的分析角度，把动员型模式作为可能的状态之一，将这一选择解释为委托方有关可行性承诺或威胁的信号。这两种模式之间的选择和转换的条件对于分析、认识随后的代理方策略选择以及政府运行过程有着重要意义。
- 因为篇幅限制和目前研究的局限性，本文只是粗略地勾勒了上下级部门互动过程可能诱发的各类谈判博弈。有关这些谈判过程和博弈的讨论和建模需要在分析概念、过程细节和理论意义上做进一步的细化和丰富，也需要清晰界定对不同策略反应、选择的条件。例如，正式谈判中的信号博弈可能因其信号可信性不强而演变为“廉价话语”博弈(cheap talk)。
- 我们的分析模型对“准退出选择”没有做太多的讨论。我们需要对代理方选择退出或者谈判（正式或非正式）的条件有进一步的讨论和界定。准退出抉择也引出了下一轮的“执行博弈”模式，需要进一步的分析研究。
- 我们需要通过大量实证研究来验证、修正、发展这一分析模型及其所隐含的各种行为意义。

在评述美国政治学界有关政府分权的文献资料时，Bendor 等人这样写道：“有关政府内分权这一领域的研究在政治学领域蓬勃发展，表现了不同寻常的学术连续性和知识累积。学术连续性和知识累积这两者是密切相关的。这一领域的学者显示出令人敬佩的自我约束能力，他们抵制那种无休止但随意的所谓创新的诱惑，而是把自己的研究工作建立在他人已有研究的基础上，这些做法在政治学学科里是罕见的。”（Bendor，Glazer & Hammond，2001：266）这些看法对推动中国政府研究也有着启发意义。政府内部谈判是一个重要的组织现象，只有通过学者间探讨来建立共享的研究问题和分析概念，在彼此研究工作基础上进行新的学术探索，才能推动知识积累。我们希望本研究在这个方向上迈出了重要的一步。我们期待今后的研究能够进一步分析政府内部谈判过程中的多种类型的互动，建立共享的分析概念和研究问题，修改、发展甚至推翻我们所提出的模型，从而推动这一领域的知识积累。

参考文献

艾云，2011，《上下级政府间“考核检查”与“应对”过程的组织学分析：以A县“计划生育”年终考核为例》，《社会》第3期，第68~87页。

曹正汉，2011，《中国上下分治的治理体制及其稳定机制》，《社会学研究》第1期，第1~40页。

冯仕政，2011，《中国国家运动的形成与变异：基于政体的整体性解释》，《开放时代》第1期，第73~97页。

荣敬本等，1998，《从压力型体制向民主合作制的转变：县乡两级政治体制改革》，中央编译出版社。

渠敬东、周飞舟、应星，2009，《从总体支配到技术治理：基于中国30年改革经验的社会学分析》，《中国社会科学》第6期，第104~127页。

孙立平、王汉生等，1997，《作为制度运作和制度变迁方式的变通》，《中国社会科学（季刊）》1997年冬季号，第45~68页。

孙立平、郭于华，2000，《“软硬兼施”：正式权力非正式运作的过程分析——华北B镇收粮的个案研究》，《清华社会学评论特辑》，第21~46页。

王汉生、王一鸽，2009，《目标管理责任制：农村基层政权的实践逻辑》，《社会学研究》第2期，第61~92页。

吴毅，2007，《小镇喧嚣：一个乡镇政治运作的演绎与阐释》，三联书店。

应星，2001，《大河移民上访的故事：从“讨个说法”到“摆平理顺”》，三联书店。

张静，2000，《基层政权：乡村制度诸问题》，浙江人民出版社。

赵树凯，2010，《乡镇治理与政府制度化》，商务印书馆。

周飞舟，2009，《锦标赛体制》，《社会学研究》第3期，第1~23页。

周黎安，2004，《晋升博弈中政府官员的激励与合作——兼论我国地方保护主义和重复建设问题长期存在的原因》，《经济研究》第6期，第33~40页。

周黎安，2007，《中国地方官员的晋升锦标赛模式研究》，《经济研究》第7期，第36~

50 页。

周黎安，2008，《转型中的地方政府：官员激励与治理》，格致出版社、上海人民出版社。

周雪光，2005，《逆向软预算约束：一个政府行为的组织分析》，《中国社会科学》第2期，第132~143页。

周雪光，2008，《基层政府间的"共谋现象"：一个政府行为的制度逻辑》，《社会学研究》第6期，第1~21页。

周雪光、赵伟，2009，《英文文献中的中国组织现象研究》，《社会学研究》第6期，第145~186页。

Bendor, J. 2010. *Bounded Rationality and Politics.* Berkeley and Los Angeles: University of California Press.

Bendor, J., Amihai Glazer, and Thomas Hammond. 2001. "Theories of Delegation." *Annual Review of Political Science*, 4, 235-269.

Binmore, K, Martin J. Osborne, and Ariel Rubinstein. 1992. "Noncooperative Models of Bargaining." In Aumann R. J. and S. Hart (eds.), *Handbook of Game Theory*, 1, Elsevier Science Publishers B. V.

Bourdieu, P. 1986. "The Forms of Capital." In Richardson J. G (ed), *Handbook of Theory and Research for the Sociology of Education.* Westport, Conn.: Greenwood Press.

Cai, HB and Daniel Treisman. 2006. "Did Government Decentralization Cause China's Economic Miracle?" *World Politics*, 58, 505-535.

Dahl, R. A. and Charles E. Lindblom. 1963. *Politics, Economics, and Welfare.* New York: Harper Torchbooks.

Edin, M. 2003. "State Capacity and Local Agent Control in China: CCP Cadre Management from a Township Perspective." *The China Quarterly*, 173, 35-52.

Fudenberg, D and Jean Tirole. 1983. "Sequential Bargaining with Incomplete Information." *Review of Economic Studies*, 50, 221-247.

Geertz, C. 1978. The Bazaar Economy: Information and Search in Peasant Marketing. *American Economic Review*, 68, 28-32.

Huang, YS. 1995. Administrative Monitoring in China. *The China Quarterly*, 143, 828-843.

Kennan, J and Robert Wilson. 1993. "Bargaining with Private Information." *Journal of Economic Literature*, XXXI, 45-104.

Kornai, J. 1992. *The Socialist System: the Political Economy of Communism.* Princeton, New Jersey: Princeton University Press.

Lampton, D. M. 1987. *Policy Implementation in Post-Mao China.* Berkeley: University of California Press.

Lampton, D. M. 1992. "A Plum for a Peach: Bargaining, Interest, and Bureaucratic Politics in China." in Lieberthal K. G. and D. M. Lampton (eds.), *Bureaucracy, Politics, and Decision Making in Post-Mao China.* Berkeley and Los Angeles, CA: University of California Press.

Landry, P. F. 2008. *Decentralized Authoritarianism in China.* New York: Cambridge University Press.

Li, C and David Bachman. 1989. "Localism, Elitism, and Immobilism: Elite Formation and Social Change in Post-Mao China." *World Politics*, 42, 64 - 94.

Lieberthal, K and David M. Lampton. 1992. *Bureaucracy, Politics and Decision Making in Post-Mao China.* Berkeley, CA: University of California Press.

Lieberthal, K and Michel Oksenberg. 1986. *Bureaucratic Politics and Chinese Energy Development.* Washington, DC: U. S. Dept. of Commerce International Trade Administration: For sale by the Supt. of Docs. U. S. G. P. O.

March, J. G. 1994. *A Primer on Decision Making: How Decisions Happen.* New York: Free Press.

March, J. G. and Johan P. Olsen. 1979. *Ambiguity and Choice in Organizations.* Bergen: Universitetsforlaget.

McMillan, J. 1992. *Games, Strategies and Managers.* New York: Oxford University Press.

Milgrom, P and John Roberts. 1990. "Bargaining Cost, Influence Costs, and the Organization of Economic Activities." In Alt J. E. and K. A. Shepsle (eds.), *Perspectives on Positive Political Economy.* New York: Cambridge University Press.

Miller, G. J. 1992. *Managerial Dilemmas.* New York: Cambridge University Press.

O'Brien, K. J. and Lianjiang Li. 1999. "Selective Policy Implementation in Rural China." *Comparative Politcs*, 31, 167 - 186.

Oi, J. C. 1992. "Fiscal Reform and the Economic Foundations of Local State Corporatism in China." *World Politics*, 45, 99 - 126.

Qian, YY and Barry R. Weingast. 1997. "Federalism as a Commitment to Perserving Market Incentives." *Journal of Economic Perspectives*, 11, 83 - 92.

Rubinstein, A. 1982. "Perfect Equilibrium in a Bargaining Model." *Economietrica*, 50, 97 - 109.

Rubinstein, A. 1985. "A Bargaining Model with Incomplete Information about Time Preferences." *Econometrica*, 53, 1151 - 1172.

Scott, J. C. 1985. *Weapons of the Weak: Everyday Forms of Peasant Resistance.* New Haven: Yale University Press.

Shirk, S. L. 1993. *The Political Logic of Economic Reform in China.* Berkeley: University of California Press.

Spence, A. M. 1974. *Market Signaling: Informational Transfer in Hiring and Related*

Screening Processes. Cambridge, Massachusetts: Harvard University Press.

Walder, A. G. 1989. "Factory and Manager in an Era of Reform." *The China Quarterly*, 242 – 264.

Walder, A. G. 1995a. "Career Mobility and the Communist Political Order." *American Sociological Review*, 60, 309 – 328.

Walder, A. G. 1995b. "Local Governments as Industrial Firms: An Organizational Analysis of China's Transitional Economy." *American Journal of Sociology*, 101, 263 – 301.

Wank, D. L. 1995. "Private Business, Bureaucracy, and Political Alliance in a Chinese City." *The Australian Journal of Chinese Affairs*, 55 – 71.

Weick, K. E. 1976. "Educational Organizations as Loosely Coupled Systems." *Administrative Science Quarterly*, 21, 1 – 19.

Whiting, S. H. 2000. *Power and Wealth in Rural China: The Policial Economy of Institutional Change.* New York: Cambridge University Press.

Yang, DL. 2004. *Remaking the Chinese Leviathan: Market Transition and the Politics of Governance in China.* Stanford, Calif. : Stanford University Press.

Zhou, XG. 1993. "Unorganized Interests and Collective Action in Communist China." *American Sociological Review*, 58, 54 – 73.

Zhou, XG. 2001. "Political Dynamics and Bureaucratic Career Patterns in the People's Republic of China, 1949 – 1994." *Comparative Political Studies*, 34, 1036 – 1062.

Zhou, XG. 2010. "The Institutional Logic of Collusion among Local Governments in China." *Modern China*, 36, 47 – 78.

Zhou, XG. , Yun Ai, and Hong Lian. 2011. "The Limit to Bureaucratic Power: The Case of the Chinse Bureaucracy." *Research in the Sociology of Organizations*, 34, 81 – 111.

（责任编辑：杨阳）

关于政府内部上下级谈判研究的几点想法

刘世定*

周雪光与练宏的论文《政府内部上下级部门间谈判的一个分析模型》（以下简称《谈判》）在研究中国政府科层体系内部的谈判方面可以说是一篇奠基之作，而这又得益于博弈论的运用。本文将从博弈论的研究路径与具体的谈判研究方面，略谈一些想法。

一 真实环境中的博弈理论研究路径

迄今为止，博弈论的研究呈现出三条路径，即数理解析的博弈理论、实验的博弈理论和真实环境中的博弈理论。

目前最流行的博弈理论研究采用的是数理解析的研究路径，其特点是依靠思想实验，借助数学工具，通过在适当的假定条件下求博弈均衡解的方法来增进理论知识。这种研究取向下得到的理论结果具有逻辑上的自洽、清晰和完美，澄清了一些重要互动过程中困扰人们的疑问，从而在理论研究中很具吸引力。不过，要成为推进社会科学理论知识发展的有效研究路径，数理解析的博弈理论要求研究者必须做出有现实意义的假定，而这离不开与真实环境中的博弈研究之间的相辅相成。

近年来，随着实验心理学的发展，实验的博弈论研究路径日益受到关注，其特点是在可控实验环境下通过观察参与者的行为特征来修正某些数理解析博弈模型中的行为假定，进而修改博弈模型（凯莫勒，2006）。这一研究路径的基本取向是关注人类行为的基本特征对博弈的影响，而对于何

* 刘世定，北京大学社会学系教授，电子邮箱：liushd@ pku. edu. cn。

种互动特别具有现实意义值得社会科学着力研究、对于行动者在特定情境下的多样性的策略选择及互动后果的研究，则非这一研究路径所长于考察的。

真实环境中的博弈理论研究路径的特点是，通过对人们在真实生活环境中如何进行策略行动、如何解决问题的深入调查和理解，提炼理论模型，积累理论知识（刘世定、张惠强，2013）。与前两条路径相比，从这一路径着手的博弈理论研究，更能够把握在特定社会条件下重要的博弈过程以及多样的、复杂的策略，从而也更便于提出含有具体社会内容的理论假设模型。当然，要使理论模型更为精确，还需要借助数理手段，并和实验心理学的研究成果相结合。三条研究路径本来也不是完全分离的，只是各有侧重并主要依靠不同的技术手段罢了。

社会学研究有重视实地调查和经验研究的传统，也有重视社会互动的传统，按说在真实环境中的博弈理论发展方面，本大有用武之地，但是现实状况却并非如此。究其原因，则与社会学理论研究重视史述而疏于理论模型建构有关，也和社会学教学中疏于理论模型建构训练有关。不过，即使这种状况发生改变，也还需要探讨在真实环境中的博弈理论发展方面的一些具体方法和步骤问题。

在这个方面，周雪光和练宏的论文《谈判》提供了一个具有类型意义的范例。通过阅读该文以及对该文写作、修改过程的了解，我认为作者采用的以下研究方法和步骤是可以学习的。

第一，以实地调查获得的有关社会互动过程的经验资料为基础，尝试用数理博弈理论的某个或某几个基础模型澄清基本逻辑关联、事件发生的条件。例如，该文对调查获得的上下级环保部门间互动的研究就借助了信号博弈来澄清调查资料中的谈判逻辑。

第二，尝试用已有的社会学理论解释经验资料，并借此激活社会学理论和数理博弈理论的对话。这种对话有助于澄清已有社会学理论的不足和已有的数理博弈模型的局限。

第三，建构有经验基础、有社会学内涵的博弈理论模型。建构的理论模型可能不够精致，但只要对理论有所推进、对进一步的理论研究有启发，就是有价值的。

第四，进一步讨论建构的博弈理论模型的前提假定以及假定的现实性，从而对理论的解释和预测能力有更深入的认识。

第五，将建构的博弈理论模型用于更具体的过程分析，揭示一些更具体的逻辑。例如，《谈判》文在信号博弈的基础上考察了“正式谈判”、“非正式谈判”和“准退出”过程。

当然，上述方法和步骤并非真实环境中的博弈理论研究可能采用的唯一方法和步骤，所以我们说《谈判》文是具有类型意义的范例。

二　子博弈规则安排的策略选择

笔者认为，《谈判》一文最有趣之处在于，它不仅从博弈论的角度对政府上下级间的“常规模式”和“动员模式”互动进行了分析，而且将之放到一个超级博弈模型中依据条件因素来进行统一处理。的确，在这个超级博弈模型中可以看到非完全信息动态博弈之信号博弈模型的“脚手架”：上级“选择不同（常规或动员）政策实施方式的条件”对应着信号博弈模型中的“自然”；上级政府的“常规”和“动员”是其作为信号发送者的两个策略；而下级政府的“正式谈判”、“非正式谈判”和“准退出”则是其作为信号接收者的策略。然而，就实质社会内容来看，这个超级博弈模型则具有独立价值，如作者所言，“有丰富的组织意义”。上级释放的不同信号包含着不同的规则内容，这些不同的规则和上下级间更具体策略的结合，导致不同的子博弈结果。正因为不同规则的子博弈统一于一个博弈模型中，内容极为丰富，所以我们将其称为超级博弈模型。

在这个层级间的序贯博弈中，握有最终决定权的上级部门的第一步——上级部门在常规模式和动员模式之间的策略选择——是一个耐人寻味的环节。在笔者看来，这种模式选择所蕴含的最深刻内容是子博弈规则安排的选择，而不是如作者所说的“表明委托方的可信性承诺或威胁程度的变化”。委托方的可信性承诺或威胁程度概念等价于委托方实施规则硬度概念。在给定的规则框架中，可信性承诺或威胁程度越高，意味着实施规则的硬度越高；可信性承诺或威胁程度越低，意味着实施规则的硬度越低。不论是在常规模式还是在动员模式的规则实施中，都存在硬度高低、可信性承诺或威胁程度高低问题，而不是一种规则的可信性承诺或威胁程度高，而另一种规则的可信性承诺或威胁程度低。

受该文博弈模型的启发，沿着上级部门的子博弈规则安排的策略选择思路，我想，我们既可以继续像周雪光、练宏的研究那样，从实地调研出发，归纳出政府上下级间谈判的理论模型，也可以先对与此有关的博弈类型做一番梳理，从而发现在经验研究方面可能有潜力的地方，进而设计调研，开发出结合数理博弈模型、兼有经济社会学内涵的理论模型。下面仅从博弈的一般特征的角度试梳理几例。

1. 独裁者博弈

这是上级选择了不容讨论的博弈规则来实施其目标。在这种博弈规则下，没有上下级之间的谈判余地。下级可能的策略包括执行和退出。在上级的目标没有变动弹性，或其目标中包含着撤换某些下级人员意图的时候，就会选择这种博弈规则。这种博弈虽然不包含谈判空间，但也是政府上下级间互动的一种类型，并可作为上下级谈判研究的对比项。

2. 合作与冲突并存的协调博弈

这种博弈规则允许上下级间的谈判，并且在上级提出包含其净收益目标的方案后，允许下级提出减少上级净收益而更有利于下级净收益的方案。也就是说，上下级方案之间可以存在利益此消彼长的冲突，不满足帕累托改进原则。同时，双方都尊重对方的利益底线，以保证合作关系不破裂。

3. 协商博弈

协商博弈是张践祚、李贵才与笔者在一篇论文中提出的概念（张践祚、刘世定、李贵才，2016)。这种博弈的特点是，上级政府知道自身在信息和认知能力方面的有限性，因而在提出包含其净收益的方案后，允许下级提出另外的协商方案，但是协商方案不能使上级原方案带来的净收益减少。也就是说，下级的协商方案，必须满足帕累托改进原则。和合作与冲突并存的协调博弈相比，协商博弈中的下级拥有更弱的谈判权。

4. 征询博弈

这种博弈的基本特点是：上级政府就某项工作先要求下级提出方案；下级只能揣摩但不确知上级的意图；对于下级提出的方案，上级可能提出质疑、进一步要求、局部否定或局部肯定；下级再提修改方案；最后，上级拍板确定。这里存在的不是上下级间方案明确的谈判，而是带有模糊性的、如同打太极拳一样的谈判。这种谈判也常见于政府上下级之间。

可能还有其他的类型，这里不一一列举。

即使通过梳理，我们大致把握了不同类型博弈规则的基本特征，周雪光、练宏的论文仍提示我们，需要深入考察真实环境中的博弈具有怎样一些具体的行动和组织特征，并深入讨论上级政府的不同子博弈规则安排选择，在怎样的条件下是有效的，在怎样的条件下是无效的。

三 政府行为假定问题

政府内部上下级间的谈判研究离不开政府行为假定。在《谈判》一文中的假定是，政府内部上下级双方有共同目标，但成本函数不同。这是一个高度简化的假定，对于文中所研究的技术业务性强的部门来说，这个假定或许比较合适。但对于权力性比较强的部门来说，如此假定是否恰当，就是有疑问的。

有不少研究显示出，在政府上下级之间，上级维持其权威、宣示其权力存在、抑制异己力量（包括下级中的异己力量）是其行为中的重要维度，在这个方面，上下级的目标是不同的。这在处理上下级互动关系时不能不加以考虑。

如果在上级政府的效用函数中，加入影响其效用的权威维持行动变量，在下级政府的效用函数中，加入对上级权威的尊重程度变量，那么，对上下级间的谈判会产生怎样的影响？这是一个需要探讨的问题。

参考文献

科林·凯莫勒，2006，《行为博弈：对策略互动的实验研究》，贺京同等译，中国人民大学出版社。

刘世定、张惠强，2013，《组织研究中的博弈论方法》，《吉林大学社会科学学报》第6期。

张践祚、刘世定、李贵才，2016，《行政区划调整中上下级间的协商博弈及策略特征：以SS镇为例》，待发表稿。

（责任编辑：杨阳）

经济社会学研究　第三辑
第 90～126 页

信息隐藏与治理的组织经济学分析

——来自某航空公司的案例*

刘万顺**

摘　要：本文从一个航空公司的安全管理经验提取基础性元素，为信息隐藏的研究提供了一个统一的分析框架。本文研究的核心主题是治理结构如何影响到信息隐藏行为的发生与防范，以及信息隐藏行为如何影响到治理结构的运作。本文首先在委托者－监督者－代理者三层委托代理模型下，探讨了监督者与代理者的共谋与信息隐藏行为；此后在委托者－多代理者的委托代理模型下，研究了三种类型信息搜寻模式；然后分析了信息结构与治理策略的不同组合如何影响到上下级部门之间的讨价还价谈判模式。

关键词：信息隐藏　治理结构　委托代理　共谋　信息搜寻　讨价还价

第一节　导论

在当今中国，地方政府数据造假已经被广泛揭露，与企业合谋掩盖事故也引起了社会的广泛关注。瞒报与谎报等信息隐藏行为已经成为中

* 感谢何咏谦在资料收集过程中提供的帮助。

** 刘万顺，北京大学社会学系硕士研究生，现任职于华鲁国际融资租赁有限公司投资银行部，电子邮箱：liuwanshunpku@ gmail. com。

国社会广泛存在与重复发生的制度性现象。

企业组织因其运作的非公开性与行为的非公共性，信息隐藏行为虽然没有引起社会的广泛关注，但是在企业的日常运作中也广泛存在。

信息瞒报与谎报作为客观存在和重复发生的普遍性现象，已经引起很多的舆论讨论与学术探讨，但是还没有形成统一的分析框架与理论基础，本文尝试在主流组织理论的脉络下为信息隐藏行为的研究提供一个统一的分析框架，进一步丰富组织理论。

就实践意义说，无论是企业还是政府都被信息隐藏带来的诸多问题困扰，而问题的解决首先要厘清信息隐藏这一制度现象的存在机理与行为逻辑。信息隐藏行为重复发生与广泛存在的组织机制与制度逻辑是什么？不同的治理结构如何影响到信息隐藏行为？信息隐藏行为又如何影响到组织的治理？

本文的研究不仅具有重要的理论意义，也能够丰富我们对信息隐藏行为的理解，为改进具体的工作提供分析思路。

本文以 C 航空运输公司的安全管理经验为基础，探讨信息隐藏行为的存在机制及其与治理结构的关联。安全管理工作是航空公司工作的重点与核心。C 航空公司作为国资委直属的特大型航空公司，其安全管理经验为信息隐藏行为的研究和理解提供了基础性元素。本研究所依托的经验材料主要来自 C 公司安全管理的各种文件材料汇编和不同层次、部门工作人员的访谈资料。

本文主要是这样安排的：第二节回顾以往的研究并厘清本文的研究起点；第三节在委托者 - 监督者 - 代理者三层委托 - 代理模型下研究信息隐藏的机制；第四节在委托者 - 多代理者模型下研究信息搜寻及其与治理结构的关系；第五节研究信息结构反过来如何影响到治理结构，特别是上下级部门之间的讨价还价谈判；第六节是总结与讨论部分。

第二节　研究综述

经济学已经对信息隐藏行为开展过很多研究，认为其产生根源在于委托者与代理者之间的信息不对称。代理者的信息优势使得其对委托者的信息瞒报与谎报行为成为可能。

一 多委托者与信息隐藏

不同类型的委托代理结构会产生不同的信息结构。在代理者面对目标不同的多个委托者的情况下，目标不同的委托者之间的竞争虽然会导致无效率，但是也为代理者获取信息创造了条件。例如，运用多委托者的分析框架，Schmidt（1991）、Shapiro 和 Willig（1991）讨论了管制的私有企业与公共企业信息结构的差异。这两者的关键差异在于，管制的私有企业有两个委托者——管制者与股民；而公共企业只有一个委托者——管制者。他们认为与管制的私有企业相比，在公共企业中，政府通过掌握财务结构的剩余所有权，能够获取企业成本更为准确的信息。他们的不同在于，Shapiro 和 Willig 假定政府是恶意的，管制的私有企业通过股民信息公开机制来约束或限制政府的恶意行为；Schmidt 假定管制者虽然是善意的但是不能提供预期的承诺，与公共企业相比，通过管制的私有企业的信息约束，管制者能够做出不对企业投资进行过度剥夺的承诺。从这一角度理解，与单一委托者相比，当存在多个目标冲突的委托者时，代理者可以获取更多的信息租金。

二 团队生产、共谋与信息隐藏

团队生产指的是观察到的产出（结果）是多个人行为共同作用的结果，并且每个人的行为对结果的影响程度（边际产出）与他人的行为有关。在团队生产的情况下，观察到的结果并不能提供有关个体行为的信息。Holmstrom（1982）指出，对团队成员的激励，不一定需要通过对个体行为的监督实现，外部的委托人根据观察到的产出对团队成员实施“集体性惩罚”，可以实现帕累托最优。假定 a^* 是帕累托最优努力向量，$y(a^*)$ 是帕累托最优努力下的团队产出，只有在实际产出大于或等于 $y(a^*)$ 时，每个成员才能分享 $y(a^*)$，否则全体成员受到惩罚，a^* 就可以作为一个纳什均衡出现，即使没有对个体行为的监督。

在 Holmstrom 讨论的团队生产问题中，虽然团队中个体的行为难以观察，但是团队生产的结果容易被委托者观察到。当委托者观察到团队生产的结果低于一定水平时，就实施集体性惩罚。但是就不安全事件来说，委托者不仅难以观察到个体行为对结果的影响程度，而且难以观察到不安全事件的发生。在此情形下，团队生产的成员没有激励向委托者报告不安全事件发生的信息。

根据上面的讨论，我们可以区分以下两种类型的委托代理结构。

假定有委托者－监督者－代理者三层委托代理结构。在这个三层委托代理的结构中，委托者不能直接观察到代理者的信息，但是监督者能够观察到代理者的信息。委托者需要借助于监督者向其提供代理者的信息，代理者的信息有：一是结果或绩效，二是努力程度。监督者有两种角色：一是与代理者组成团队，参与团队生产，也就是说监督者的绩效也取决于观察到的代理者的绩效；二是监督者仅仅作为信息传递者，不参与团队生产，监督者绩效与代理者的绩效无关。

（一）监督者与代理者组成团队，参与生产

此种类型正是 Holmstrom 讨论的团队生产模型，在此模型中，监督者的绩效取决于观察到的代理者的绩效。委托者根据观察到的团队生产结果，对监督者与代理者进行集体性惩罚。

1. 委托者既不能观察到团队生产的结果，也不能观察到团队成员个人努力对团队生产结果的影响程度

在此条件下，委托者所获得的对团队生产结果的信息依赖于监督者的信息上报，由于监督者也参与团队生产，其绩效依赖于委托者观察到的团队生产的结果，同时委托者根据观察到的团队生产的结果对监督者和代理者实施集体性惩罚。如果集体性惩罚特别严重，监督者就会有激励与代理者合谋瞒报不安全事件发生的信息，即产生所谓瞒报现象。

美国斯坦福大学的周雪光教授（2008）研究了中国基层政府间“共谋”行为的制度逻辑。他主要通过三个悖论来解释“共谋”行为的制度逻辑：政策一统性与执行灵活性的悖论；激励强度与目标替代的悖论；科层制度非人格化与行政关系人缘化的悖论。共谋行为的稳定存在和重复发生是政府组织结构和制度环境的产物，是现行组织制度中决策过程与执行过程分离所导致的结果，在很大程度上也是近年来政府制度设计特别是集权决策过程和激励机制强化所导致的非预期结果。

2. 委托者能观察到团队生产的结果，但不能观察到团队成员个人努力对团队生产结果的影响程度

在此情形下，委托者能观察到团队生产结果，并对监督者与代理者实施集体性处罚，但是其不能观察到团队成员对团队生产结果的影响程度，而是通过监督者提供。

Tirole（1986）已经对此问题进行了深入的分析。代理者的绩效 x 取决于他的努力程度和生产参数。监督者的努力程度能够影响生产参数。

监督者有强大的激励将坏绩效的责任推给代理者，将好绩效的功劳留给自己。监督者将会上报对代理者产生不利而不会对自己产生不利的信息。在此情形下，将会产生所谓谎报现象。

（二）监督者不参与团队生产，仅传递信息

在 Tirole 1986 年经典论文建立的模型中，监督者仅仅作为信息传递者而不参与团队生产。

1. 委托者既不能观察到生产的结果，也不能观察到个人努力对生产结果的影响程度

Tirole 的模型假定委托者既不知道产出水平，也不知道代理者的努力程度，这一假定与这里讨论的类型一致。由于代理者的产出水平与努力程度都是通过监督者向委托者提供信息，不对称信息使得委托者无法有效控制监督者和代理者之间的共谋现象。代理者与监督者有激励通过支付协议串谋实现帕累托改进。

在 Tirole 的模型中，代理者的绩效 $x = e + \theta$。代理者与监督者建立串谋联盟，监督者一方面会向委托者提供过高的绩效信息，另一方面会夸大代理者的努力水平。

聂辉华与李金波（2006）从政企合谋的角度解释了当前中国地方政府纵容企业轻视安全，与企业串谋瞒报事故的社会现象。他们认为中央政府防范合谋的成本太高、地方政府缺乏长远预期、企业被过度抽税、第四方监督实效和惩罚不可置信等都是政企合谋存在的制度基础。

2. 委托者能观察到生产的结果，但是不能观察到个人努力对生产结果的影响程度

在这种情形下，与 1. 类似，代理者与监督者建立串谋联盟，但是由于委托者已经观察到生产的结果，监督者将会向委托者提供夸大代理者努力水平的信息。

与监督者作为团队生产参与者的情形相比，监督者仅仅作为信息的传递者，其绩效不取决于代理者的绩效，不会因为代理者绩效没有达到预期水平受到委托者的处罚。从信息经济学的角度，如果一个人的行为能被一部分人以相对低的信息成本观察到，而其他人观察到该行为的成本较高，那么让信息成本较低的人群行使监督的权力就可以大大节约监督成本。进一步，如果制度规定，具有信息优势的人群不提供或者不准确提供被监督对象行为的信息就要承担连带责任，这部分人也就获得了监督他人的激励。也就是说，由于没有参与团队生产，也就不用对团队

生产结果负责，但是具有信息优势的监督者承担连带责任，这样委托者就可以有效获得生产结果的信息，甚至团队成员对结果影响程度的信息。张维迎和邓峰（2003）从信息与激励的角度研究了连坐与保甲制度在国家治理中的作用。

但是这种连带责任的治理方法有时不仅不会破解串谋联盟，反而会进一步增强串谋联盟。

第一，监督者与代理者身份的转换。当 A 是监督者，B 是代理者，B 参与团队生产，而 A 不参与团队生产，仅仅作为信息的传递者，由于 A 的绩效不取决于 B 的绩效，A 有激励传递 B 的信息。在另一种情况下，B 有可能是监督者，而 A 又是代理者，B 有激励传递 A 的信息。如果经过长时间的重复博弈，A 与 B 之间的身份重复变换，将会使连带责任的反串谋策略失效。

第二，关联博弈。青木昌彦（2001）将关联博弈的理论引入分析，大大扩展了博弈论的解释能力。A 与 B 不仅仅存在监督者与代理者之间的博弈，还存在其他多重博弈。比如在处理不安全事件的事务中，A 是监督者，B 是代理者；在人员调动的事务中，B 对 A 的职业生涯又具有重要影响。关联博弈使得 A 与 B 之间的监督 - 代理关系变得复杂，从而使反串谋策略失效。

张维迎和邓峰（2003）也注意到了连带责任导致的共谋后果，“仅仅强调集体性惩罚是不够的，它也不能过重，否则反而会导致集体隐瞒信息，或者主动性的加入反叛团队。历代的暴动中，除了流民之外，往往会出现整个地区性参与的大规模叛乱，这和集体性惩罚的严厉程度是密切相关的”。但是张维迎和邓峰并未对连带责任导致集体隐瞒信息的机制做进一步的分析。

已有的研究成果极大开拓了我们对治理结构与信息隐藏关系的理解，但是并未对治理结构与信息隐藏的关系解释提供一个统一的分析框架。

第三节 信息隐藏与共谋

从本节开始进入文章主体部分的讨论。第三节与第四节主要研究治理结构如何影响到信息隐藏行为的发生与防范。第三节主要在委托 - 监督 - 代理的分析框架下探讨信息隐藏行为。

一 问题缘起

C 企业是以航空运输为运营主业的大型航空公司。由于航空运输的行业属性，保证安全是公司运营的首要任务。

为了与国际先进航空公司接轨，C 企业已全面实施安全管理体系（SMS），采用以系统安全原理为基础的系统化管理、以风险管理为核心的预防性管理、以质量管理为过程方法的提升性管理，这些管理的前提是信息要充分、要可靠、要有效。

但是，在日常安全管理中，无论不安全事件性质是否严重，无论惩罚是否严重，公司各单位对有后果的不安全事件均隐藏不报、铤而走险，对无后果的不安全事件也没有报告的积极性。这种现象对公司安全战略造成了较大的制约。

在 C 企业安全管理系统中，公司安全管理部门对不安全事件信息的掌握主要来自各子公司的报送，但是在实际中存在大量的信息隐藏行为，甚至个别单位团体合谋掩盖不安全事件的信息。

在公司的安全管理中，采用“委托者 - 监督者 - 代理者”这种治理结构是非常普遍的，比如“公司安监部 - 各子公司运安技部 - 飞行人员”。公司安监部是委托者，各子公司运安技部是监督者，飞行人员是代理者。监督者不参与生产，负责向委托者传递代理者的信息。在这种情况下，特别容易出现的信息隐藏行为是监督者与代理者合谋隐藏信息。

为什么信息隐藏与共谋行为大量存在？在什么情况下这种行为能够被防范？

本文的目的就是试图在 Tirole（1986）的经典模型基础上构造委托者 - 监督者 - 代理者组成的三层委托代理模型，从理论上刻画信息隐藏与合谋行为的存在机制。

我们假定飞行人员有两种生产方式：好的生产方式与坏的生产方式。好的生产方式就是高技术标准的飞行操作；坏的生产方式就是低技术标准的飞行操作。好的生产方式不容易引发不安全事件，为了分析我们在理论中假定发生不安全事件的概率为 0。坏的生产方式容易引发不安全事件，当然也不是 100% 发生，我们假定以 p 的概率发生。

好的生产方式与坏的生产方式对于飞行人员来说私人成本是不一样的，好的生产方式需要大量的技术训练、规章学习等，非常耗费个人时间、精力。坏的生产方式就不需要很多的技术训练，成本也就不会那么高。对于飞行人员来说，好的生产方式与坏的生产方式的成本差异，在经济学上称为“租”。但是监督者（运安技部）对飞行人员对于好的生产方式与坏的生产方式的选择具有重要的影响。比如运安技部如果能够帮助飞行人员不需要那么多的技术训练或者规章训练就升任机长，飞行人员就会选择坏的生产方式，从而获得一个相当大的“租”。在这种情况下，飞行人员就有激励贿赂运安技部，达成合谋。运安技部可以帮助飞行人员选择坏的生产方式，同时在发生问题以后也可以帮助飞行人员掩盖问题。

公司作为委托者，既依靠监督者（运安技部）获取不安全事件的信息，也依靠第四方来获取不安全事件的信息，比如公司内部举报、空管局或者媒体以及旅客的举报。如果公司发现运安技部与飞行人员合谋，将会对运安技部与飞行人员实施集体惩罚。

当然，在实际中更多时候是监督者即使上报代理者不安全事件信息，也会遭到惩罚，承担连带责任。

我们通过理论分析了监督者与代理者串谋的两个原理：一是监督者在向委托者如实报送代理者不安全事件信息时，也要承担连带责任；二是代理者不同生产方式成本差异所产生的“租”太大。

通过理论模型的分析，我们得到了防串谋的政策意涵。

一是如果监督者如实报送代理者的不安全事件信息，不应该承担连带责任；但是与代理者合谋隐藏信息，应该受到严厉惩罚。

二是减弱代理者寻租的动力。如果不同生产方式成本差异所产生的“租”太大，代理者难免会铤而走险，就航空公司来说，通过减小不同等级飞行人员的收入水平差距，可以减弱飞行人员寻租的动力。

三是减弱监督者设租的动力。一个可行的策略就是增加监督者的数量。如果监督者数量很大，一方面代理者要支付很高的贿赂；另一方面，监督者因为人数很多，所得的贿赂份额会降低。另一个可行的策略是使每个监督者对于代理者生产方式的选择都具有否决权，这也会减弱代理者的寻租动力，即使用“否决权”的决策模式，而不是“多数制”的决策模式。

四是充分发挥第四方监督的作用，鼓励内部人举报、媒体监督及行业其他组织提供信息。

二 基本模型

与 Tirole（1986）的经典模型相同，我们也在“委托者 - 监督者 - 代理者”模型架构下讨论信息隐藏与共谋行为，也坚持同样的基本假定，即认为监督者不参与直接生产，只承担信息传递的角色。

（一）行动者与契约安排

在公司、分公司与员工之间存在一个契约，公司是委托者（P），分公司是监督者（S），员工是代理者（A）。公司作为委托者将资产使用或任务实施委托代理者完成，同时其委托监督者监管代理者的行为，并向其传递代理者行为的信息。比如，在航空公司中，公司将航班执行委托于飞行员执行飞行任务，分公司作为监督者对飞行员执行航班任务负有监管的责任并及时向公司报送航班任务执行的相关信息。

我们假定代理者的产出是 Y，为了模型计算的方便，我们将其标准化为 1。代理者将一定的产出份额 t 提交公司，自己留下份额 $1-t$。在航空公司中，飞行员个人留成是指小时费，$1-t$ 是其为公司创造的效益。公司将受益的 m 份额分配给监督者——分公司。所以公司的收益为 $(1-m)t$，分公司的收益是 mt。

员工作为代理者在资产使用或任务执行过程中有两种生产方式可供选择：好的生产方式与坏的生产方式。如果员工选择坏的生产方式，其私人成本为 $\underline{c}$，但是其产生的社会成本为 c。比如飞行员在执行航班任务过程中，如果选择不按章操作的生产方式，那么其私人成本会较低，因为这样既不用花费大量的时间、精力掌握规章，也无须在执行规章过程中保持注意力集中，可以节省精力，但是违章操作的社会成本提高了，因为发生不安全事件的概率更高，不仅会造成公司的财产损失，也会对旅客的生命安全构成威胁。我们假定如果代理者选择坏的生产方式，发生不安全事件的概率为 p。如果员工选择好的生产方式，其私人成本为 $\bar{c}$，但是不会产生社会成本。员工选择好的生产方式的私人成本更高，即 $\bar{c}>\underline{c}$，需要承担额外的私人成本 $\Delta c=\bar{c}-\underline{c}$。我们假定，如果代理者选择好的生产方式，发生不安全事件的概率为 0。比如飞行员在航班执行过程中严格按照规章标准操作，其需要花费更多的精力和时间学习、执行规章标准，私人的成本更高，但是发生各种不安全事件的概率更低，不会产生社会成本。

（二）信息结构

委托者既不能直接观察到代理者的生产方式，也不能观察到不安全事件的发生。委托者委托监督者为其传递信息。与委托者不同，监督者既能观察到代理者的生产方式的选择，也能观察到不安全事件的发生，并可以选择是否向委托者报送。我们同时假定，飞行员生产方式的选择需要得到监督者的批准，这一点也与实际相符合。比如在航空公司，一方面飞行干部对于飞行员技术训练情况非常清楚，飞行员的技术升级都需要飞行干部的批准；另一方面飞行干部对于飞行员规章标准的学习与掌握情况也非常清楚。

如果代理者选择坏的生产方式，会以 p 的概率发生不安全事件。在发生不安全事件以后，监督者能够及时充分地掌握不安全事件的信息，但是委托者对于不安全事件信息的掌握来自监督者的上报。如果监督者及时真实地报送不安全事件的信息，委托者就能掌握不安全事件的信息；如果监督者不上报不安全事件的信息，第四方能够以 q 的概率发现不安全事件，并向委托者报送。比如航空公司对于不安全事件的信息的掌握很多也来自第四方：一是社会的监督，主要是媒体的报道或旅客的举报；二是民航相关单位，主要是空管局和其他航空公司的举报；三是分公司内部人出于各种动机的举报。

根据以上讨论，信息结构如下。

代理者以私人成本 $\bar{c}$ 进行生产，选择好的生产方式，不安全事件不会发生；

代理者以私人成本 $\underline{c}$ 进行生产，选择坏的生产方式，以 1 - p 的概率不发生不安全事件；

代理者以私人成本 $\underline{c}$ 进行生产，选择坏的生产方式，以 p 的概率发生不安全事件，监督者会向委托者如实报告不安全事件信息；

代理者以私人成本 $\underline{c}$ 进行生产，选择坏的生产方式，以 p 的概率发生不安全事件，监督者不向委托者如实报告不安全事件信息，第四方以 1 - q 的概率不会发现不安全事件的发生；

代理者以私人成本 $\underline{c}$ 进行生产，选择坏的生产方式，以 p 的概率发生不安全事件，监督者不向委托者如实报告不安全事件信息，第四方以 q 的概率发现不安全事件，并向委托者报告。

（三）效用

委托者的目标是最大化收入（1 - m）t。不论不安全事件是否发生，监督者能够获得的收入份额为 mt，但是在不安全事件发生以后，监督者要受到委托者相应的处罚。同时，在不安全事件发生以后，代理者也要受到委托者相应的处罚。

由于代理者选择坏的生产方式而不选择好的生产方式，会获得租金

Δc，而生产方式的选择需要得到监督者的允许，因此代理者有激励贿赂监督者 $b\Delta c$，以达成共谋合约。假定共谋合约是自我执行的，在代理者选择坏的生产方式产生不安全事件后监督者帮助代理者隐藏信息，但是如果被第四方发现并举报，监督者与代理者都要受到处罚。这一点也比较符合实际，比如对于飞行员来说，技术升级对于个人职业晋升与收入增加都是非常重要的。如果飞行员选择好的生产方式，需要在技术训练上投入大量的私人成本；如果飞行员选择坏的生产方式，则会节约大量的生产成本。而飞行干部对于飞行生产方式的选择具有决定作用，对于飞行员的技术升级拥有批准权。因此在飞行员的技术升级中，存在大量的贿赂行为。

惩罚结构如下。

（1）在不安全事件发生以后，如果监督者不上报信息，同时第四方不能发现，代理者与监督者都不受惩罚。

（2）在不安全事件发生以后，如果监督者不向委托者报送不安全事件信息，代理者承担直接责任受到委托者惩罚为 F_A，监督者承担管理责任受到惩罚为 F_{S1}。

（3）在不安全事件发生以后，如果监督者不向委托者报送不安全事件信息，但是不安全事件被第四方发现并报送委托者。代理者承担直接责任受到惩罚为 F_A，监督者在承担管理责任的同时，需要承担信息报送责任，受到惩罚为 F_{S2}。

（四）时间线

（1）委托者、监督者与代理者建立一个契约 $\{t, m, F_A, F_{S1}, F_{S2}\}$。如果监督者、代理者不同意则博弈结束；如果同意，则进入下一步。

（2）监督者与代理者建立共谋合约。

（3）如果代理者选择坏的生产方式，不安全事件以 p 的概率发生。

（4）如果第四方发现不安全事件的发生，则报送委托者。

（5）委托者、监督者、代理者报酬实现。

（五）最优合约

委托者设计最优合约，要满足以下约束条件。

1. 监督者与代理者的参与约束

假定监督者与代理者的机会成本为 0。

（1）监督者的参与约束条件

$$mt \geq 0$$

（2）代理者的参与约束条件

$$1-\bar{c}-t\geqslant 0$$

2. 激励相容约束

（1）管理者的激励相容约束条件

管理者的激励相容约束要保证其不与代理者合谋的收益大于合谋的收益：

$$mt-pF_{S1}\geqslant mt+b\Delta c-pqF_{S2}$$

（2）代理者的激励相容约束条件

代理者的激励相容约束要保证其选择好的生产方式的收益大于选择坏的生产方式的收益：

$$1-t-\bar{c}\geqslant 1-t-\underline{c}-b\Delta c-pqF_A$$

3. 有限责任约束

在不安全事件发生后，如果监督者与代理者合谋不向上报送信息，但是第四方发现信息并报送委托者，委托者对于监督者与代理者的惩罚要满足有限责任约束：

（1）监督者的有限责任约束条件

$$mt+b\Delta c\geqslant F_{S2}$$

（2）代理者的有限责任约束条件

$$1-t-\underline{c}-b\Delta c\geqslant F_A$$

基于假定，监督者的参与约束自动满足。另外，从管理者激励相容约束的角度，$F_{S1}=0$，我们得到命题 1：监督者向委托者报告不安全事件信息，不应该承担连带责任，不应该受到委托者处罚。

委托者合约设计的最优化的目标函数：

$$\max_{\{m,t,F_A F_{S2}\}}(1-m)t$$

约束条件为：

（1）$1-\bar{c}-t\geqslant 0$

（2）$pqF_{S2}\geqslant b\Delta c$

（3）$pqF_A+b\Delta c\geqslant \Delta c$

（4）$mt+b\Delta c\geqslant F_{S2}$

（5）$1-t-\underline{c}-b\Delta c \geqslant F_A$

根据目标函数和约束条件，构造拉格朗日方程：

$$L=(1-m)t+\lambda_1(1-\bar{c}-t)+\lambda_2(pqF_{S2}-b\Delta c)+$$
$$\lambda_3(pqF_A+b\Delta c-\Delta c)+\lambda_4(mt+b\Delta c-F_{S2})+\lambda_5(1-t-\underline{c}-b\Delta c-F_A)$$

一阶条件为：

$$\frac{\partial L}{\partial m}=-t+\lambda_4 t=0$$

$$\frac{\partial L}{\partial t}=1-m-\lambda_1+\lambda_4 m-\lambda_5=0$$

$$\frac{\partial L}{\partial F_A}=\lambda_3 pq-\lambda_5=0$$

$$\frac{\partial L}{\partial F_{S2}}\lambda_2 pq-\lambda_4=0$$

解得：

$$\lambda_4=1$$

$$\lambda_1+\lambda_5=1$$

$$\lambda_3 pq=\lambda_5$$

$$\lambda_{2\,pq}=\lambda_4$$

所以 $\lambda_4>0$；$\lambda_2>0$。

根据库恩－塔克定理，当拉格朗日乘子大于 0 时，相应的约束条件取等号；当拉格朗日乘子等于 0 时，相应的约束条件自动满足。

（1）如果 $\lambda_5=0$，则 $\lambda_3=0$，同时 $\lambda_4>0$，$\lambda_2>0$，$\lambda_1>0$。

$$t=1-\bar{c}$$

$$F_{S2}=\frac{b\Delta c}{pq}$$

$$F_A \geqslant \frac{(1-b)\Delta c}{pq}$$

$$F_{S2}=b\Delta c+mt$$

$$F_A \leqslant (1-b)\Delta c$$

F_A 取值矛盾，所以 $\lambda_5>0$。

（2）如果 $\lambda_1>0$，$\lambda_5>0$，$\lambda_3>0$；同时 $\lambda_4>0$，$\lambda_2>0$，$\lambda_1>0$。同样可以得到：

$$F_A=\frac{(1-b)\Delta c}{pq}$$

$$F_A = (1-b)\Delta c$$

F_A 取值矛盾，所以 $\lambda_1 = 0$。

综上讨论：$\lambda_1 = 0$，$\lambda_2 > 0$，$\lambda_3 > 0$，$\lambda_4 > 0$，$\lambda_5 > 0$。

所以：$t \leqslant 1 - \bar{c}$，$F_{S2} = \dfrac{b\Delta c}{pq}$，$F_A \dfrac{(1-b)\ \Delta c}{pq}$，$F_{S2} = b\Delta c + mt$，$t = 1 - \underline{c} - b\Delta c - F_A$。

解得：

$$m^0 = \frac{b\Delta c(1-pq)}{pq(1-\underline{c}) - \Delta c(1-b+pqb)}$$

$$t^0 = 1 - \underline{c} - b\Delta c - \frac{(1-b)\Delta c}{pq}$$

$$F_A^0 = \frac{(1-b)\Delta c}{pq}$$

$$F_{S2}^0 = \frac{b\Delta c}{pq}$$

（六）讨论

命题 2：$\dfrac{\partial m^0}{\partial q} < 0$；$\dfrac{\partial t^0}{\partial q} > 0$；$\dfrac{\partial F_A^0}{\partial q} < 0$；$\dfrac{\partial F_{S2}^0}{\partial q} < 0$

命题 3：$\dfrac{\partial m^0}{\partial \Delta c} > 0$；$\dfrac{\partial t^0}{\partial \Delta c} < 0$；$\dfrac{\partial F_A^0}{\partial \Delta c} > 0$；$\dfrac{\partial \mathrm{F}_{S2}^0}{\partial \Delta c} > 0$

命题 2 说明第四方的监督能力越强，委托者最优分成比例越高，对监督者与代理者罚款越低。第四方的监督能力越强，对于委托者越有好处，降低了委托者对监督者的依赖程度。命题 2 的现实意义是，组织的运作既需要等级科层制的委托 - 代理结构，也需要第四方的积极参与。比如，航空公司对于一些重要不安全事件信息的掌握，很多时候来自第四方出于不同动机的举报。

航空安全的第四方监督，主要有两种方式。一是内部举报。有人掌握了不安全事件的确切信息，同时可能与当事人存在利益冲突，出于打击报复的动机向公司举报。二是外部举报。民航相关单位，比如空管局获得了航空公司不安全事件的信息，由于与航空公司没有隶属关系，举报没有利益损失，相反如果不举报可能会被惩罚。

命题 3 说明代理者不同生产方式的成本差异越大，委托者的最优分成比例越低，既要增加代理者的留成比例，又要增加监督者的留成比例，同时要提高对于监督者和代理者的惩罚力度。换句话说，当代理者不同生产方式的成本差异很大时，委托者一方面要用“胡萝卜”激励，增加监督者与代理者正常行为的收益，降低合谋的吸引力；另一方面要发挥“大棒”的作用，对于合谋的行为，一旦发现就给予严厉的惩罚。

上文得到命题1：监督者向委托者报告不安全事件信息，不应该承担连带责任，不应该受到委托者处罚，否则可能会违背监督者的激励相容约束。如果 F_{S1} 足够大，监督者的激励相容约束条件（$mt - pF_{S1} \geqslant mt + b\Delta c - pqF_{S2}$）将不会成立。

但是在现实的运作中，很多时候航空公司拍脑袋制定安全管理制度，监督者也同样承担连带责任。①

文章模型实际上讨论了两种促成共谋的机制：一是监督者与代理者在不安全事件发生以后共同受到委托者的处罚；二是不同生产方式成本差异产生的租金促使代理者贿赂监督者，与监督者签订串谋合约。

我们用理论模型分析了防串谋的原理，其政策意涵如下。

（1）在监督者如实报送代理者的不安全事件信息时，就不应该承担连带责任；但是监督者与代理者合谋隐藏信息时，对于监督者和代理者都要加大处罚。

（2）减弱代理者寻租的动力。如果不同生产方式所产生的“租”太大，代理者难免就会铤而走险，一个政策意涵就是应拉平不同等级的飞行员收入差距，减弱飞行员寻租的动力。

（3）减弱监督者设租的动力。比如增加监督者数量，如果监督者数量很大，一方面代理者要支付很高的贿赂，另一方面监督者因为人数很多，会摊平贿赂，分到每个人的就会减少。其现实的政策意涵就是，使每个监督者对于代理者生产方式的选择都具有否决权，也就是使用“否决权”的决策模式，而不是“多数制”的决策模式。

（4）充分发挥第四方监督的作用，鼓励内部人举报、媒体监督和民航其他单位提供信息。

---

① 比如在C公司《航空安全管理手册》中关于航空安全奖惩管理有如下规定：在发生严重差错以后，“对责任单位安全第一责任人、党委书记各扣减工资或奖金2000元，分管业务和分管安全运行的副总经理各扣减工资或奖金1800元，班子其他成员扣减工资或奖金1500元；根据责任对安全管理部门负责人和相关部门负责人各扣减工资或奖金1000~2000元；其他相关管理责任人扣减工资或奖金500~1000元；根据事件责任对相关责任人给予警告以上公司内部行政处理”。

第四节 治理结构与信息搜寻

正如本文一开始所讲的，航空公司将“安全”置于各项工作的中心位置。对于不安全事件发生的监控与分析是航空公司的一项重要的职能。

不安全事件监控与治理的前提是公司不仅能够第一时间了解不安全事件的发生，更要搜寻不安全事件发生过程、原因与责任单位或责任人的细节。

C公司在航空不安全事件的治理中，一直倡导“自我报告”“主动报告”的理念，但是运行单位或运行人在报告不安全事件信息中普遍存在选择性倾向，将不利信息隐藏或扭曲（information concealment），造成不安全事件监控与治理的失败。

传统治理信息隐藏或扭曲的主要方式就是依靠上级部门的监督检查。而这需要投入大量的注意力、时间与资源，同时下级运行单位由于掌握更为充分的信息，在与上级部门的博弈中，往往能够占据优势地位，使监督与检查流于形式。

在这种情况下，巧妙的治理结构和激励机制的设计，能够有效地使运行单位主动做到信息显示（information revelation）。对这种机制的研究，将会极大推进我们对于组织运作逻辑的理解。

第三节在委托者－监督者－代理者三层委托代理的治理结构下讨论了共谋与信息隐藏行为，本节将在委托者－多代理者的治理结构下讨论信息隐藏与信息搜寻的问题。

一 从一个案例说起

C公司机务维修系统开展“五零竞赛”，其中两条是“零恶性延误”和“零AOG停场换发”。“恶性延误”不属于典型不安全事件，不需要上报公司安全管理部门。“AOG停场换发”是指更换飞机发动机，属于典型不安全事件，需要上报公司安全管理部门。

C公司的GX分公司非常重视“五零竞赛”的成绩，全力防止“五零”指标的打破，在“五零竞赛”中也一直排在比较靠前的位置。

由于“零恶性延误”是“五零竞赛”的重要考核指标，所以GX公司采取各种措施防止这一指标的突破，其中一条重要措施就是取消航班。“零恶性延误”是考核的指标，但是取消航班不是考核指标。由于当地的空管部门，对于航班取消掌握完全信息，因此 GX 分公司与当地空管部门合谋，防止信息的外泄。

同时，航班取消虽然不是维修系统“无零竞赛”的考核指标，却是 C 公司 YZ 部门的重要考核指标，但是 YZ 部门负责 C 企业全公司的航班运行，因此 GX 分公司偶尔或少量的航班取消也没有引起 YZ 部门的充分重视。

在 GX 公司，某飞机出现 AOG 停场换发，AOG 停场换发一方面是机务维修系统“五零竞赛”的重要指标，一旦上报信息，其“五零竞赛”的优异成绩就会被打破；另一方面 AOG 停场换发是典型不安全事件，应该上报公司安全管理部门。为了确保“五零竞赛”的优异成绩不被打破，GX 公司决定隐瞒信息。AOG 停场换发，引起航班大面积取消。因为航班取消情况纳入 C 企业 YZ 部门的绩效考核，航班大面积取消关系 YZ 部门的切身利益，于是，YZ 部门向公司报告，航班大面积取消并不是 YZ 部门的责任而是 GX 公司机务维修系统的 AOG 停场换发所致，于是 GX 公司机务维修系统 AOG 停场换发的不安全事件信息被暴露出来。

航班大面积取消既有可能是运行指挥部门的原因，也有可能是机务维修系统的责任。但是运行指挥部门与航班大面积取消事件存在更为直接的关联，并纳入公司的考核指标。于是，在航班大面积取消以后，无论是否为运行指挥部门的原因，其都被首先问责，但是允许其进行信息搜寻并报送。同时机务维修环节与运行指挥环节并不属于一个统一的部门，而是分属于不同的部门，这是一种“竞争信息搜寻”模式。所以在航班大面积取消事件发生以后，运行指挥部门在考核的激励机制作用下，向委托者公司上报了不安全事件的信息。最后，GX 分公司机务维修系统隐瞒“AOG 停场换发”的不安全事件信息被暴露出来。

二 基本框架

我们在委托 - 代理的分析框架下展开这一问题的讨论。

委托者 O 将一项任务委托给代理者实施。任务实施包括 A 和 B 两个环节，只有 A 和 B 两个环节共同完成，任务实施才能结束。也就是说，A 与 B 组成团队生产。

遵照通常的假定，由于 A 与 B 组成团队生产，每个环节对于任务实施结果的边际贡献都难以甄别，从而使得委托者难以基于 A 与 B 各自的边际贡献支付报酬。同样，如果任务失败，也难以有效甄别是 A 还是 B

造成任务失败。项目失败有可能是 A 的因素，有可能是 B 的因素，也有可能是 A 与 B 共同造成的或者一些难以界定责任的因素造成的。

但是这里，我们假定 A 和 B 环节与任务实施结果的关联程度存在差异。一旦任务实施失败，A 更容易被首先问责，而 B 往往不会被首先问责。这类似于在生产链条之中，A 处在生产的下游，B 处在生产的上游，当终端产品出现问题以后，即使实际上是 B 的操作失误造成终端产品出现问题，但由于 A 处在生产链条的下游而被首先问责。

（一）信息结构

A 在被委托者问责以后，如果不能向委托者提供确凿的利好信息说明任务实施失败是 B 的责任而不是 A 的责任（类型Ⅰ），A 将会独自受到委托者的惩罚，而 B 被免责。如果 A 能够提供确凿的利好信息说明任务实施失败是由于 B 的责任而不是 A 的责任，而此时如果 B 又不能向委托者提供确凿的利好消息（类型Ⅱ），B 将会独自受到委托者的惩罚，而 A 被免责。如果 A 能够向委托者提供确凿的利好信息说明任务失败是由于 B 的责任而不是 A 的责任，而同时 B 也能向委托者提供确凿的利好消息说明任务失败是由于 A 的责任，而不是 B 的责任（类型Ⅲ），A 与 B 将会共同受到委托者的惩罚。如果 A 与 B 都不能向委托者提供利好的信息（类型Ⅳ），A 与 B 也将会共同受到委托者的惩罚。

由于信息的不对称，委托者只能依靠 A 与 B 提供的确凿信息判断任务失败的原因。正如 Aghion 与 Tirole（1997）指出的，“信息结构取决于正式权威的配置”，换句话说信息结构取决于治理结构的选择。

（二）治理结构

我们考察三种不同的治理结构：垄断信息搜寻模式、联盟信息搜寻模式与竞争信息搜寻模式。

1. 垄断信息搜寻模式

在模型中，A 与 B 两个环节共同组成团队生产。假定 A 环节由代理者 A 负责实施，B 环节由代理者 B 负责实施，垄断信息搜寻模式是指委托者信息的获得依靠 A 或 B 单一代理者提供。在垄断信息搜寻模式下，如果 A 负责信息的搜寻，其只会向委托者提供利好信息；如果 B 负责信息的搜寻，其同样只会向委托者提供利好信息。

此种类型的治理结构显示信息质量很低。

2. 联盟信息搜寻模式

A 与 B 两环节共同组成团队生产。假定 A 环节与 B 环节都由代理者

C 负责实施，在任务失败以后，由代理者 C 搜寻信息并向委托者报告。委托者根据代理者 C 报送的信息情况，给予代理者 C 不同的惩罚力度。

代理者 C 向委托者报送的信息存在三种形态。

A 被问责，B 被免责，即类型Ⅰ；

B 被问责，A 被免责，即类型Ⅱ；

A、B 责任界定不清楚，即综合类型Ⅲ、Ⅳ。

3. 竞争信息搜寻模式

A 环节由代理者 A 负责实施；B 环节由代理者 B 负责实施。在任务失败以后，代理者 A 和 B 分别搜寻信息并向委托者报告，委托者根据代理者 A 与 B 报送的信息情况，给予 A 和 B 相应的惩罚力度。

A 与 B 向委托者报送的信息有三种形态。

A 未能报送利好信息，B 上报利好信息，A 被问责，B 被免责，即类型Ⅰ；

B 未能报送利好信息，A 上报利好信息，B 被问责，A 被免责，即类型Ⅱ；

A 与 B 均未能报送责任界定清楚的信息，A 与 B 同被问责，即类型Ⅲ、Ⅳ。

（三）一个例子

联盟信息搜寻模式和竞争信息搜寻模式是本文讨论的重点。为了更好地理解这两种治理结构的逻辑，我们以航空公司航班延误为例讨论这两种治理结构的差异。

航班正常是航空公司服务质量的一个重要指标，也是航空公司运营的重要目标。航班正常是任务，运行指挥环节（A）与机务维修环节（B）是实现航班正常的两个重要环节。

航班延误既可能是运行指挥环节出了问题，也可能是机务维修环节出了问题，还可能是运行指挥环节与机务维修环节共同出了问题。但是运行指挥环节 A 是航班运行任务的直接关联环节，机务维修环节 B 是更上游的环节，也就是在航班延误以后，A 环节被首先问责。

航空公司作为委托者，不能自行发现是 A 环节的责任还是 B 环节的责任，而是借助于下属部门的信息报送，收集详细的细节与确凿的证据。

航空公司可以有两种组织安排，一是运行指挥环节与机务维修环节共属于一个部门 C，也就是说这个部门作为代理者运营运行指挥环节（A）与机务维修环节（B），在航班延误以后也由其向公司报送事件信息。公司根据部门 C 报送的信息，给予相应的处罚。

二是运行指挥环节（A）与机务维修环节（B）分属于不同的部门，A 部门负责运行指挥环节的运营，而 B 部门负责机务维修环节的运营。在航班延误以后，由部门 A 与部门 B 分别向公司报送信息。公司综合部门 A 与部门 B 报送的信息，分别给予相应的处罚。

（四）信息搜寻基本模型

根据以上理论分析，本文建立如下信息搜寻的模型。

1. 组织（委托者）目标

任务失败的实际情况取决于参数 $\theta \in \{-1, 0, 1\}$。$\theta = \theta_A + \theta_B$，即任务由 A 与 B 两个环节组成。$\theta_A = -1$ 的概率为 α；$\theta_A = 0$ 的概率是 $1-\alpha$。如果 $\theta_A = -1$，对 A 环节来说是利好信息，即 B 环节要为任务失败负责；如果 $\theta_A = 0$，对 A 环节来说，缺少利好信息。

同样，$\theta_B = 1$ 的概率为 α；$\theta_B = 0$ 的概率是 $1-\alpha$。如果 $\theta_B = 1$，对 B 环节来说是利好信息，即 A 环节要为任务失败负责；如果 $\theta_B = 0$，对 B 环节来说，缺少利好信息。θ_A、θ_B 为独立分布，因此 θ 有以下三种状态：

$$\theta = \begin{cases} 1,\text{概率为}(1-\alpha)\alpha \\ 0,\text{概率为 } 1-2\alpha(1-\alpha) \\ -1,\text{概率为 } \alpha(1-\alpha) \end{cases}$$

当 $\theta = -1$，组织的决策状态为 $\overline{A}$，B 环节承担责任，A 环节免责；当 $\theta - 1$，组织的决策状态为 $\overline{B}$，A 环节承担责任，B 环节免责；当 $\theta = 0$，组织的决策状态为 $\overline{\phi}$，A 环节与 B 环节责任界定不清。

$\theta = -1$，对 A 环节是最优的决策；$\theta = 1$，对 B 环节是最优的决策。

2. 信息收集

组织（委托者）需要代理者搜寻 θ_A 和 θ_B 的信息。如果代理者搜寻信息，需要支付成本 K。如果代理者不支付成本 K，其不能搜寻到对其利好的信息，向组织报送信息 ϕ。

如果代理者支付成本 K 搜寻信息，当 $\theta_i = 0$，代理者能够向组织提供的信息为 ϕ；当 $|\theta_i| = 1$ 时，代理者能够搜寻到对其利好信息的概率为 β，不能搜寻到有效信息的概率为 $1-\beta$。

代理者搜寻信息能够获得对 i 利好信息的概率为 $\varphi = \alpha\beta$。

3. 代理者的效用

代理者的收益取决于组织获得的信息集以及基于信息集的决策结果。

基于组织的决策结果，代理者受到相应的处罚为 w；如果付出努力搜集 n 个任务的信息，其效用为 $-w-nk$。

（五）不同类型搜寻信息模式的讨论

1. 联盟信息搜寻模式

在联盟信息搜寻模式下，代理者 C 负责 A 环节与 B 环节的共同运营，并负责向公司报送信息。

当组织的决策结果是 $\overline{A}$ 时，委托者对代理者 C 实施处罚，C 的效用损失为 $-w_A$；当组织的决策结果是 $\overline{B}$ 时，委托者对代理者 C 实施处罚，C 的效用损失为 $-w_A$；当组织的决策结果是 $\overline{\phi}$ 时，委托者对代理者 C 实施处罚，代理者的效用损失为 $-w_0$。

（1）当代理者不支付成本搜寻信息时，其向委托者报送信息 ϕ，代理者的效用为：

$$-w_0 \quad ①$$

（2）当代理者支付成本搜寻任务一个环节的信息时，代理者的效用为：

$$\varphi(-wi)+(1-\varphi)(-w_0)-k \quad ②$$

（3）当代理者支付成本搜寻任务两个环节的信息时，代理者的效用为：

$$\varphi(1-\varphi)(-w_A-w_B)+[1-2\varphi(1-\varphi)](-w_0)-2k \quad ③$$

不难发现，在模型中 A、B 具有对称的意义，即 $w_A=w_B$。

激励相容条件要使得代理者愿意支付成本搜寻两个环节的信息，并向公司报送，即要使得代理者支付成本搜寻两个环节信息的效用大于搜寻一个环节信息的效用⇒③≥②，同时要使得代理者支付成本搜寻两个环节信息的效用大于不支付成本搜寻信息的效用⇒③≥①。由此，我们可以得到激励相容的约束条件：

$$③\geq②\Rightarrow\varphi(1-2\varphi)(w_0-w)\geq k \quad ④$$

$$③\geq①\Rightarrow\varphi(1-\varphi)(w_0-w)\geq k \quad ⑤$$

要使得激励相容约束④和⑤成立，$w_0\geq w$。

当 $\varphi\geq1/2$ 时，激励相容约束④不可能成立，即代理者搜寻两个环节信息的效用将会永远小于搜寻一个环节信息的效用。

当 $\varphi<1/2$ 时，由于组织对代理人实施惩罚也是有成本的，要以最低的成本使激励相容约束条件成立，$w=0$。另外，当④式成立时，⑤式一

定成立，为了以最低成本使激励相容约束条件成立，令④约束条件收紧：φ（$1-2\varphi$）（w_0）$=k$，得到 $w_0=\dfrac{k}{\varphi(1-2\varphi)}$。

2. 竞争的信息搜寻模式

在竞争的信息搜寻模式下，代理者 A 负责运营 A 环节，并向委托者报送信息；代理者 B 负责运营 B 环节，并向委托者报送信息。

对于 i 来说，如果组织的决策结果是 $\bar{i}$，那么其受到的惩罚 $w_i=0$；如果组织的决策结果是 $\bar{j}$，那么其受到的惩罚为 w_j；如果组织的决策结果是 $\bar{\phi}$，那么其受到的惩罚为 w_0。与责任界定不清的情形相比，i 独自承担责任的情形下受到更为严重的惩罚，即 $w_j \geqslant w_0$。

代理者搜寻信息的激励相容约束条件为：

$$\varphi(1-\varphi)(-w_j)-k \geqslant -w_0 \Rightarrow w_0-\varphi(1-\varphi)w_j \geqslant k \qquad ⑥$$

要使组织实施惩罚的成本最低，就要使得 w_j 最小，即 $w_j=w_0$，所以⑥式转换为：

$$w_0[1-\varphi(1-\varphi)] \geqslant k \qquad ⑦$$

同时使⑥式约束条件要收紧，即 $w_0=\dfrac{k}{1-\varphi(1-\varphi)}$。

（1）因为 $1-\varphi(1-\varphi)>0$，所以 φ 的约束条件放松为 $\varphi\in\{0,1\}$。在联盟的信息搜寻模式下，$\varphi \geqslant 1/2$ 时，代理者将不会搜寻两个环节的信息。而在竞争的信息搜寻模式下，约束条件放松为 $\varphi\in\{0,1\}$。所以当 $\varphi \geqslant 1/2$ 时，竞争的信息搜寻模式使得组织能够获得更多的信息。这是因为 $\varphi \geqslant 1/2$ 时，代理者搜寻对 A 环节与 B 环节各自利好的信息会相互抵消。

（2）因为 $1-\varphi(1-\varphi)-\varphi(1-2\varphi)=3\varphi^2-2\varphi+1>0$，所以竞争信息搜寻模式下的 w_0 小于联盟信息搜寻模式下的 w_0，即组织能够以更小的成本实施惩罚，获得信息。

（3）在联盟的信息搜寻模式下，$w=0$；在竞争的信息搜寻模式下 $w=\dfrac{k}{1-\varphi(1-\varphi)}>0$。也就是说在联盟信息搜寻模式下，委托者要获得更多的信息，就要给予代理者更小的惩罚。

综上讨论，我们可以得到如下命题。

（1）在联盟信息的搜寻模式下，委托者要获得更多的信息，在责任界定不清的情况下对于代理者的处罚要大于在责任界定清楚下的处罚。

(2) 当搜寻到对各环节利好消息的概率较大时，委托者选择竞争信息搜寻模式能够获得更多的信息。

(3) 与联盟信息的搜寻模式相比，在竞争信息的搜寻模式下，当责任界定不清时，委托者可以施加更小的惩罚。

(4) 与联盟信息的搜寻模式相比，在竞争信息的搜寻模式下，当责任界定清楚时，委托者应给予责任代理者施加更大的惩罚。

总的来说，竞争的信息搜寻模式能够使委托者获得更多的信息。

(六) 一个扩展的讨论

本文在讨论中一个重要的假定是环节 A 与 B 同任务实施结果有着不同程度的关联。由于本文关心的核心议题是不同治理结构模式下的信息搜寻问题，模型并没有将这一假设纳入分析。

但是上文的讨论对实际的政策设计具有重要的指导意义。团队生产的基本困难就是难以有效甄别所有代理者对于团队产出的边际贡献。本文的理论揭示的机制告诉我们可以区别出不同类型的代理者，判断哪些代理者与团队产出有着更为直接明确的关联。在此基础上，为直接关联的代理者建立与团队产出挂钩的激励机制，这一机制将激励直接关联的代理者首先启动信息搜寻。同时，选择竞争性信息搜寻模式，允许不同环节的代理者向委托者竞争性地发送信息，通过这样的激励机制，委托者能够获得更多的信息。

第五节 信息结构、治理策略与讨价还价

在第三节和第四节，我们研究了信息隐藏与显示的内在机制。第三节在委托者 - 监督者 - 代理者的分析框架下研究了信息隐藏的共谋机制；第四节在委托者 - 多代理者的分析框架下研究了信息的搜寻机制。

治理结构不仅会影响到信息结构，信息结构反过来也会影响治理结构与委托 - 代理关系。本节研究的主题是信息结构如何影响上下级部门之间的讨价还价谈判。

一 研究的问题

马克斯·韦伯指出科层制由于其明确的技术化、理性化和非人格化特征在与其他组织形式竞争中占据优势而在现代社会广泛存在。科层制

的主要组织特征，一是由一整套持续一致的程序化的命令－服从关系主导；二是命令－从属关系由严格的职务或等级序列预先决定；三是现代科层的非人格化倾向、命令的服从源于非个人组织程序规定。韦伯式科层组织，上级部门与下级部门的委托－代理关系建立在正式权威的基础上，上级部门向下级部门发布指令，下级部门严格执行。

但是在现代社会中，韦伯式科层制并非严格按照韦伯定义的科层制原则运作，组织中既有制度化的正式权威的配置，同时也有非正式权威的配置；下级部门也并非严格执行贯彻上级部门的指令，既存在指令的服从，也存在大量的讨价还价；上级部门与下级部门之间并不仅仅是制度化、组织化的互动，也广泛存在人格化的互动。

周雪光（2011）为政府内部上下级部门之间的讨价还价谈判提供了一个分析模型。他建立了委托者与代理者之间的博弈模型，区分了委托方的两种策略选择：常规模式与动员模式；代理方采用三种策略加以应对：正式谈判、非正式谈判和准退出。他认为在委托方采纳动员模式的条件下，“准退出”是代理方的最佳应对策略，而在常规模式下，代理方的应对策略选择有着更大的空间。但是其并没有为均衡谈判模式的选择提供坚实的微观基础。

上下级部门之间的讨价还价不仅在政府内部广泛存在，在公司内部同样广泛存在。本文以 C 公司的经验为基础，为上下级部门之间的讨价还价提供一个分析框架。

二　理论框架

（一）信息结构与权威配置

Grossman 和 Hart（1986）开创了不完全合约理论的分析框架。与完全合约合同完备的假定不同，不完全合约理论假设在现实生活中，任何合约都不可能事先将诸多可能性考虑在内。由于无法事先制定完备的合同，资产使用就不能事先完全确定，进而导致“敲竹杠”的问题，从而导致资产的无效率使用和资产投入的不足，由此引出剩余控制权的最优配置问题。剩余控制权是指当出现不确定性，而合同事先又没有考虑这种可能性，有权决定资产使用的权力。在 G－H 模型中，资产所有者持有剩余控制权，即所有权包含合同规定之外的资产使用权。不完全合约理论或产权理论的核心论点就是资产的所有权结构对谈判结果与激励机制具有重要的影响。

然而在实际中，权威存在正式权威和非正式权威的区别。Aghion 和 Tirole（1997）在一篇具有开创性的论文中讨论了组织内部的正式权威和实质权威。正式权威是指基于组织正式结构基础上的权威，而实质权威是指占有信息之上所拥有的权威。信息结构决定真实权威的分配，拥有实质权威的一方占有对资产事实上的控制权。

根据 G－H 模型，合约不确定性要求剩余控制权的最优配置，资产所有权决定了剩余控制权的分配，即正式权威的分配；而根据 A－T 模型，信息结构决定了实质权威的分配。

在现实中，不确定性往往是影响信息结构与治理结构的重要因素。Prendergast（2002）分析了不确定性对最优激励机制设计的影响。他还区分了两种情况：一种情况是委托者能够清楚地告诉代理者如何行为；另一种情况是代理者被授权决定如何行为。他由此得出两个重要的命题：当对代理者应该如何行为存在很大不确定时，“授权”更可能出现；以产出为基础的激励工资更有可能在代理者有较大控制权的情况下出现，因为在工作投入受到监督的情况下，没有必要以产出为基础提供激励工作。

在现实中，有些活动类型的不确定性会比较高，而另一些活动类型的不确定会比较低。以航空运输业为例，飞行与机务系统是关系航空运输业安全运行的两大关键系统。为了有效地确保安全，行业与公司出台飞行与机务操作标准化手册，用于指导和规范运行人员的行为。飞行系统有 SOP（飞行标准操作系统）用于指导飞行人员的操作，机务系统有“工卡”用于找到机务人员的操作。但是飞行系统与机务系统有本质的区别，“操作飞机”的活动，可以事先将诸多不可能性写入标准化手册，类似于“完全合约”；“维修飞机”的活动，难以事先将诸多不可能性写入标准化手册，类似于“不完全合约”。这就像“开汽车”有比较健全的标准化操作手册；而“修汽车”虽然有操作手册指导，但很难建立标准化的操作手册，更接近于操作艺术。

根据 G－H 模型，不确定性产生了剩余控制权的最优配置问题，即使将剩余控制权分配给资产所有者（委托者），但由于不确定性的存在，可能使得资产所有者（代理者）因更大的信息优势而占据非正式权威。也就是说高度的不确定性，使得资产所有者（委托者）掌握了正式权威，而资产使用者（代理者）掌握了非正式权威。

信息结构决定了权威在委托者和代理者之间的配置，进而影响到委托者（上级部门）与代理者（下级部门）之间讨价还价的能力与策略。

（二）上级部门的治理策略

在公司等级科层制组织中，上级部门通过行政指令指导和规制下级部门的工作。为了维护公司等级科层制的权威，上级部门特别是核心部门制定的政策指令在不同下级部门的贯彻与落实具有相当的一统性。各种行政指令通过不同方式到达下级部门，下级部门立刻按照上级部门下发的指令精神，进行贯彻部署、宣传动员，制定操作细则，并做好实施总结与记录。随后，上级部门开始收集下级部门上报的实施总结报告或记录。对照下级部门上报的材料，上级部门通过抽查、暗查、巡查等方式对下级部门的工作进行验收。最后，上级部门根据验收与检查的情况，对下级部门的工作进行考核。以上就是各种政策指令在公司等级科层制内部，从上级部门传递到下级部门的惯常过程。

政策指令在从上级部门向下级部门传递并贯彻实施的过程中，一个内在的困境就是如何统合统一的政策指令与灵活的工作实际。因为不同下级部门的工作实际与组织环境差异很大，政策指令的统一实施缺乏合理的微观基础，由此，上级部门发布的政策指令必须具有“执行的灵活性”。在这样的运作逻辑下，上级部门发布的政策指令，往往以指导精神或原则的形式发布实施。

根据组织学原理，“模糊原则式”的政策指令发布模式有如下优势：（1）给予下级部门充分的执行空间，允许其根据特定的工作实际或组织环境设计操作细则，以免“一刀切”的政策指令遭遇实施失败，出现治理失灵而被问责；（2）掌握政策指令解读的控制权，在与下级部门的博弈中占据主动地位；（3）掌握对下级部门工作验收与考核的“选择性惩罚”权力。也就是说，“模糊原则式”的政策指令发布模式，提高了上级部门在与下级部门讨价还价过程中的地位。

但是，上级部门不能总是选择“模糊原则式”的行政指令发布模式。在多个代理者的组织环境下，即“一对多”的组织环境下，“模糊原则式”的行政指令发布模式占优。在单个代理者的组织环境下，即“一对一”的组织环境下，特别是上级部门与特定下级部门发生深入互动时，上级部门必须选择“高度确定”的行政指令发布模式。比如，航空公司在发生不安全事件时，上级部门对下级部门发布的处理通报，必须选择“高度确定”的指令发布模式，详细说明不安全事件的发生过程、分析发生原因，并阐述对责任单位或个人的问责理由与详细根据。在这种情况下，与“迷糊原则式”的指令发布模式相比，“高度确定式”的指令发布模式减弱了上级部门的指令控制权。

（三）均衡讨价还价模式

根据第（一）小节的讨论，特定活动不确定的程度造成信息结构的差异，进而导致不同的非正式权威配置。当特定活动的不确定程度较高时，活动的诸多不确定性事先难以写入合同，我们称之为“不完全合约式”的活动类型；当特定活动的不确定性程度较低时，活动的诸多不确定性可以事先写入合同，我们称之为“完全合约式”的活动类型。

根据第（二）小节的讨论，在不同的组织环境下，上级部门选择不同的指令发布模式。对于上级部门提高讨价还价地位来说，与“高度确定式”的指令发布模式相比，“模糊原则式”的指令发布模式占优。虽然指令发布模式是由上级部门选择，但是其受到组织环境制约。当上级部门与特定下级部门发生深入互动时，比如上级部门向下级部门发布处理通报时，上级部门必须选择“高度确定式”的指令发布模式。

基于第（一）、（二）小节的讨论，在表1中，我们可以生成四种模式的组合：高度确定式指令发布模式 - 不完全合约式活动（Ⅰ）、模糊原则式指令发布模式 - 不完全合约式活动（Ⅱ）、高度确定式指令发布模式 - 完全合约式活动（Ⅲ）、模糊原则式指令发布模式 - 完全合约式活动（Ⅳ）。由于不同的组织环境与约束条件，在四种模式下，上级部门与下级部门具有不同的讨价还价模式。

表1 均衡讨价还价模式

上级部门 / 下级部门	高度确定式指令发布模式	模糊原则式指令发布模式
不完全合约式活动	正式谈判（Ⅰ）	非正式谈判（Ⅱ）
完全合约式活动	无谈判（Ⅲ）	无谈判（Ⅳ）

模式（Ⅰ）：下级部门从事的是“不完全合约式”的活动，在活动的开展过程中，有各种不确定性难以写入事先的合约（规章标准），从而滋生了讨价还价的空间。虽然根据正式权威的安排，上级部门占有正式控制权，但是在信息结构中，下级部门拥有更大的信息优势，可以选择性地报告有利信息，从而提高在与上级部门讨价还价中的地位。

同时，由于上级部门与下级部门发生深入互动，比如发布处理通报，上级部门必须选择“高度确定式”的指令发布模式，不仅要详细说明处理的细节、原由与根据，还要选择正式渠道或方式发布文件。但是由于下级部门从事活动的“不完全合约”性质，下级部门拥有充分的空间和充足的信息与上级部门讨价还价，从而使得上级部门发布的指令容易遭遇失败。加之在这种组织环境下，上级部门不能选择“模糊原则式”的指令发布模式提高讨价还价能力，只能选择“高度确定式”的指令发布模式，上级部门在与下级部门的互动过程中，容易发生修改或变更指令的行为。这种修改或变革指令的行为进一步增强了下级部门讨价还价的合法性，在这样的条件下，下级部门更会倾向于选择“正式谈判”的方式，因为下级部门在与上级部门的互动中占据了组织合法性的地位：一方面可以保证讨价还价程序的合法性，另一方面也可以实现讨价还价成果的合法化。

模式（Ⅱ）：下级部门从事的活动具有“不完全合约”的性质，一方面难以将各种不可能性事先写入合约（规章标准），从而产生了讨价还价的空间；另一方面下级部门的信息优势，使得下级部门在与上级部门讨价还价的过程中更容易占据优势地位。

但是，上级部门可以选择“模糊原则式”的指令发布模式，不仅掌握指令的解释控制权，还可以在对下级部门工作成果的验收考核中行使“选择性惩罚”权力。

也就是说，在信息结构决定的非正式权威分配中，上级部门“迷糊原则式”的指令发布模式平衡了“不完全合约”性质的活动对下级部门讨价还价地位的提升作用。从而，在正式权威的配置中，上级部门掌握了控制权。

下级部门一方面有充分的空间进行讨价还价；另一方面，由于上级部门运用“模糊原则式”指令发布模式，下级部门难以通过正式渠道或组织化的途径进行谈判。在这样的情况下，在与上级部门的讨价还价过程中，下级部门倾向于选择“非正式谈判”的方式。这种现象在组织内部普遍存在，比如广泛存在于上级部门对下级部门工作落实情况的验收考核过程中的“关系投资”。一方面，上级部门发布的指令是“模糊原则式”的，上级部门有充分的空间行使“选择性惩罚”权力；另一方面，下级部门开展的活动具有“不完全合约”性质，上级部门工作人员在对其工作成果检查考核过程中行使“选择性奖励”也不会被问责，这便激励了下级部门的“关系投资”行为。下级部门通过各种非正式关系的建立与维护，寻求在与上级部门讨价还价过程中地位的提升，比如考核排名的提升、考核分数的增加等。

模式（Ⅲ）、（Ⅳ）：不论上级部门采取“模糊原则式”指令发布模式还是“高度确定式”指令发布模式，由于下级部门开展的活动具有“完全合约”的性质，诸多不确定性在事先能够完全写入合约（规章标准），下级部门没有讨价还价的空间，从而也就不会有谈判的启动。

综上所述，下级部门活动的“不完全合约”性质为下级部门提供了讨价还价的空间。当上级部门采用“高度确定式”指令发布模式时，就为下级部门通过“正式谈判”的路径追求讨价还价收益最大化提供了组织基础；当上级部门采用“模糊原则式”指令发布模式时，下级部门更倾向于选择“非正式谈判”的方式。当下级部门的活动具有“完全合约”性质时，下级部门也就失去了讨价还价的空间。

三 一个讨价还价的案例

（一）案例介绍

2012 年 8 月 20 日，C 公司机组在执行某航班以前发现发动机进气道整流锥上有少许鸟的血迹，提出让机务人员检查，机务人员深度检查后发现发动机损伤超标决定更换。公司安全管理部门认为 S 单位员工在航线工作中没有发现鸟击痕迹，属于漏检，遂将此不安全事件定性为 S 单位责任原因的严重差错。

S 单位通过正式文件的途径与公司开始了讨价还价谈判。S 单位认为航线检查工作单中没有任何外来物和鸟击检查的要求，鸟击检查虽然有特定的检查工作单，但是和航线检查工作单没有关联，所以“漏检”行为不应该属于 S 单位机务人员的责任。

公司安全管理部门也通过正式文件的途径对 S 单位的申诉意见进行了答复。

讨价还价的最终结果是此次不安全事件定性为公司责任原因一般差错。

（二）讨价还价过程

如下是 A 单位向公司相关领导申诉意见中的一条：

航线工作单中没有任何外来物和鸟击检查要求。鸟击工作卡和航线卡没有关联。不属于工作者责任。后来安全系统又以工作者曾经过培训为由，认为工作者应该掌握鸟击检查相关要求，仍然要定 S

单位严重差错。或许后经S单位辩解培训与工卡的关系，或许因为其他原因，公司安全部门领导决定改定S单位一般差错。

公司安全管理部门对其答复如下：

> 机组在航前不但发现了鸟的血迹，而且在风扇叶片根部前缘见到了鸟毛，对于这样的事实，无论是S单位在跟公司领导电话沟通时或在反馈的报告中总是避重就轻地强调B－6162飞机鸟击痕迹不易检查到等理由，基地为何不反思为什么机组能看到，他们机务就看不到呢？从基地自己调取的机务航后检查视频录像也可以验证基地机务的维护作风和工作质量。此外，S单位领导是不是对本次事件的全貌真正了解，是不是也仅凭一面之词做出上述判断？基地认为航线工作单中没有任何外来物和鸟击检查，事实是A320系列航前工卡第16项“检查发动机进气管、排气管无外来物”就有相应的检查要求。公司安全管理部门将S单位定性为严重差错，后改定为一般差错，绝不是因为基地解释了培训和工卡的关系这个理由，更没有将培训作为定性的决定性依据，因此S单位所反映的情况不实。

S单位的申诉意见言辞甚至非常激烈，对公司安全管理系统运作效能提出质疑：

> 公司巨额投入并轰轰烈烈开展SMS（安全管理系统）之后，为什么安全状况仍在不断恶化？相同原因的事故征候为什么能在不很长的时间内能再次发生？相信弄清楚这个案例之后会有所启发。

S单位虽然在行政级别上与公司安全管理部门平级，但是公司安全管理部门是公司的职能部门，代表公司行使权力，因此以上讨价还价过程可看作上下级部门讨价还价过程。该讨价还价过程有如下鲜明特征：一是通过书面文件的方式进行讨价还价的谈判；二是讨价还价的过程先后进行了好几轮；三是讨价还价的过程非常激烈。

此种类型的上下级讨价还价谈判在组织运行中并不常见，毕竟上级部门在正式权威系统中占有更为有利的位置，S单位在申诉意见中也明确提道：“S单位的有些领导在会上公开提出考虑公司机关的‘面子、关系、小鞋’等因素，力主S单位替总部机关受委屈。但考虑维护S单位的利益和公司安全管理的利益（一定要找到真正的原因，一定要制定有效的措施并使之得以真正实施），没有同意接受一般差错的定性。”

那么此种类型的上下级讨价还价谈判出现的组织逻辑是什么呢？

（三）分析与讨论

1. 下级部门实施活动的“不完全合约”性质

正如上文讨论的，有些活动难以事先将诸多不可能性写入合约，使得这些活动的开展具有“不完全合约”的性质，这便为下级部门的讨价还价提供了空间。

S单位申诉充分显示了其所从事活动的“不完全合约”性质：

> 公司文件此次差错定性所依据的规章制度是公司《航空安全管理手册》21.6.5.1（2）“未按维修程序操作、漏做、漏检或错误执行工作单卡造成航空器不能正常使用”中的“漏检”工作卡中的内容，并以此为由定性S单位差错。众所周知，公司要求飞机维修人员在工作中要严格按照工卡内容检查。但此事件中的工作卡中的相关条款里及其他部分（项目16的发动机检查内容）没有任何鸟击和外来物检查要求，甚至连常规的“异常检查”都没有提及。员工工作时没有“漏”任何相关工作卡规定的检查内容，也就不构成漏检。公司所发文件没有明确说明员工“漏检”漏掉了相关工作卡中的那一条、那一款、哪一项。属于定性依据错误。此事原本是工程管理问题，他们将鸟击和外来物检查内容全部归到一个“鸟击和外来物”检查工作卡中，以求检查的专门性和专业性。但忽略了与航线卡的关联性。日常工作中，在鸟击痕迹明显、员工和外界环境状况良好、工作卡有明确要求的情况下，员工是可以发现鸟击痕迹并认真处理的。但在鸟击痕迹点少、点小、不明显，在员工疲劳、夜间作业，尤其是工作卡没有明确要求的条件下，由人为因素理论可知，员工可能会忽略已经风干的少量鸟击痕迹，但这已经不是员工的问题了。

S单位在申诉意见中强调的重点是活动的“不完全合约”性质，即操作规章中没有将诸多可能性纳入合约。C公司的相关规定是“检查发动机进气管、排气管无外来物”，难以充分考虑诸多可能性，从而为S单位启动讨价还价谈判提供了空间。

2. 上级部门的治理策略

由于上级部门要对下级部门下发处理通报，上下级部门之间发生深入互动，因此要准确报告事件的细节、处理原由以及相应依据与程序，即必须采用“高度确定式”的指令发布模式，而不能采用“模糊原则式”指令发布模式。

同时，由于下级部门从事活动的“不完全合约”性质，下级部门拥有充分的空间和充足的信息与上级部门讨价还价，从而使得上级部门发布的指令容易遭遇失败。上级部门不得不做出修改或变更指令的行为，这种修改或变革指令的行为进一步增强了下级部门讨价还价的合法性，在这样的条件下，下级部门更会倾向于选择“正式谈判”的方式：一方面可以保证讨价还价程序的合法性，另一方面也可以实现讨价还价成果的合法化。

S单位在与公司的讨价还价谈判过程中一条重要的申诉理由就是公司指令频繁更改，从而产生对其合法性的质疑：

> 公司安全管理部门先后共四次通知S单位就此事进行定性。定性等级、处理标准及日期分别是：
>
> （1）2012年8月27日上午S单位接到公司安全管理部门的电话通知：对8月20日飞机右发鸟击事件调查结论是此事件定性为S单位机务责任严重差错，并通知提交处理意见。
>
> （2）2012年9月10日邮件通知，经公司安委会研究决定：关于8月20日右发遭鸟击超标事件，定性为S单位人为原因严重差错，按一般事故征候处理，请S单位在9月10日17:00前反馈对相关人员的处理意见。
>
> （3）2012年9月18日邮件通知，根据公司安委会领导授权，通知你单位机务漏检右发鸟击事件，已最终定性为S单位维修责任一般差错，按严重差错处理，请在9月20日12:00前上报相关责任人的处理意见。
>
> （4）2012年10月24日以文件方式通报，定性为严重差错按一般事故征候处理。

根据以上的分析，当下级单位实施的活动具有“不完全合约”性质，而上级部门必须选择“高度确定式”指令发布模式时，上下级部门讨价还价谈判更可能采用正式谈判的模式。

第六章 总结与结论

借助于组织经济学的分析思路，本文为理解治理结构与信息隐藏的关系提供了一个统一的分析框架。

本文首先在委托者 - 监督者 - 代理者的三层委托代理模型下，讨论了共谋与信息隐藏的机制。监督者不参与生产，但是一方面对于代理者生产方式的选择具有批准的权力；另一方面，当代理者选择坏的生产方式，并产生不安全事件时会向委托者报送信息。两种机制促成了监督者与代理者之间的共谋：一是如果监督者向委托者报送代理者引发的不安全事件信息，同样承担连带责任；二是对于代理者来说，如果好的生产方式与坏的生产方式之间的成本差异很大，代理者具有激励贿赂监督者，产生共谋行为。模型分析的政策含义：一是在监督者向委托者报送代理者引发的不安全事件信息时，不应承担连带责任；二是当好的生产方式与坏的生产方式之间的成本差异很大时，要灵活使用"胡萝卜加大棒"的政策；三是充分发挥第四方监督的作用。

本文又在委托者 - 多代理者的委托代理模型下，讨论了治理结构对于信息搜寻的影响。环节 A 与 B 组成团队生产，但是其与任务实施的结果有着不同程度的关联。本文的理论揭示的机制告诉我们可以区别出不同类型的代理者，判断出与团队产出有着更为直接关联的代理者。在此基础上，为直接关联的代理者建立与团队产出挂钩的激励机制，这一机制将激励直接关联的代理者首先启动信息搜寻。同时，选择竞争性信息搜寻模式，允许不同环节的代理者向委托者竞争性地发送信息，通过这样的激励机制，委托者能够获得更多的信息。

文章最后讨论了信息结构对于治理结构的影响。上级部门有两种治理策略：高度确定式指令发布模式与模糊原则式指令发布模式。下级部门开展的活动有两种不同的类型：完全合约式活动与不完全合约式活动。上级部门治理策略与下级部门活动类型在不同组合下，会产生不同的讨价还价谈判模式。

参考文献

聂辉华、李金波，2006，《政企合谋与经济发展》，《经济学季刊》第 6 卷第 1 期。

青木昌彦，2001，《比较制度分析》，上海远东出版社。

张维迎、邓峰，2003，《信息、激励与连带责任——对中国古代连坐、保甲制度的法和经济学解释》，《中国社会科学》第 3 期。

周雪光，2008，《基层政府间的“共谋现象”——一个政府的行为的制度逻辑》，《社会学研究》第 3 期。

周雪光、练宏，2011，《政府内部上下级部门间谈判的一个分析模型——以环境政策实施为例》，《中国社会科学》第 5 期。

——，2012，《中国政府的治理模式：一个控制权的理论》，《社会学研究》第 5 期。

Aghion, Philippe and Jean Tirole. 1997. "Formal and Real Authority in Organizations." *The Journal of Political Economy* 105.

Grossman, Sanford and Oliver Hart. 1986. "The Costs and Benefits of Ownership: A Theory of Vertical and Lateral Ownership." *Journal of Political Economy* 94.

Holmstrom, Bengt. 1982. "Moral Hazard in Teams." *Bell Journal of Economics* 13.

Prendergast, Canice. 2002. "The Tenuous Trade-off between Risk and Incentives." *The Journal of Political Economy* 110.

Schmidt, K. 1991. *The Costs and Benefits of Privatization*. Mimeo, University of Bonn.

Shapiro, C. and R. Willig. 1991. *Economic Rationales for the Scope of Privatization*. Mimeo, Princeton University.

Tirole, Jean. 1986. "Hierarchies and Bureaucracies: On the Role of Collusion in Organizations." *Journal of Law, Economics, and Organization* 2.

（责任编辑：佟英磊）

信息隐瞒与治理结构

——对刘万顺论文的几点评论

张 翔*

刘万顺的这篇长文基于对一家大型航空公司内部安全管理中存在的信息隐藏现象的案例调研，通过案例材料与理论模型逻辑推导之间的互动，“尝试在主流组织理论的脉络下为信息隐藏行为的研究提供一个统一的分析框架”，“厘清信息隐藏这一制度现象的存在机理与行为逻辑”。

具体而言，作者主要做了三个方面的工作：一是“在委托者－监督者－代理者三层模型下研究信息隐藏的机制”；二是“在委托者－多代理者模型下研究信息搜寻及其与治理结构的关系”；三是分析“信息结构反过来如何影响到治理结构，特别是上下级部门之间的讨价还价谈判”。全文理论命题清晰，分析层次井然有序，得到逻辑推理的政策含义也是富有启发的。

下面我主要谈阅读本文时想到的几个问题。

第一，根据作者的委托者－监督者－代理者三层模型，委托人不应该要求监督者为如实报送代理者的不安全事件信息而承担连带责任，但为什么本案例中恰好相反？

作者对委托者－监督者－代理者三层模型的分析得到了四点政策意涵，其中的第一点就是“如果监督者如实报送代理者的不安全事件信息时，不应该承担连带责任”。应该说这一点也符合一般人的常识。如果监督者要为代理者的不安全信息承担连带责任，显然是对监督者的信息隐藏行为的一种鼓励。但作者没有就此问题做进一步的追问，而是基于模型对目前的这一“管理漏洞”提出了修改建议。我以为这是本文最大的

* 张翔，浙江大学公共管理学院副教授，电子邮箱：xiangzhang@ zju. edu. cn。

遗憾之处。

也许，这里所谓委托人也是在更长的“委托－代理”链条中的一级代理者，“连坐”制度导致信息隐藏的结果可能不仅不是委托人在制度设计方面的“管理漏洞”，而且正是委托人作为下级代理人向上级委托人提供漂亮业绩又可以在真正出现安全事故时将责任推卸给下级监督者而故意设计出来的一种制度安排。当然，这一猜想可能完全是错误的。但作者如果能对模型与案例之间的这种差异现象更加敏感的话，本文的讨论会更加深入。

第二，作者提出可以通过缩小不同等级飞行员的收入差距，减弱飞行员寻租的动力。这一观点似乎有待进一步讨论。

不知道作者是想通过提高目前低收入飞行员的收入，还是通过降低目前高收入飞行员的收入来缩小飞行员之间的收入差距。如果是前者，会不会对那些投入大量精力和资源的好飞行员的激励产生负面影响？如果是后者，同样可能对目前已经投入大量精力和资源的好飞行员的激励产生负面影响。所以无论哪种办法，似乎都会带来新的问题。解决飞行员寻租问题的关键不在于缩小飞行员的收入差距，而在于有没有办法识别并处罚低收入飞行员的不安全驾驶行为，并鼓励其进行投资并得到安全驾驶行为的回报。

这一问题似乎与“公务员是否应该高薪养廉”的争论有异曲同工之处。我的看法是，如果不能有效监督公务员，拿了高薪的公务员还是会胡作非为。

第三，作者所讨论的安全事故似乎不同于我们从字面上理解类似“机毁人亡”这样的委托人不依托于监督者就可以知道的安全事故。

可能是由于航空业在各个技术环节都存在大量的“安全系数冗余”，所以虽然作者讨论的安全事故发生了，但最终发生机毁人亡的概率仍然极低。大量的不安全行为虽然也造成了一定后果，但被第四方发现的可能性仍然很小。作者在后文所举的因为“换发”而延误航班的争议则说明，即使发生了一些可能被第四方察觉的意外，因为规则的模糊性等，监督者仍然有一定可能隐藏信息而不被委托人处罚。也许这一点也正好可以帮助我们理解作者提出的缩小飞行员收入差距的建议以及作者关于信息收集模式的相关建议。

第四，在理论建模中如何运用案例材料？作者的做法是“以个案研究获取的经验材料为基础建构模型进行逻辑的推论，然后用个案经验验证模型的推论，通过理论模型与个案经验的双向运动，建构理论分析框架”。我个人认为，以个案中得到的元素进行理论建模后，再用该个案经验对模型的推论进行验证是不够的。同一案例中的经验对于基于此案例抽象得到的模型不容易构成实质性的挑战，毋宁说作者仅仅是用该案例中的经验事实对得到的模型进行了展示和说明。对模型真正的挑战和检验应该来自本案例之外的其他案例和数据。

以上几点初步思考不知当否，在此提出，求教于作者和本文的其他读者。

（责任编辑：佟英磊）

经济社会学研究　第三辑
第 127～154 页

公共选择过程中的公平：逻辑与运作

——中国农村土地调整的一个案例*

刘世定**

摘　要：本文通过对20世纪90年代中期中国华北地区一个村落中土地调整过程的考察，分析了村民在“有限不确定性”条件下的利益互动和公平规范互动交织的过程。本文具体揭示出，当事者据以互动的公平规范存在差异，并有不同的逻辑；在非正式场合和正式场合，公平表达存在差异，其策略性程度也有所不同；正式场合的公平规范互动，促成某种规范排序；在公共选择的方案酝酿、方案决策、方案实施诸环节中，当事者公平理念的具体含义既有不同又存在联系，并且一个环节遗留的张力会向下一环节转移；现实的公共选择，是在利益互动和公平规范的互动中做出的。

关键词：公平理念互动　公共选择　有限不确定性帷幕　社会规范排序

一　导论

1. 当事者互动中的公平

詹姆斯·布坎南教授在将以个人效用为目标的经济人假设和经济学

* 本文最初以“De la préférence individuelle au choix collectif：Un cas de redistribution des terres en Chine rurale”为题发表于 Sous la direction de Isabelle Thireau et de Wang Hansheng，Disputes au village chinois，éditions de la Maison des sciences de l' homme，Paris，2001。

** 刘世定，北京大学社会学系教授，电子邮箱：liushd@ pku. edu. cn。

的交易范式运用到公共选择研究中时的一个思想是，在这里引入外在的伦理标准是不必要的。这显然是一个非常重要的思想，它使公共选择的研究得以从传统的交织着各种伦理评价的讨论中解脱出来，建立在实证科学的基础之上。

然而布坎南教授并未拒绝任何与伦理问题有关的讨论，比如他关于“不确定性帷幕”下的公平问题的讨论便很有代表性。布坎南以在规则的选择中，个人对于自己未来在诸备选规则中的经济地位认识的高度不确定性为前提，建构了一个选择结果使效率和公平（或正义）融合为一体的理论模型。他的构想是，当参与选择者无法较准确地预测在规则确定后不断进行的各轮游戏中他们的位置，即存在高度的不确定性时，他们就会倾向于选择一种“有效的”并且“公平的”规则。因为只有这样，才可能有“公平”取胜的机会。人们在存在高度不确定性的情境下进行选择比较容易达成一致。而公共选择中的一致同意规则，则是帕累托关于经济效率最优标准的政治对应物（布坎南，1967/1992：249～251、335～338）。他还特别说明，他在“不确定性帷幕”下探讨规则选择的“效率”和“公平”的方法，和约翰·罗尔斯在“无知之幕”下探讨正义的方法是类似的（布坎南，1967/1992：336；Buchanan，1987）。

在布坎南的讨论中，作为“公平”特性之附着物的公共选择结果，是从经济人的个人选择行为“内在”地导出的。但是，把那样一种选择结果视为公平的，是真正内在的吗？也就是说，它们是从事公共选择的当事者自己的评价吗？何以说明将那样一种选择结果看作公平的不是研究者的评价？当这样提出问题的时候，外在评价标准的幽灵似乎又出现了。要彻底驱逐这一幽灵，出路似乎只能是，承认从事公共选择的各个当事人的偏好中，以及以此为基础的个人之间的互动中，存在公平理念或与此理念相联系的约束。只有这样，才可能从各个个人行为出发，内在地导出总体公平的结果。

将当事者的公平理念引入分析框架的意义，不仅是考虑到在上面那样的情境下非此不能实现理论逻辑的一贯性，而且因为在许多场合下公平理念的作用是公共选择过程的一个不可或缺的重要维度。离开了这一维度，公共选择中经常出现的讨论、争辩、说服等重要环节将很难被充分理解。

在公共选择理论分析中，一种常见的简化做法是在个人偏好既定假设下，讨论经由某种规则而得出的选择结果的效率。在这里，公共选择中人们之间的互动被撇开了，公共选择不是被理解为如布坎南教授所说是在公共领域中对公共物品的决策（布坎南，1967/1992：6～7），而变成更像是各个孤立的个人在私人领域中选择公共物品。由于撇开了人们之间的互动，公平理念的作用被撇开便是很自然的，因为“公平”的功能只有在公共领域中才能充分显现出来，尽管它可以内化到个人的偏好之中。然而，如果不采用这种简化方式，而是引入人们直接互动的视角，那么情况就会不同。例如，在被布坎南和塔洛克讨论过的一致同意规则下，如果引入互动视角，那么对公共选择的研究将不仅注意到结果的帕累托最优特征问题，而且将特别关注为达成一致同意而产生的复杂的协商和讨价还价过程（布坎南、塔洛克，1962/2000）。正如经济学家们所说，基于各自利益的讨价还价将是一个成本极高的过程。而在此过程中被当事者采用的公平（或公正、合理等）概念，由于将个人利益融入具有社会规范意义的逻辑中，因此既成为说服他人接受自己要求的简化手段，也反过来使自己受到约束。如诺思教授所指出的，在追求效用最大化的个人形成集体行动的过程中，意识形态（其中自然包括公平理念）是一种重要的节约机制（诺思，1981/1991）。此时公平理念的作用无疑是不可忽视的。这样，试图以非外在的方式把公平理念引入公共选择分析，如果不是说首先，那么也是必须对当事者的公平理念及其对公平理念的运用进行探索。

在公共选择中，当事者在公平理念层面上的互动尽管融入了个人利益，但它和赤裸裸的以个人利益为出发点的讨价还价还是有所不同的。在这里，参与互动的当事者都要准备接受“公平”所蕴涵的社会规范的约束，甚至准备接受虽损害其利益但更有道德感召力和逻辑说服力的那种“公平”规范的约束。公平理念层面的互动，可以被看作不同公平逻辑的社会排序过程。其中包括一些公平逻辑的影响范围扩大、另一些公平逻辑的影响范围绝对或相对缩小的过程。当然，在这一过程中不一定总能形成认同，出现非合作结果的可能性是存在的。但是只要当事者承认在理念规范上的合作，那么通过互动便总能实现某种排序的结果。在这样的场合，也就意味着形成了一种公平逻辑的层级结构：在层级的顶端，是最具权威的公平逻辑，其他的逻辑则居于其下。排序过程最好不要被理解成唯一的公平逻辑被筛选出来的过程，因为最具权威的公平逻辑的位置的确定，并不意味着其他公平逻辑的消失。次级公平逻辑的影响仍会存在，这种影响有时会转移到一个公共选择过程的其他环节，我们在下面将会谈到这一点。

2. 有限不确定性和各环节的关联

上面的讨论已经具有将公平置于过程中来讨论的含义。然而，这种从过程切入的研究策略的意义不仅在于，公平理念的作用要在人们的互动过程中才能充分体现出来，而且在于：第一，现实的公共选择通常是由若干环节组成的，每个环节都有本身面临的核心问题，人们针对这些问题而使用的公平概念也可能是不同的；第二，这些并非相同的公平理念之间存在复杂的补充、替代、转嫁、平衡关系，这些关系只有在公共选择的整个过程中才能被理解。更具体地说，在一个公共选择过程中，人们通常会面临这样几个基本问题：选择的目标是什么？如何选择？如何评价选择结果？如何实施选择结果？对当事者来说，回答这些不同问题时使用的公平概念也可能不同。当事者对公平目标的期望、对规则公平的理解、对公平实施的要求，可能依据的是不同的理念和准则。他们既要面对不同的环节，运用并遵循可能存在的不同的公平规范，又会在一定条件下将它们联系起来。不同的环节被一个过程所勾连，公平问题也要在这样的过程中才能被深入讨论。

前面已讲到，在布坎南的“不确定性帷幕”下，由于人们完全不清楚选择的结果将使他们处于何种特定位置，因此达成一致的选择是相对容易的。也就是说，在这种条件下，选择的目标、如何选择、如何评价结果、如何实施之间的关系相对简单。但是，如果人们对选择后自身特定的位置有一定程度甚至相当程度的了解，或者说他们是处在有限不确定性的条件下，事情就会变得复杂起来：首先，选择目标的不同，将使选择过程复杂化，不仅各当事者目标中的公平规范会形成互动，而且和选择过程的规范交织在一起；其次，目标差异、选择过程的互动性质会影响到对选择结果的评价，形成特殊的公平和不公平感；最后，这种公平和不公平感渗透到选择结果的实施过程中，对实施过程中的公平规范的意义产生影响，如此等等。

当然，人们在决策中将不同层级和环节的选择联系起来考虑，如布坎南所说，是要付出成本的。由于决策成本的存在，因而在很多时候人们宁可将各项决策分开来考虑。不过，现实中存在的大量的情况是，虽然决策成本因素使得人们不可能将各个环节的相关变量都考虑到，但是与相关变量的考虑相联系的边际决策成本并不必然大于边际收益，因而不同环节、不同层级的决策的分离是不完全的。特别是在一个人们长期生活于其中的、流动性较低且规模较小社区内进行公共选择时，由于信息的获取很容易，这一特点便更为突出。事实上，人们为了节约决策成本，将特别关注他们认为重要的相关变量，而重要变量的筛选并不以选择过程的环节为界。在不同环节之间存在重要的相互影响的条件下，跨环节的考虑，便是不可避免的抉择。

近年来，许多有关平等、公平的研究，都具有将问题在一定程度上分离开，从而讨论其不同含义的特点。比如，关于收入平等和机会平等的划分与讨论就是这样（奥肯，1975/1987）。这里隐含的一个假设是，人们在考虑机会平等（或公平）时，可以暂时撇开决定机会的规则的确定和他们所期望的收入平等（或公平）之间的关系。本文的研究承认在公共选择方面的公平研究中，将不同环节的问题分开来加以研究仍有其意义，但除了分离的方法外，还需要有将过程的诸环节联系起来的视角，即不仅要探索不同环节上公平理念和准则可能具有的不同含义，而且要探索它们之间的关联机制。

在公共选择从一个环节向另一个环节推移的过程中探讨公平，和在当事者的互动过程中探讨公平，是两个不同的角度。这里说的“过程”，也是两个含义并不相同的“过程”。但是，两者之间是有密切联系的。其联系不仅在于，在任何一个环节上公平都将在人们之间的互动中呈现其意义，而且在于，一个环节上互动的性质和结果会影响到另一个环节。在有限不确定性条件下的公共选择中，它们之间联系的表现形式尤为丰富。

本文关注的是在有限不确定性条件下公共选择过程中的公平，因此将特别关心不同的公平逻辑间的互动以及各个环节间的关联。但是本文并不打算在抽象的理论模型中来讨论，而是以笔者在中国华北地区一个普通村庄（YU 村）中的一项调查作为案例，通过对案例的剖析，求得对问题的某些理解。本文研究的案例，发生在规模小、人员流动性低的农村社区中。在这里，人们在社会生活中有着频繁的互动，并且可以很轻易地将公共选择的各个环节及规范联系起来。这为我们探讨公共选择中的公平逻辑互动、选择中各个环节上公平的关联机制提供了方便。本文是以当事者的公平为目标进行的一项探索。既然公平理念是当事者的，那么其含义只能由当事者来解释，而不能由研究者先验地定义。研究者可以对当事者的公平理念进行分析，但不能用自己的定义来取代当事者的理解。

从这样一种考虑出发，在本文中，我们将特别重视案例中的当事者的理解。我们仅仅关心在一个现实的公共选择过程中，当事者的公平理念是怎样的，这些理念在过程中如何呈现、起着怎样的作用，至于以某种外在的标准来看，选择的过程和结果是否公平、是否合理，那是一件和本文无关的事。同时，考虑到当事者不是追求概念清晰的科学家，也不是咬文嚼字的学者，因而在本文中我们将把当事者使用的“公平”、“合理”等作为一类概念来处理。它们被理解为人们在进行公共选择时或处理公共事务时调节人际关系的一类非正式规范或准则，它们是当事者认为可以在公共领域中提出并可能为他人所接受和遵循的。

二 土地调整的发生和非正式表达的公平

1. 土地调整的发生

我们的案例是关于乡村土地使用权在农户间的调整的。在改革前的人民公社制度下，土地在法律上是归被组织在人民公社的三级组织（即公社、生产大队、生产小队）中的社员集体所有的，社员（农户）根据生产队领导的日常生产安排从事劳动，以劳动后取得的工分及家庭人口等为依据参与分配。这时不存在土地在各个农户间的分配和调整问题。但从20世纪70年代末的改革开始，情况有了变化：法律上归集体所有的土地被承包给各个农户耕种，而作为承包者的农户对其承包地不拥有无限期的耕种权，因此在经过一定年限之后，就会产生对土地使用权的重新分配和调整问题。

本文的实际资料主要来自我们对YU村在1996年秋、冬进行的土地调整过程的调查。当时，全村共有250多户1020多人，耕种着约2100亩地。该村人均纯收入不足2000元人民币，包括从事农业生产和从事工商业的收入。大部分农户除了从事农业生产之外，还要从事一些工业和商业活动，主要是制作箱包并拿到邻近的B镇上出售，后者是他们现金收入的基本来源。由于来自工商业活动的收入还不够高，而且不稳定，因此，土地仍被视为重要的经济资源。该村自20世纪80年代初实行土地承包制以后，在1987年曾有过一次土地调整，当时采用的是按人口平均分配的办法。此后，至1996年，有10年时间未调整土地。

在全国实行土地承包制改革以后，来自中央的政策意向是强调承包长期化，以利于生产率的提高。在1984年出台的《关于一九八四年农村工作的通知》提出承包期15年不变。此后，中央又有更长期的政策意向，如承包期30年不变。但是中央的这种政策意向并不能得到强有力的贯彻。在村干部看来，土地调整是他们掌握的集体财产（土地是最重要的部分）运作权的重要体现，因此，和中央的意向不同，他们通常具有更频繁地调整土地的内在冲动。不过，土地调整如果没有村民的合作便难以进行，还必须克服不愿调地的村民的反对，并且要进行多方面的运作，这使他们不能草率行事。在YU村很有影响力的村委会主任G说："农村土地是集体所有，按说我们随时可以调地，但为什么不能呢？"因为这牵涉人们的切身利益，感觉利益受到损失的人会反对。"他反对你，你有规章，有法，但行不通。镇一级政府在这个问题上都头疼。……现在令不行、禁不止，你也没有办法。"干部不愿得罪人，"有畏难情绪，本来应该三年一动、两年一动，但拖下来了"。

在这10年间，由于各户人口变动比例的不一致，人均占地面积出现了差距。人多地少的户便希望通过重新调整土地来改善自身的状况，他们使村干部感到压力越来越大。G说："调地是群众的呼声，时间长了存在人地矛盾。比如1987年是4口人，2个儿子，现在儿子结婚又生了孩子，加在一起是8口人了。8口人种4口人的地就成问题了。这部分人急需调地。作为干部我们有所察觉，他们的要求是正当的。"何以说他们的要求是"正当"的？我们在后面将会讨论这个问题。

促使村干部做出调地决定的另一个因素带有技术性。1987年调地时，为使各户分到的土地质量尽可能相同，地块被分得很细碎，一户分到的地块最大不过一亩多。由于那时全村仅有一两台拖拉机，很少有人使用大型农机耕种，因此地块细碎并未对耕种产生太大影响。但是此后购买拖拉机的农户越来越多（既用于耕地，又用于跑运输），至1996年时已有近两百台。也就是说，在全村250户中，已有将近4/5的户有了拖拉机。这时很多人便感到地块细碎不便耕种了。他们也希望重新调地，以便使地块大些。

所以村党支部书记X说："这次调地要解决两个问题。一是……有的家人多地少，有的人少地多，有的差六七口人的地；二是原来每块地都分给好几家种……不便于耕种。现在想把地块集中，地块大了耕种方便。过去地块分得不合理。"村委会主任G也说，调地的目的"一是解决人地矛盾；二是土地集中，土地不那么零散，便于耕种"。

镇政府也是支持调地的，原因是：那些人多地少的农户以生活困难为由不愿按规定缴纳征购粮，使镇政府颇感为难：完不成征购任务难以向上级政府交代，但造成农户生活困难又怕影响稳定。调地至少能使这种窘境得以缓解。G 解释说："镇政府之所以关心，是考虑到群众要安抚，安定民心，使村民安居乐业。政府担心出问题，比如上访等，涉及政府形象。"

这样，经过一段时间的酝酿，到 1996 年下半年开始调地工作。

2. 非正式表达的公平

事实上，对于原来的土地使用格局是否应该调整、如何调整，村民们各有想法，并在许多场合（如非正式的聚会、找村民代表或村干部反映意见以及与调查者交谈等）表达他们的意向。在他们的想法、意向中，包含他们对公平（合理）的认识和对公平概念的使用方式。

土地调整会在两个方面影响村民的个人利益：一是耕种的土地数量可能变化；二是土地质量也可能变化。村民怎样解释和使用公平（合理）概念，和他们在土地调整中预期的利益变化有密切的联系。也就是说，他们对公平（合理）的解释和使用，具有相当强的将个人利益合理化和公平化的倾向，即对他们认为最符合个人利益的公共选择结果做出合理化解释，强调这种选择的公平性。

该村分为四个村民小组（在人民公社组织建制取消后，生产大队改为行政村，生产小队改为村民小组。但人们在习惯上，还把村民小组称为"队"），就土地数量而言，一组（队）人少地多的户较多，按人口调地以后，他们的利益将受到损失。这些人认为，重新调地是不合理、不公平的。一组的 F 和笔者说："一队有的人对调地有意见，他们地多人少。有一个人和我说，要拉你一个耳朵你愿意呀？我说当然不愿意。"用"割耳朵"做比喻，道出了一种要求大家共同遵守的准则，即个人既得利益不应被损害。你的耳朵愿意被人割掉吗？不愿意。那么也不要割别人的耳朵。"己所不欲，勿施于人。"损害个人既得利益是不公平、不合理的。

还有人讲出另一番理由："一开始分地时都是一样的，但人口发展不平衡……你人口增长快，不应该嘛。"这里引出国家的计划生育政策来说明不调地是合理的。这种理由背后的逻辑是，国家是主持公正的，你们违背了国家政策，所以你们提出的要求是不合理、不公正的。当然，这种议论也可能含有向村干部施加压力的意味：如果你们支持调地，是否就是支持违反国家计划生育政策的行为？

考虑到土地质量在调地后的变化，一些在土地肥力上有较多投入的人意识到利益损失的可能性，从而认为调地是不合理的。理由是"我辛辛苦苦把土地搞好了，你要来分走？”这里强调的是付出 - 获取原则，认为不付出而获得的做法是不公平、不合理的。

与上面的意见不同，地少人多的户要求调地，而且是按人口分，这在前面已经讲过。他们的主要理由是：生活发生问题了，人总要活着。村委会主任 G 这样说明他们的理由：“比如征购公粮时，5 口人种 3 口人地的户，提出不交征购粮，为什么？生活发生问题了，你得让我生活吧，让我活着吧！”这种生存合理性，是无人能反对的。G 认为必须设身处地地考虑，他说：“我要是这 20%（地少人多问题突出者的比重），我也会这样说，我也不会说好话。”基于生存合理性，按人口重新调地被认为是公平（合理）的。“村民认为按人口分是公平的，干部也认为按人口分是公平的。”G 说：“我们认为按人口平均分是合理的。”

事实上，与这种生存逻辑相依存的，还有村民所理解的公有产权逻辑。在土地私有制下，一个少地而生活困难的人向土地较多的人要求分种其土地，并说“你总要让我生活吧”，一般不会被认为是讲理的。而在土地公有的条件下，这种要求则可以被认为是公平（合理）的。“土地是公家的”是一句经常被提起的话。不论法学家、经济学家们怎样理解土地集体所有制的含义，在我们调查的案例中，村民们对这种制度的一种基本理解是：人人有权依靠土地生存。

除了将个人利益合理化、公平化之外，笔者在调查中也接触到和辨析出某些或多或少超越个人利益的公平（合理）观。当然，这样的观念得以显现，笔者的外来人身份是重要的，它使笔者超然于当地人的纷争之外；此外，被调查者的特殊地位和调查时的特定情境，也是很重要的因素。

在交谈很轻松、投机的情境下，笔者问村党支部书记 X，如果不考虑村民现在的利益情况，那么怎样调地是公平（合理）的？他的回答是：“真要是公平、合理的做法，是每人丢点口粮地，其他包出去。现在土地发挥不了作用。”这个答案和他在村民面前强调的按人口分是公平（合理）的显然不同。这里蕴涵的公平（合理）观是：兼顾生存与效率。他的这种看法，看来是受到近年来一些地方实行的“两田制”的影响。“两田制”的做法是，将社区耕地分为“口粮田”和“责任田”两部分：“口粮田”按人口平均分配，“责任田”则按劳动力分配或投标承包。①

① 自从 1986 年以来，农业部在全国一些地方设立了农村改革试验区，将不同的制度安排投入试验。“两田制”是在山东省平度进行试验的，其经验在一些地方得到了推广。

村委会主任G介绍说，镇政府曾想在与YU村相距不远的XC村试行“两田制”，但是“开会大家都不认可，就行不通”。为什么不认可？因为“群众有顾虑。……什么顾虑？一旦社会动荡，没有饭吃怎么办？”由此可见，调地并不是政府想怎样做就能怎样做的。

上面有关公平（合理）的诸种理解，都是村民以非正式方式（常常是在带有较强私人性的场合）表达的。我们可以将其称为“非正式表达的公平”。

三 方案形成过程中正式表达的公平

虽然村民们在调地问题上存在利益冲突，并且与此相联系存在不同的公平（合理）理念，但是在应否调地、怎样调地的问题上，却未出现公开的论争和冲突；村民对于重新按人口平均分配土地的决策，在形式上表现出“一致认可”的态度。村委会主任G说，方案是“一致通过”的。不过他承认，“有不满意的，比如原来的地好，调了以后没原来好了的人。但也不都提出来，拉着脸，别别扭扭，没有公开的”。这种状况是怎么产生的？

1. 策略性认可和公平的策略性表达

当人们把符合个人利益的公共选择结果公平化、合理化时，通常总要或多或少地考虑他所讲的理由为他人所理解和接受的可能性，在这种意义上，非正式表达的公平中已包含策略性。不过，由于它们是在正式的选择过程之外，或是在有较强的私人性的场合，或是在不太会引发矛盾的场合中表达的，因此，其策略性程度通常较低。然而，在进入方案形成的正式过程之后，在更公开的场合，在对人们的不同利益之间的冲突有更明确的意识之后，人们会更慎重地考虑自己的主张会引起其他人的什么反应，这种反应对今后会有什么影响。这种考虑会使人们正式的表达含有更强的策略性，并可能和非正式表达的公平之间产生距离。在这里，公平（合理）理念受到如何进行公共选择的规范的影响。

一组（队）那些利益因重新调地受到损失者在正式场合对调地方案采取“认可”态度，绝大多数人都是有较强策略性的。一个一组（队）的村民对笔者说：“老百姓〔指一组（队）的〕有什么，就是不愿分，愿意各队分各队的。村里也知道，书记也知道，提出来也白搭。农村都有个情面，不好意思提出来。……全村调地是村里定的，镇里不管。我们地多不愿分，地少的愿意分，他从公粮上别扭了，你怎么着？大家都知道一队地多，也知道一队有意见，说不说没有用。没有不接受的可能性，你提出来不是要得罪一大部分人哪？也会得罪干部。村干部没有一队的人，没有人就差点。如果书记在我们队，大家可能不好意思提出全村分了。情面关系忒大。为什么村里人讲情面？老住在一起，出门不见进门见，老在一块儿打交道。村里有矛盾，讲究不说话。平常见面都问一下：吃饭了吗？闹矛盾就不说话。但老见面（不说话）也不好意思。农村的事就是这样，不好办。”

“不好意思提出来”，说明了公开态度的策略性。这种策略性态度，是碍于农村的“情面”。其根源（“为什么村里人讲情面?”）在于，在低流动性的社区（“老住在一起，出门不见进门见，老在一块儿打交道”）中减少未来可能出现的矛盾和摩擦。

策略性认可可以不涉及公平概念的使用。但在涉及公平问题时，有的人也会采取策略性态度。一组（队）的村民 J 的情况就是如此，下面是他和笔者的谈话记录。

> **问**：调地以前你家几口人，种几口人的地？
>
> **答**：7 口人种 7 口人的地。（按人口）调地以后还是这样。
>
> **问**：听说一队调地以前有的家人口少，种的地比较多。
>
> **答**：一组（队）的生育上不去，所以原来按人口分的地就多出来了。
>
> **问**：那么现在按人口重新调整，他们是不是感觉有损失？
>
> **答**：那不能说是损失，因为总得公平。土地是公家的，人人都得吃饭，你不能说不给人饭吃，那样不公平。

J 的家庭占地在按人口调地前后没有变化。作为利益中性者，他可以赞成一组（队）那些不愿调地者的主张，也可以赞成调地的主张。而他向笔者表达的公平逻辑和上面所阐述的从个人利益出发主张按人口调地者的逻辑是相同的：“土地是公家的”、“人人都得吃饭”，是公有产权逻辑下的生存合理性。他的态度，不乏超然，但他连一组（队）人的“损失”都不愿谈，多少给人一种不想得罪多数村民的感觉。

策略性态度不仅在一般村民中存在，而且在村干部中也存在。私下认为按人口分地并非最合理的村党支部书记 X 说：“为什么按人头分还是合理的？这是社会势力。他生活在这里，必须要有一份。”村干部顾忌社会势力而在公开场合调整自己的看法，这是领导者的策略。

在土地调整方案形成过程中，看来不应排除某些村民的公平观念发生认知性转变的可能性。由于人们是在信息不完全的条件下做出行为选择的，因此，虽然他们尽可能地做出使自身效用最大化的决策，但为信息所限，其选择常会带来一时未能察觉的潜在效用损失，这样，他们被更有知识、见识、感染力的人所说服的可能性是存在的。不过，显然不能把方案形成过程中村民正式表达的任何一种变化都视为认知性转变。应当说，凡出于“情面”考虑而采取策略性认可态度的村民，不能说是发生了认知性转变。

在策略性认可和公平的策略性表达下出现的“一致”，和布坎南教授所谓的作为帕累托优化的政治对应物的那种“一致赞同”显然不是一回事。前者的“一致”，事实上是以某些人利益的损失为前提的，因而不是一种帕累托改进。这些村民的利益和潜伏着利益损失的策略性认可、策略性表达之间的差距，构成了他们不公平感的基础。这种不公平感，暂时没有明确地表达，因而是以潜在的形式存在。

可以看到，在调地方案形成过程中，村民不是在“高度不确定性帷幕”或“无知之幕”下行动的，而是在有限不确定性的条件下，即当事者是在对选择后个人地位的某些方面有明确认识而对另一些方面则不确定的条件下行动的。村民对于按人口调地之后自己占有土地的数量和质量是大致确知的，这使他们在非正式的表达中，具有强烈的将个人利益合理化和公平化的倾向。但他们也意识到，在一个村子中，将来还要长期相处，而且可能发生意料不到的事，这些事常常需要村民之间的合作，而在调地问题上如果伤了和气或面子，长期的相处将会不愉快，未来合作的链条就会断裂，这将是很不利的。所以，未来的不确定性，需要靠维持情面关系来降低。正是这种确定性与不确定性的综合，使得一些村民采取了既不真正认可又不公开反对的策略性认可的态度。

这里体现出，在一个世代相处、流动性低的农村社区中，人们在考虑一项公共选择的结果时，习惯将两个结果结合在一起。一个是由选择目标带来的结果，在案例中就是按什么方式来调整土地；另一个则是如何进行选择带来的结果，在案例中就是人们采取什么方式和态度来表达意见所可能带来的后果。这种考虑问题的方式既影响到他们对未来的确定性和不确定性的界定，也影响到他们在选择中的互动。

2. 情面规则与追求无争

可以看到，策略性认可态度的产生，是和村民间“讲情面”密切联系的。而“讲情面”并不是村民在土地调整中一时（或偶然）采用的行为方式，它是长期存在于社区生活中的惯行规则。从这种意义上说，可以称之为“情面规则”。在公共事务的决策中，它作为人际关系规则，和公共选择理论家们通常谈论较多的决策通过规则（如一致通过规则、多数通过规则等）[①] 相对应并相互影响，起着重要的作用。村民们对于调地可以有不同的主张和公平观念，但一旦面临正式表达，便不能不顾及这一规则。

情面具有场合效应，也就是说，同样的话或同样的举动，在某种场合下可能不伤情面，但在另外某种场合下则会伤和气。比如，村民在某个私下场合交换不同看法可以不伤情面，但在街头聚会场所因相同问题而争吵可能就伤情面了；村民找村干部私下反映不同意见可能不伤情面，但是，如果在村干部主持的大会上公开提出反对意见，可能就会被认为是故意和村干部过不去，不顾及村干部的面子。

在 YU 村的土地调整方案选择中，决策的做出和不伤情面是两个同时兼顾的目标。由于情面具有场合效应，而在方案形成的重要场合特别是仪式性场合引发争端被认为是有伤情面的，因此，关键场合“追求无争”成为一个基本指向。在这样的场合，一般村民和村干部通常都表现出谨慎的态度。村干部力求避免出现公开的反对意见使自己失面了，也避免村民间出现公开争执而伤和气；有不同意见的一般村民也避免在这样的场合发难，以免和村干部和其他村民撕破脸。既要在村民的对立意见中做出选择，又要追求关键场合的无争，在这种微妙的局面中，村干部感到沉重的压力。村党支部书记 X 说：“农村分地是最难的，比计划生育还难。”[②] 村委会主任 G 对不顾情面者出现的可能性保持警惕：“农村通情达理的人大有人在，但狗屁不通、不讲理的人也有。”

YU 村村干部制订的一套调地方案形成的程序，特别体现了追求在最后宣布和确定方案的场合“无争”的精神。程序如下：

---

① 本文拟将公共决策规则分为人际关系规则和公共决策通过规则。后者在现代公共选择理论中已有很多研究，但对本文中所说的决策的人际关系规则的研究则十分鲜见。

② 在中国乡村干部的工作中，“要粮”（即征收公粮）、“要命”（即实施计划生育）被普遍认为是两件最难的事。

- 在村党支部委员和村委会中首先酝酿，形成一个初步的方案。
- 然后，召集党员和村民代表会在初步方案的基础上讨论。该村党员共24人；每个村民小组（队）出村民代表2人，全村4个小组（队）共有代表8人。村民代表是在村民中有一定威信、有一定影响的人物。村民代表有义务征询本村民小组（队）的意见，并将这些意见带到党员和村民代表会上来。党员和村民代表会经过多次讨论制订出方案。
- 除了通过村民代表反映意见之外，村民还有一个惯行的反映意见的方式，这就是直接找村干部，即村党支部书记或村委会主任。（G说："调地时，我们讲得很清楚，有问题找支部，有道理的给解决，没有道理的，不解决。"）
- 方案通过村党支部和村委会报告镇党委和政府，求得支持，借助后者的力量增强合法性。
- 召开村民大会，宣布方案。村民在大会上对方案没有意见，方案就正式确定下来。

从以上程序可以看到，在召开村民大会宣布、确定方案之前，村民可以通过三个场合表达其偏好。第一个场合是在村民小组（队）内部讨论或村民向村民代表反映意见的场合。这时，即使有不同意见，也是在较小的范围内或者私下。事实上，由于土地调整与否的利益分歧主要不是出在村民小组（队）内部，而是在村民小组（队）之间，因此村民小组（队）内部成员并不就调地与否的问题进行什么争论。从村干部酝酿的初步方案中获益的村民小组（队）自不待说，受到损失的村民小组（队）的村民常常是在对损失进行了估量并宣泄了不满之后，才把话题移到是否要向村干部反映、如何反映的问题上。也就是说，移到意见表达策略的讨论上。当他们发现不同意见的表达不仅不能影响选择的结果，还会得罪人时，无奈地接受便成了结论。一组（队）的村民代表F说："上边要分，你就得分，你凑合着点儿吧。""三个队地少，一个队地多，一表决人家还不是大多数。"可能引发公开冲突的情绪，在村民小组（队）内部被大大消磨掉了。第二个场合是党员和村民代表会。由于会议规模较小（三十余人），参加者（不论是党员还是村民代表）又是平常和村党支部、村委会联系较多的人，因此，即使有矛盾，协调起来也相对容易。事实上，当有不同意见的村民（至少是其中的多数）倾向于采取策略性认可的态度时，村民代表在会上为不同意见而争辩的责任就大大减弱了。第三个场合是有不同意见的村民直接找村干部反映意见，这是一种半私下的处理方式。这时，即使有不同的意见，通常也不被视为有意伤面子。

在以上步骤之后，村民们对于调地方案决策的基本形势、对于自己的要求提出后会引起其他人怎样的反应，已经有了了解。除非村民间矛盾积累甚深，或村干部结怨太多，或个别人不“通情达理”，一般说来，在准备通过方案的仪式性场合，村民将遵循“情面规则”，实现“无争”、“一致通过”。笔者在 YU 村调地方案的确定场合，看到的就是这种情况。

3. 问题的相互性：背后的因素

如上所述，“讲情面”或者说遵循“情面规则”，使一部分村民采取了策略性认可的态度，并导致仪式性场合的“无争”。但是，问题事实上存在相互性：为什么是不愿按人口调地的村民遵循“情面规则”、认可按人口调地方案，而不是愿意按人口调地的村民遵循“情面规则”、认可不调地的选择?

实际上，在这个问题背后还有一系列因素起作用。一个重要的因素是，公平的不同的内在逻辑中，何者具有更强的说服力，或具有更强的社会道德感召力。以具有较强说服力或社会道德感召力的公平逻辑支持的主张，会使反对这种主张的村民较难以启齿反对，从而使他们可能采取策略性认可的态度。在 YU 村，在人们提出的诸种公平逻辑中要求按人口调地者依据的公平逻辑，即公有产权下的生存逻辑，看来最具有说服力，也更具有道德感召力。在公平理念的互动及排序中，它居于最高的位置。比起某些村民提出的其他一些公平逻辑，即个人既得利益不应被损害的逻辑、付出 - 获取的逻辑、国家政策的逻辑等，它得到更普遍的认同。这种逻辑的力量，来自村民对土地集体所有制特征的一种普遍认知。以这种认知为基础的公平逻辑，使人难以提出反对意见，也使人不好意思提出反对意见，因而使不愿调地者策略性地认可了按人口调地方案，或在正式表达中策略性地改变了对公平的理解。

除了公平逻辑的作用之外，村民所认知的公共决策通过规则，也在“讲情面”的相互性问题背后发挥作用。我们看到，在调地方案形成过程中，在哪些人给哪些人面子、如何讲情面的问题上，“多数”的潜在重要作用是不容忽视的。一组（队）不愿调地的村民说的话——“你提出来不是要得罪一大部分人哪?”——就反映了他们在“讲情面”背后，对人数的考虑。他们深知人数在调地方案选择中的作用，并且认可多数规则起作用："村里没有表决，但他（指村干部）知道多数人愿意分。三个队地少，一个队地多，一表决人家还不是大多数！"

虽然这里提到了多数和表决的关系，但不应忽视的是，村民们理解的"多数"和一人一票的投票多数是不尽相同的。这里的多数，还包含基于人际关系和利益结成的群体的强势，这种强势常常是不必靠表决来表现的。

由于社区狭小，村民在调地问题上的利益和意愿高度透明，因此，在村民认可多数规则在公共选择中有重要（甚至决定性）作用的前提下，方案选择结果是明朗的。这种明朗化的结果将影响他们的行为。对要求按人口调地的多数村民来说，如果采取策略性认可对立意见的态度，即以放弃自身主张的方式给对方情面，将会使自己丧失调地带来的利益，这是他们不情愿的。所以他们不会在其主张和情面之间采取这样一种替代方式。对不愿调地的少数村民来说，情况则很不相同。不论他们公开坚持不调地的主张，还是放弃这一主张，结果都是一样的：土地都会按人口来调整。不过，如果他们公开坚持不调地的主张，将得罪多数村民；而如果策略性地认可对方的主张，则可以和多数村民维持一个和谐的局面。因此，他们采取了策略性认可的态度，做"顺水人情"。概而言之，正是在多数规则起作用的条件下选择结果的高度明朗化，决定了是少数群体而非多数群体采取策略性认可的态度来维持局面。

在哪些人顾及情面而采取策略性认可态度方面，对村干部在公共事务决策中拥有特殊权威的认知也起着作用。对村干部权威运作的认知，有着深刻的制度和文化基础。某些村民可能反对某些村干部，但通常并不反对其在公共事务决策中拥有特别大的权威。这种认知，使得村干部拥有较其他人更大的情面，因而在公共选择中村民对村干部的面子也更看重。公开发表和村干部意图相左的意见，要顾及是否会伤害村干部的情面。在 YU 村，村主要干部都是支持按人口调地的，所以只是不愿调地的一组（队）村民才存在看在干部情面上采取策略性认可态度的问题。他们认为，公开反对调地不仅会得罪多数村民，"也会得罪干部"。他们相当看重村干部情面的作用："村干部中没有一队的人，没有人就差点。如果书记在我们队，大家可能不好意思提出全村分地了。"

四 规则无争与实施中的干预

1. 转移干预

一个值得注意的现象是，虽然村民在调地问题上有不同的主张，但他们并没有试图用规则的选择做武器来实现利益。其表现是：在以怎样的规则来选择方案的问题上，没有出现争论，无论在正式场合还是非正式场合，都没有关于规则公平问题的表达。对选择结果公平的关心与对规则公平的忽视形成了对照。

产生这种现象的一个原因是，村民对决策规则的认知，已经形成了惯习，从而认为没有多少可讨论的。这是在一个相对封闭的小社区中常见的现象。前面已讲到，村民提到的决策规则，如讲情面、多数和干部权威，似已成为不必讨论的前提。村干部追求在仪式性场合方案的一致通过，村民也给予合作，但是却无人提出在某种条件下是否可以尝试实行一下“一致通过规则”的问题。另一个原因是，村民已私下对可能为大家接受的规则带来的结果进行了一番算计，如前节所讲的那样，结果表明，在规则中进行任何挑选和争论都是没有意义的。

更值得注意的是，村民虽然认可决策规则，但却不都情愿接受由此必然带来的决策结果，甚至希望通过某种另外的途径来改变它。村民在长期生活的制度、文化条件下，对既成的决策规则是难以提出异议的，但当决策结果对他们的利益有损害并和他们的公平观有悖时，他们虽然表面上接受，内心却是不情愿的。这是一种相当普遍的矛盾心理。

不能将这种状况的产生简单地归结为这些村民对选择过程缺乏参与。在有限不确定性条件下，由于人们对选择结果中自身的位置有比较明确的预知，因此即使参与是充分的，甚至对选择程序的公平也是认可的，人们也未必会因而感到损失被抵消掉。

这种不满或不公平感可能积累下来，也可能影响到公共选择的其他环节。特别是，它们既然不能在正式的重要场合显示，那么常常要找其他宣泄渠道。村委会主任 G 说，调地影响到村民的切身利益，一些利益受到损失的人“尽管没有（公开说出的）理由，但形成阻力，制造一些舆论、说法，从别的地方找麻烦”。

宣泄的主要渠道是方案实施过程。对利益受到损失或有不公平感的村民来说，在方案实施问题上宣泄不满比在方案选择过程（特别是重要场合）中公开反对感到的压力、受到的约束要小。在调地方案选择过程中，如前所述，村民对不同方案给他们带来的影响大致是清楚的，从而对方案的支持和反对的阵线也是清楚的。如果方案是为多数村民支持的，那么，反对者要冒和多数人公开作对的压力；而在实施问题上，事实上，每个村民都担心因操作不当而使自己受到损失，所以对实施中可能存在的问题表示不满不会伤及多数，甚至会引起共鸣。此外，反对基本方案会直接影响村干部的“面子”，而反对某些非干部的实施者，就较少有这种顾虑。

在调查中，笔者间接和直接地都接触到针对方案实施过程发泄对调地不满情绪的情况。比如，在一次调地小组会上，G 讲述了某村民骂街的情况：“比如说吧，上次分这一类地，他站大街上骂街：‘他妈的，挣他妈大队的钱，分的这他妈什么王八蛋地，都把地弄了个斜斜巴巴、拧拧巴巴。’”从骂语中不难听出，这是借骂调地实施的技术性工作做得不好（“弄了个斜斜巴巴、拧拧巴巴”）来发泄对调地的不满（“分的这他妈什么王八蛋地”）。

在参与观察调地小组丈量土地时，笔者目睹了一个村民针对方案实施过程宣泄不满情绪。

量地工作由村会计 K 和几个村民代表负责实施。当量到村南一家柴墙外的土地时，一位妇女高声阻止，说那是她家的宅基地，只是被别人暂时堆放着柴火。K 解释说：“我们只是丈量，你要说那是你家的地，可以和村干部说去。”妇女说：“就是不准量！”K 说：“你说是你家的地，那么把你家的宅基地本子拿来给我们看看。”妇女说：“本子在我男人那，我找不到。”K 说：“我们先量，并不是分配地，你可以拿着本子找村干部，不会占你家宅基地的。”妇女说：“你拿着本子在记，记了账谁要得回来？不许量！”K 说：“你这样影响我们的工作了。”妇女说：“G 主任答应过，这是我家的地。”K 说：“量完你找 G 主任说不就行了？”妇女嚷道：“不准量！不准量！你没权力量！”K 被激怒了，说：“我们就是要量！”于是量完离去。

一会儿，村委会主任 G 到了。K 向他叙述事情经过。G 来到刚才量地处，对那个妇女厉声说：“谁说这个地是你的!？谁有这个权力？我也没有这个权力！”妇女软下来。G 于是缓和态度对她说，现在是量地，和分地不是一回事。妇女说：“我也不清楚。”这场小冲突遂平息。

除了非理性的宣泄外，更理性的做法是关注方案的实施是否公平，是否有不正当做法。如果出现这类现象，对调地不满的人便可借此对整个调地工作提出质疑，甚至使之无法进行下去。所以，对方案实施过程的高度关注，事实上是对整个决策的特殊参与。与规则公平被忽视的情况不同，在这里，公平的旗帜再次被打出来，不过具有与之前不同的含义。

2. 公平实施

村委会主任 G 的一番表白，很能体现公平实施的含义："平心而论，这次调地是绝对公平、绝对合理，上至书记，下到群众代表，没有黑的白的。过去咱村的地，有一些被认为不合理的因素。……这次调地把这些遗留因素都解决掉。过去问题出在，抓阄后量地，有的干部想多要地，就多量出来。这次绝对杜绝。"可以看到，他所谓的"黑的白的"，指的是实施者利用操作之便为自己谋取偏离方案规定的特殊利益，或者说是实施者对自己和对一般村民使用不同的尺度。这就是不公平、不合理。而没有这种"黑的白的"行为，就是公平、合理。显然，这种公平的内在逻辑不同于前面已讲到的那些公平逻辑。

G 在调地小组会上，向操作者们强调这种公平实施的重要性："（村民）说什么的都有，咱们都不可怕。问题是咱们是不是在分地当中搞了一些乱七八糟的东西。我们分这个地，群众说什么，我们不在乎，关键是什么呢，我们没有什么黑的白的。这咱们可以肯定，咱们这帮人都在场。哪一个干部也好，哪一个群众代表也好，他做不了主，从人口，到丈量土地上边，那绝对没问题。"这段话说明实施者的顾忌何在。村民对调地"说什么的都有"，这些话并不都对实施者形成有力的约束（"咱们都不可怕"，"群众说什么，我们不在乎"），而使他们顾忌或有关键约束力的是，操作中是否有"黑的白的"，是否有"做底"（即暗自谋取不合乎规定的私利）行为。

公平实施不仅包含实施者对自己不能使用特殊尺度这一层含义，而且包含对所有村民不能使用不同尺度的含义。在一次调地小组会上，G 和一位村民代表的对话便体现了后一层含义。当时，小组成员们正就村边被某些村民占用做场院（用于晒粮、垛柴火等）的地究竟是算二类地还是算三类地进行讨论。这些地已不便耕种，但分到全村各户做场地，又因面积太小而不够分。G 认为，应归入二类地。理由是大多数村民都没有占这些地，并且把这些地看得比三类地价值高，而已占用场地的人宁要这些地也不要三类地。

他说："咱们的困难，咱们尽量讨论，目的就是说呢，咱们找得公平点，咱们是这个目的。"一位村民代表对此有疑问，他说："你公平？如果说这场子你定成二类地。……他（占场地的村民）一听说定二类地了，那他说，划桩子（指统一丈量）去。”“怎么划?”他说的意思是，如果占场地的村民要求把场地和其他二类地一起丈量、分配，根据公平原则，处理起来将非常棘手，这怎么办？

我们在这里不讨论怎样处理这个问题更恰当，是否还有其他办法，等等。我们只需指出，G和村民代表虽然有不完全相同的考虑，但在使用“公平”一词时，指的都是对村民要使用相同的尺度。

村党支部书记X在调地小组成员们议论村民要求给予特殊处理时，也谈到对村民要使用相同的标准：“量地的时候（有人）说，不行啊，我这儿得搭（指做特殊调整）。你说这个当干部的（怎么办）？要说不给他搭，明显地他提出这个要求来，他就想搭，他不满意。一给他搭，这绿灯一开，下回没法弄了。……咱们凿死它，一点余地没有。”

实施者谈论公平，是因为有来自村民的公平压力。事实上，压力不仅来自反对调地者，而且来自支持调地的人们，后者既关心自身利益在实施中是否有保障，也关心调地方案是否会因实施偏差而夭折。此外，村干部和村民之间在土地调整之前已积累的矛盾,[①] 也对实施方案的干部形成压力。

3. 压力与技术防范

在土地按人口调整的基本方案确定以后，有一系列的实施工作，包括：①土地测量，即对全村待调整的土地进行勘察、丈量。这一工作由村调地小组来做，调地小组由村干部和村民代表组成。②在土地测量的基础上，确定各块土地的等级（土地被分为三类），计算出各个等级的待分土地数量。③确定各块土地分出的先后次序，组织村民抓阄确定各户分地的先后次序。④按照各块土地分出的次序和各户分地次序，为各户丈量出应分土地，明确边界。这是在村民们的直接监督下进行的。

在村民要求公平实施的压力下，实施者谨慎从事，在可能发生矛盾之处，尽力防范。如村党支部书记X所说：“把工作做细，不给任何借口。”

事例1：减少技术误差

土地丈量是方案实施过程中的一个重要环节。在这个环节上，

---

① 村委会主任G说：“什么人反对得最厉害？我认为还不是说这次分地吃亏的，还不是这帮人。是哪帮人呢？是这帮人，我一说大家就明白了：对X不满意，对G不满意，对这几个干部不满意，对这个班子不满意。是这帮人，他们反对得最厉害。”

常常潜伏着一些复杂的问题。存在事先预料不到的情况便是问题之一。比如，在丈量离村较远的一块地时，发现多处表土被挖取。调地小组的人估计，是邻村的人盖房时偷挖的。这是事先不知道的。更复杂的是，土地的质量并不能事先完全呈现出来。村委会主任G说："土地的好坏，有一些是在明处，比如有没有井，有没有坑、坟头、道路，但有的是潜在的。比如同样是一块地，有的地方肥一些，有的地方贫一点。分的时候看不出来，要种了以后才知道。"

土地调整中的技术性误差，可能和人为误差交织在一起，难以分辨。从而，技术性误差可能在事后被理解为人为误差、被理解为实施中的不公平，有"黑的白的"，从而引发矛盾。为了避免发生这种情况，调地小组对每一处坑、坟、杂草丛生不便耕种的地方，都进行仔细丈量、计算。

事例2：不留机动地

在一些村庄，村委会在把土地分给村民的同时，常常留一些机动地，在日后人口变动需要小范围调地时使用，或作为村财政的一种潜在来源。为了避嫌，村干部一再表示，不留机动地。比如，在土地丈量过程中，发现一些地方的土地不够方正，分起来有一定的麻烦。有人提议，把这些不规则的地先留下来作为机动地，最后再考虑如何处理。而G为了避免可能遗留的问题，明确表示："所有的地都分掉，村里不留。"在调地小组会上，谈到有的很差的地块没有人要。有人提议是否承包出去，G说："不管怎样，得分下去，不能搞承包。有些事打不开情面。第二，承包地本身就是一种矛盾，一旦见了效益矛盾就大了，说是给干部送东西了。"

事例3：考虑可能的细节

在村周围被某些村民占用作为场院的地是调地中的一个麻烦点，调地小组设想了各种细节，包括正在使用、有树木的地及入户做工作等。下面是一小段对话。

G：你得做过细的工作。围绕村这些地，我们做过细的工作，我们甚至可以找他各户去。……比如这个地方你现在占着，你还要不要？我们有没有必要再给调整一下？你说我图使场，那我给你割。给你割成方，半亩一份、半亩一份。如果要省事的话，就是现有的地方可以占着，但是给你量，你占一亩给你刨一亩二类地，你占半亩刨你半亩二类地。

X：那个事麻烦在什么地方呢？麻烦在有些现在正使着呢。……你说是给他还是不给他？

某代表：树呢？

G：树的问题，可以这样解决，你要不要？要，刨你二类地。这对咱们也有好处，对咱们集体有好处。

某代表：要提前告诉人家。

G：当然是啊，要做过细的工作。

事例 4：吸取抓阄的教训

调地是分三次进行的。在第一次调地中，为了操作方便，在分地抓阄时，采取先由村民代表代表本组抓，再在小组内由各户抓的办法，结果一些对分地结果不满的人便将不满情绪发到代表身上。干部们吸取这个教训，在后来调地的过程中，采取完全由个人抓阄的办法，并且抓两次，一次抓顺序号，第二次抓土地号。根据土地号排序量地分地。X 说："为什么要采取这个办法呢？因为上一次咱们的经验教训，他说你们这帮代表，抓到哪块地好了、哪块地不好了，他往这推。""他要自己抓呢，没怨言了。你手气好坏是自己的事。有时两口子还这样呢，你去抓，你手气比我强。你要是代表抓吧，责任推到你这儿来了。"

方案的实施的确有很多技术性问题。实施者担心技术误差被村民视为人为的不公平而导致不利后果。因此，技术性问题已不单是技术性的，还和实施的公平性联系在一起。当这些技术性问题和公平联系在一起的时候，它们便具有公平实施的技术保证的含义。实施者在处理这些技术细节时的谨慎，体现出背后存在的村民们要求公平实施方案的压力，也体现出在方案选择过程中有不公平感的人转移参与的压力。后者虽未改变在方案实施问题上"公平"作为行为准则的含义，但却影响了实施过程在整个选择中的意义。目标公平的逻辑差异，以及选择过程中公平理念互动的排序结果，曲折地影响到公平实施环节。

五 总结和讨论

（1）本文以中国华北地区 YU 村的土地调整为案例，探讨了公共选择中当事者公平理念的互动过程，以及在一个环节向另一个环节的推移过程中不同的公平含义及其关联机制。我们看到，初始的公平理念在选择的互动中经历了一种排序；排序的结果和决策的其他规则共同作用形成了公共选择的方案；对方案的评价中蕴涵着特殊的公平观念；这种观念又影响着公平实施的意义。

（2）案例反映出，在村民对土地调整方案有不同的选择偏好时，将这些偏好合理化、公平化所依据的逻辑是多种多样的。从这些逻辑中，可以透视制度、伦理观念、政府政策等多种因素的影响。虽然村民从各自不同的利益出发，会在公平旗帜下选择不同的逻辑，但这些逻辑一旦作为公共物品被提供出来，它们在公共领域中的说服力和道德感召力并不是相同的。从案例来看，公有产权下的生存逻辑最具说服力和道德感召力。这种力量，常常并不表现在人们心悦诚服地欢迎它，而是表现在人们最难否定它。公有产权下的生存逻辑，和中国农村几十年来实行的土地集体所有制以及人多地少的结构性条件有密切的关系。不过，笔者并不认为这种逻辑在中国农村必定导致土地按人口平均分配的要求，这和当事者对制度和其他结构性条件的认知有关。

（3）在公共选择中，公平通过表达来发挥人际的互动作用。我们探讨了村民对公平的非正式表达和正式表达。非正式表达和正式表达的策略性程度是不同的，后者高于前者。导致正式表达和非正式表达存在差异的因素是多样的。一方面，它和不同公平逻辑的说服力与道德感召力的差异有关——面对较强有力的公平逻辑，以较弱的公平逻辑支持其主张的人常常会调整自己的表达；另一方面，正式表达和非正式表达的差异还受到通行的决策规则的影响，包括决策的人际规则和决策通过规则。当然，这两方面也相互影响。我们看到，中国的乡村社区对决策的人际规则（主要是情面规则）给予高度重视。与影响表达的情面规则相联系，我们探讨了中国乡村社区公共事务决策中，在重要场合特别是仪式性场合追求无争的倾向。

（4）从案例中可以看到，在选择的目标是什么、如何评价选择结果、如何实施方案等环节上，当事者使用了公平概念；但是在运用何种规则选择方面却未有此举。对结果（包括期望的结果和实际的结果）公平、公平实施的重视和对规则公平的忽视，形成了耐人回味的差异。本文用决策规则成为惯习，以及村民在信息较充分的条件下对规则带来的结果的事先明确计算进行了解释。笔者认为，这一现象值得进一步探讨。

（5）案例反映的另一个值得注意的现象是，与决策在重要场合的无争以及决策规则无争相对应的，是一些村民对决策结果的不情愿接受，并通过对实施过程的高度关注、将实施过程和决策联系起来，进行对整个决策的事实上的再参与。在这种意义上，实施的公平带有决策公平的意味。这也是本文强调不仅要注意公共选择过程的诸环节间的差异，而且要将它们勾连起来考虑的一个原因。这种把决策在事实上推移到实施过程的做法，似乎在中国具有相当的普遍性，因而对其产生的根源有必要做进一步研究。

（6）在本文中，在土地被分配到各家各户后，土地调整工作便告结束，关于土地调整的故事也可告一段落了。但就公平问题而言，这却是一个尚未完结的故事。“情面规则”下的“无争”实现了，操作上的公平也没有出现严重问题，但潜在的不公平感却留了下来。在中国的乡村社区中，对于某项决策给某些村民带来的利益损失及产生的相应的不公平感，有时村干部会寻找其他的机会来给予补偿，所谓“堤内损失堤外补”之说也适用于这种情况。这时便存在一种“递推 - 补偿平衡机制”，即将一个过程遗留的问题推到其他的过程去补偿，以求得更大的过程中的平衡。在某些条件下，这种补偿是被民间规范所认可的，并被认为是公平的，因而可以称之为“补偿的公平”。这种“递推 - 补偿平衡机制”及“补偿的公平”的内在逻辑，和动态的“帕累托调整”有相合之处。

然而“递推 - 补偿平衡机制”并不是在任何条件下都存在的，也并不是在任何条件下都会被认为是公平的。它至少取决于补偿代价的大小，代价太大便很难实施，从而因利益损失和不公平感而引发的矛盾就会积累下来。土地调整所遗留的不公平问题，是否可能被补偿，如何递推到其他的过程中，尚有待考察。

（7）本文是以对“高度不确定性帷幕”或“无知之幕”下公共选择的公平讨论为始端，进入一个十分具体的案例分析的。在案例的具体分析中，我们仍保持着对抽象的初始问题的某种关心。案例中的当事者是在有限不确定性条件下行动的，这和在高度不确定性条件下的情况形成了对照。谨慎地将案例提供的启示与抽象的理论进行对话，似乎可以看到这样一幅图景：在“高度不确定性帷幕”下，由于任何当事者都不能看到公共选择的结果带给自己的利益和带给其他人的利益有何差异，因此，人们似乎将不约而同地具有将自己与他人放在相同位置上的倾向。在这种情况下，公平将很少具有为自身利益试图影响他人或为自己利益寻找社会公认的根据的特点。也就是说，将很少具有作为利益互动工具的特性。

而在有限不确定性的条件下则有所不同。一方面，当事者对自己在不同选择方案下的利益得失有一定程度的认知，人们将努力实现对其最有利的结果，从而倾向于将自身利益最大化，并以此影响他人的选择。由此将出现不同的公平逻辑间的互动。另一方面，一定程度的不确定性使当事者知道，仅仅追求可确知利益的最大化是不够的，必须顾及可减少未来不确定性的规则和他人的反应。这使他们有可能接受其他人力主的公平逻辑（不论是情愿的还是不那么情愿的）。总之，在有限不确定性条件下，公平将明显呈现出利益互动工具的特点。当然，关于不确定性和公平特性的关系，还有待更严格的分析。案例对理论仅能提供一些启示，较之严格的理论论述还有相当的距离。

参考文献

阿瑟·奥肯，1975/1987，《平等与效率》，王奔洲译，华夏出版社。

道格拉斯·C. 诺思，1981/1991，《经济史中的结构与变迁》，陈郁、罗华平等译，上海三联书店。

约翰·罗尔斯，1971/1988，《正义论》，何怀宏等译，中国社会科学出版社。

詹姆斯·M. 布坎南，1967/1992，《民主过程中的财政》，唐寿宁译，上海三联书店。

詹姆斯· M. 布坎南、戈登·塔洛克，1962/2000，《同意的计算——立宪民主的逻辑基础》，陈光金译，中国社会科学出版社。

Buchanan, James M. 1987. "Constitution of Economic Policy." *American Economic Review*, 6: 242 - 250.

（责任编辑：杨桂凤）

走向互动过程的规范：集体选择、博弈与演化

——对刘世定论文的评论

翟宇航*

布坎南教授所开创的公共选择研究基于个体主义的前提，使用经济学的交易范式来理解政治学中的公共选择问题。这一研究策略力图在分析集体选择问题时，摆脱实然与应然之间的缠绕，从而更多地关注个体在公共选择中的理性决策过程及其结果。基于此，这一研究框架将更为警惕地对待将集体视为由共识性道德伦理所维系的有机体这一观点。然而，当事者在公共选择过程中所秉持的道德观念及对具体策略的价值判断始终是分析过程中必须要面对的。布坎南讨论了在“不确定性帷幕”下的公平问题，认为当规则确定后其最终的位置结果存在高度不确定性的时候，人们就会倾向于选择一种公平的规则。

刘世定教授的文章便发问于此。如果把公共选择的结果作为“公平”特性的附着物，那么这一公平究竟是来自研究者的评价还是当事者的评价？因此，刘世定教授的文章将当事者的公平理念引入分析框架，在弥补公共选择理论的理论逻辑缺陷的同时，也更加有利于对公共选择过程的理解。文章聚焦于参与者之间为达成一致同意的互动过程，其间，参与者的个体利益必然与其公平观念相互交织。在这一分析框架里，作者进一步引入有限不确定性的讨论，因为参与者如果处在完全的“不确定性帷幕”下，那么就相当于参与者之间完全没有了利益博弈的过程，通过共识性的公平观念来达成一致就会很容易。那么在有限不确定性的条件下，由于参与者对公共选择的结果有一定程度的认知，但是对后续不

* 翟宇航，北京大学社会学系硕士毕业，目前在华夏基金管理公司工作，电子邮箱：yhang-zhai@126. com。

同决策环节的目标与结果又没有认知，参与者在个人利益与公平观念基础上的互动就将变得十分复杂。

基于该文的分析框架，我们可以把一个典型的公共选择过程理解为在有限不确定性条件下，多人参与的利益互动与规范互动共同交织的博弈过程。经典的博弈理论更为关注利益互动的博弈过程，然而当研究的视角进入日常的社会过程的时候，规范互动与利益互动的相互影响就变得不可避免。谢林在《冲突的战略》一书中就注意到规范对于参与者的道德约束可能会影响博弈的过程，在某种意义上，我们可以把谢林提出的关键点（focal point）概念理解为规范博弈的一个均衡点。谢林的关键点概念建立在默识博弈的情境下，默识博弈与无知之幕有些类似，但是其强调的是博弈的参与者之间不能进行沟通，只能通过自己对对方的认知来实现均衡。在这种情况下，博弈的结果取决于双方对公平的认知，而默识的条件增强了公平的道德约束力。谢林强调，默识谈判的过程对于理解显式谈判也是有意义的，这就意味着在显式谈判中必须去关注谈判沟通的细节，关注双方如何去释义现实条件的各种细节。这在刘世定教授这篇文章的调地案例中得到了充分的体现，村民拥有不同的公平观念，但是多种公平观念却是有层级的，这使得村民在不同的情境下采用了不同的策略表达和对公平的释义。不过，谢林关注的博弈过程往往都是处于信息不对称条件下的，因此其研究更侧重于承诺和威胁的可置信性、信息的沟通与传递等方面。刘世定教授的文章则提供了另外一个场景，在一个低流动性的社区中，博弈的参与者均处在一个频繁互动的情境下，在这种情境下参与者会选择怎样的策略？

著名的“最后通牒博弈”曾是论证博弈的参与者不仅仅是理性的，同时还受到规范支配的经典实验。在实验中，博弈参与的双方是双盲的，而双盲实验在这一情境下主要规避的就是博弈双方在博弈前及博弈后存在社会互动的可能。这其实体现的是，人际互动的基础将会对利益博弈的策略与结果产生影响。这种影响并不纯然是通过将一次性的利益博弈置于可重复博弈的场景下实现的，更多地是因为既有的人际互动基础构建了博弈参与者之间对于博弈规则的公平观念层面的共识，从而通过共识性道德规范的约束为利益博弈设定了锚。

将类似于公平观念这类规范因素引入博弈过程的复杂之处在于，规范并不像个体的利益那样明确、可量化，它往往呈现多元化、分层级甚至情境性的特点。刘世定教授在这里的分析策略是通过博弈参与者在公共选择过程中正式语境和非正式语境下的观念表达，将其中的层级条分缕析，剥离出在村民群体中道德感召力最强的“公有产权下的生存逻辑”这一公平理念。在这样的分析策略中，每一个个体的公平观念外生于博弈过程，并在整个博弈过程中指导个体执行具体的博弈策略。

而从中能够引发的进一步思考是，公平这一价值规范本身是否就是内生于博弈过程的一种结果？利益博弈之所以能够被清晰勾勒，其本质在于每一个参与者作为理性人的效用最大化的假设，那么规范博弈是否存在这样一种解释逻辑呢？或许演化博弈论可以为我们带来一些启示。刘世定教授文章中所提到的公有产权和私有产权可能带来不同的公平观念，这可以被理解为在不同的产权安排下，基于生存逻辑的互动与博弈将产生不同的均衡，而这种均衡就是在特定条件下和特定群体中形成的最具有道德感召力的规范约束，而这种规范的形成正是多次博弈的结果。因此，我们可以认为，在我们分析具体个案时，参与者或参与群体遵从的既有规范就是其在过去演化博弈过程中的演化稳定策略（Evolutionarily Stable Strategy，ESS）。在这种情况下，当事人所秉持的公平理念仅是演化过程中的一个局部均衡，不同的公平表达可以被视为对均衡进行挑战的一种突变策略，正如文章中提及的不公平感的累积。

总之，刘世定教授的这篇文章将作为规范约束的公平带入公共选择的博弈互动过程，而一旦将规范引入博弈分析框架，有关利益博弈与规范博弈的领域将有更为广阔的空间值得探索。

参考文献

托马斯·谢林，2011，《冲突的战略》，赵华等译，华夏出版社。

（责任编辑：杨桂凤）

经济社会学研究　第三辑
第 155 ~ 189 页

认同、情境定义与博弈路径

胡倩影*

摘　要： 长期以来，经典博弈理论需对每个博弈做出一系列限定，以使博弈达到相应的均衡，这些限定构成了博弈理论的隐含假设。然而，现实中的博弈并非封闭在一个给定的环境中，博弈者随时受到外界情境影响，需要在做出行动策略前赋予所处情境和其他行动者一定意义。本文在梳理经典博弈论建模思路的基础上，指出了经典博弈模型的隐含假设和可能存在的"盲点"；同时尝试将社会学中的"情境定义"和"认同"等概念引入博弈论进行探讨。本文认为，情境定义既可能影响互动的基本环境，也可能影响对互动对方的辨认和认同；博弈者在不同情境定义下，其行为逻辑和策略选择将大相径庭，博弈的发展路径也因此产生很大差异。

关键词： 认同　情境定义　博弈路径

一　导论

（一）研究缘起

经济学是一门高度依赖假设前提的学科。为了"用最少变量解释最

* 胡倩影，北京大学社会学系 2007 级硕士，现任职于岩星投资基金，电子邮箱：qianying. hu@ gmail. com。

多现实”，经典经济学模型总是以审慎甄别的假设前提为基础，并借助严谨的逻辑分析来解释现实生活中的经济现象。然而，经济学家构造的“理想”模型常常遭到现实的打击。越来越多的经济理论家开始意识到，“简洁至上”的方法论偏好致使很多社会现实被自动排除在精妙的数理模型之中，加之其自身的假设检验能力无法发现本身存在的偏误，导致经济学容易走向脱离实际的歧途。相比之下，自然主义的取向有着迥然不同的方法论。在这种方法论的指引下，经济学家将会对决策者进行仔细的观察，试图勾画他们的行为动机，并以这些动机特征作为经济学建模的基础。诚如诺贝尔经济学奖获得者阿克洛夫所言，“自《国富论》问世以来，经济学家借助于少数几个简单假设……构筑起了整个经济学专业”（Akerlof，1982）。然而，这些主要基于“简洁性”需要的标准假设，对人类生活的诸多方面缺乏足够的、接近现实的描述，故有必要借助于社会学、人类学、政治学和心理学的丰富研究成果，把基于对现实世界仔细观察所总结出来的人类行为特征和动机纳入经典的经济学理论模型中，这是大有裨益的，将对经济学所依赖的假设前提做进一步的改进、完善和拓展。利用社会学、心理学和人类学的研究成果，对经济学理论模型的假设前提进行反思和重新修订，两者的碰撞与融合或能产生出“有趣结果”[①]，这也是本文写作的初衷和试图做的一个尝试。

（二）经典博弈论模型和社会学的互动理论

博弈论也称对策论，是关于主体的行为发生直接相互作用的决策，以及这种决策的均衡问题。博弈论在经济学领域中的运用虽然对博弈论本身的发展有很大的推动，但多数情况下都是顺应博弈论的数学模型或框架，并没有试图去突破这个框架（王水雄，2009：2）。

经典博弈论与经验现实之间的距离是有目共睹的，其原因在于建模思路。正如科林·凯莫勒在《行为博弈》一书中所说，博弈论作为对策略选择的标准化研究，其方法是考察无感情的“天才”在博弈中应如何行动，却忽视了带有情感和有限预见力的一般群体在博弈中究竟会如何行动（凯莫勒，2002）。

当前流行的博弈论，沿着顺序（静态—动态）和信息（完全和不完

---

① “有趣结果”一说来自阿克洛夫《一位经济理论家讲述的故事——关于经济理论新假设有趣结果的论文集》的题名

全、完美和不完美）这两条逻辑路径发展，其中“信息”一直是逻辑链中的关键环节。信息会改变行动者对当前和未来情况的估计；更多的信息可以使博弈者更有效地了解竞争对手的情况以及自身的位置，从而做出更有利于自己的策略选择。传统的博弈论模型对现实的丰富性给出了删繁就简的处理，通常假定：（1）在一个给定的外生情境下展开人们行动策略的讨论，而博弈参与者的能动性，仅在于选择策略，不同的策略选择并不会影响环境；（2）不论参与者获得的信息是否完全，博弈论总是假设其对得到的信息的理解是正确的，同一策略对于对方也不存在不同意义。这些假设的危险之处在于武断地预设了行动者对于所处环境信息的正确理解，并会依据这些“正确信息”制定行动策略。因此双方不需要通过对对手的辨识和类别化来确定自己的策略。

事实上，博弈的基本类型划分在很大程度上取决于获取信息的不同状态（如信息是否完全或是否完美[①]）。这一路径的重要性，已经由在此路径上得到的若干具有强预测性的模型所表明。研究策略互动格局的博弈论是否还可能有别的发展路径？我们注意到，社会学互动理论提示了一些不同的可能性。其中，将“认同”“情境定义”等概念引入博弈分析，是一条可尝试挖掘的路径。

在社会学互动理论中，关于“情境定义”“认同”的讨论占有重要的地位。这两个概念之所以富有研究张力，在很大程度上是源于其客观存在和主观赋义的双重特性，默顿特别指出了“情景定义”概念所含有的人对情境赋予主观意义的重要性：“人们不只对情境的客观方面有反应，也对情境所具有的意义有反应。一旦我们主观赋予情境某种意义，我们随后的行为及这一行为的某些结果将受所赋予的意义的决定。”也就是说，某些情境定义变成了情境的相关部分，从而它影响到后续过程的发展（默顿，2001：275、285—288）。而“认同”作为社会互动秩序和行为可预测性的基础之一，同样涉及了意义赋予的过程。

“认同”“情境定义”等在其他社会科学中被反复探讨的重要概念，在经典博弈论模型中，却没有明确的位置或未获得足够的关注。现实中

① 如果在博弈过程中，每一个参与者的收益函数在所有参与者之间是共同知识（common knowledge），那么就是完全信息博弈，反之则是不完全信息博弈，进一步，完全且完美信息博弈是指在博弈进行的每一步中，要选择行动的参与者都知道这一步之前博弈进行的整个过程。而我们讨论的是完全但不完美信息博弈：在博弈的某些阶段，要选择行动的参与人并不知道在这一步之前博弈进行的整个过程（吉本斯，1999：43）。

的博弈并非在一个给定的封闭环境下进行，博弈者随时受到外界情境的影响，人们经常需要在做出行动策略之前赋予所处情境和其他行动者以一定意义。

本文旨在从理论分析和经验研究两个方面把“认同”“情境定义”等社会学概念引入博弈论模型的探讨中，对传统博弈论中“给定情境”的假设做一些初步的改进工作，从而对博弈的发展路径研究进行探讨。

二 文献梳理——博弈论与经典博弈模型

博弈标准式中所涉及的基本要素有：（1）博弈的参与者；（2）可供参与者选择的战略集；（3）所有参与者可能选择的战略组合，每一个参与者获得的收益（吉本斯，1999：3）。博弈论中另一个重要方面是对博弈结果即均衡的讨论。在博弈结果中，每个参与者选定各自的战略，且选择的战略必须是针对其他参与者选择战略的最优反应，这种理论推测结果叫作“战略稳定”。参与人都没有意愿独自离开他所选定的战略，这时博弈达到均衡。

博弈模型的划分可以从两个角度进行：时间序列性和信息完全性。

按行为的时间序列性，博弈可分为静态博弈和动态博弈：静态博弈是指在博弈中，参与人同时选择或在选择行动时不知道其他参与者的选择；动态博弈是指在博弈中，参与人的行动有先后顺序，后行动者能够观察到先行动者所选择的行动。

按参与人对其他参与人的了解程度，可将博弈分为完全信息博弈和不完全信息博弈。完全信息博弈是指在博弈过程中，每一位参与人的收益函数在所有参与者之间是共同知识，[①] 有其他参与人的特征、策略集及收益函数的准确信息。如果参与人不知道或仅部分知道其他参与人的特征、策略空间及收益函数信息，在这种情况下进行的就是不完全信息博弈。

如果将时间先后序列和信息是否完全这两个维度结合起来，博弈分为

① 奥曼在其1976年的论文《同意分歧》中将“共同知识”形式化。“共同知识”是指“所有参与人知道，所有参与人知道所有参与人知道，所有参与人知道所有参与人知道所有参与人知道……”。如果每个参与人都知道某个事实，每个参与人都知道每个参与人都知道它，等等，那我们就称这个事实为参与人中间的共同知识。一件事在某个群体中成为共同知识，则从任一个体出发，他对这件事的理解都已达到了完全的统一，不再有任何层面的不确定性（Aumann，1976）。

完全信息静态博弈、不完全信息静态博弈、完全信息动态博弈以及不完全信息动态博弈四类（吉本斯，1999）。与之相对应的均衡概念如表1所示。

表1　博弈的分类及对应的均衡

信息＼行动顺序	静态	动态
完全信息	完全信息静态博弈（纳什均衡）	完全信息动态博弈（子博弈精炼纳什均衡）
不完全信息	不完全信息静态博弈（贝叶斯－纳什均衡）	不完全信息动态博弈（精炼贝叶斯－纳什均衡）

（一）对完全信息静态博弈及纳什均衡的再思考

完全信息静态博弈是四种博弈中最为简单的形式，它假定在每一个参与者的收益函数为所有参与者所知的情况下，参与者同时选择行动，然后根据所有参与者的选择，每个参与者得到各自的结果。此博弈对应的纳什均衡是指假设有 n 个人参与博弈，在给定其他人战略的条件下，每个人选择自己的最优战略，所有参与人选择的战略一起构成一个战略组合。在纳什均衡中，这种战略组合由所有参与人的最优策略组成，在他人战略一定的情况下，没有任何单个参与者有动力选择其他战略来打破这一均衡。此类博弈最经典的案例是“囚徒博弈模型”。

表2　囚徒博弈模型（吉本斯，1999：2）

Ⅰ＼Ⅱ	沉默	坦白
沉默	－1，－1	－9，0
坦白	0，－9	（-6，-6）

在此博弈中，每一个囚徒都有两种战略可供选择：坦白或否认，在不同战略组合下两人的收益如表1双变量矩阵所示。[①] 此案例中囚徒Ⅰ和囚徒Ⅱ在战略组合（坦白，坦白）处达到均衡：不论囚徒Ⅱ选择坦白还

① 在博弈模型的示意图中，横行代表的参与者（本例中为囚徒Ⅰ）的收益在两个数字中放前面，列代表的参与者（本例中为囚徒Ⅱ）的收益置后（吉本斯，1999：2）（后文的示意图如无特殊说明将按照此惯例，不再赘述）。

是沉默，囚徒Ⅰ的占优策略都是坦白；对于囚徒Ⅱ同理。当达到均衡后，双方都没有激励偏离这个均衡，即使从集体的结果看（沉默，沉默）是帕累托更优的策略。

囚徒困境揭示的是个人理性与集体理性的矛盾。我们可以从这个模型中归纳出两个隐含假设：（1）情境给定：参与者是互不信任的；（2）无须对于其他参与者的身份进行辨认和归类，不同的博弈对手对于特定的参与者来说是无差异的。

另一个例子是性别战模型。一对恋人安排业余生活时有两个选择——看足球赛或听音乐会，男的偏好足球，女的偏好音乐会，但他们都宁愿和对方共度时光，他们的策略组合如表3所示。

表3 性别战模型（吉本斯，1999：9）

Ⅱ Ⅰ	足球赛	音乐会
足球赛	(2，1)	0，0
音乐会	0，0	(1，2)

在这个博弈模型中，有两个纳什均衡：（足球赛，足球赛）和（音乐会，音乐会），从收益角度看，男的更偏好（足球赛，足球赛），女的更偏好（音乐会，音乐会），但双方都没有激励偏离均衡，同时也不希望对方改变策略，因为这样自己的收益都会降到0。由于唯一解的确定难以实现，因此需要引入其他因素（不同情境或双方性格特征等）来帮助行动者确定最后的均衡解。

对这个模型来说，要想追问在多均衡之后，究竟哪个均衡更可能实现，即出现谢林所说的聚焦点，使双方成功地对彼此的预期做出判断，从而达到某种默契（Schelling，1980：57），则“情境”的重要性将凸显。但这个重要问题被放在模型之外搁置起来。

（二）对完全信息动态博弈及子博弈精炼纳什均衡的再思考

作为静态博弈向动态博弈的过渡，有必要先介绍一下“市场阻挠模型”。

设想Ⅰ是一家想进入行业的企业（称为“进入者”），Ⅱ是在市场上处于垄断地位的“在位者”，在位者想维护自己在市场上的既得利益，就要阻止试图进入者，他有两个策略：默许或者阻止；而进入者也有两个行动策略：进入或不进入。各种假定的收益组合如表 4 所示。

表 4　市场阻挠模型（张维迎，2004：12）

进入者 \ 在位者	默许	阻止
进入	40，50	-10，0
不进入	0，300	0，300

从静态完全信息的角度来看，此模型中也存在两个均衡：（进入，默许）和（不进入，阻止），当进入者选择进入时，在位者的最优策略是默许，而当在位者选择默许时，进入者的最优策略是进入市场。虽然在进入者放弃进入时，在位者采取默许和阻止的收益是一样的，但在位者选择阻止新进者进入这一策略时，对于进入者来说，不进入是更优策略，因此（不进入，阻止）是此模型的另一个均衡。

这就引出了纳什均衡存在的三个问题。（1）一个博弈可能存在多个均衡，而实际上会达成哪个均衡在理论上是未知的。（2）参与人在选择战略时，把其他参与人的战略当作给定的，自己做出何种战略并不给对方的策略选择带来影响。在完全信息动态博弈中，对这个假设做了修正，认为博弈参与者的行动次序会对博弈格局和结果产生影响，而博弈参与者都很清楚地知道这一点。（3）由于不考虑参与者行动次序所带来的相互影响，纳什均衡就默认了不可置信威胁的存在。在市场阻挠模型中，实际上进入者一旦选择了“进入”的策略，那么在位者只能选择默许，因为选择阻止的话它将损失所有的既有利润。因此对于进入者来说，在位者的“阻止”策略实际上是个“不可置信的威胁”，因此在静态博弈中存在的均衡（不进入，阻止）在动态博弈中便被剔除了。对于纳什均衡的个数进行了精炼之后，就得到了完全信息动态博弈的均衡——子博弈精炼纳什均衡。

在动态博弈中，我们得到了博弈的扩展式，其包含五个要素：（1）参与人；（2）每个参与人选择行动的时点；（3）每个参与人在每次行动时可供选择的行动集合；（4）每个参与人在每次行动时有关对手过去行动选择的信息；（5）收益函数（张维迎，2004：80）。

博弈的扩展式可以用博弈树表述①。图1则是对市场博弈模型的博弈树展现。

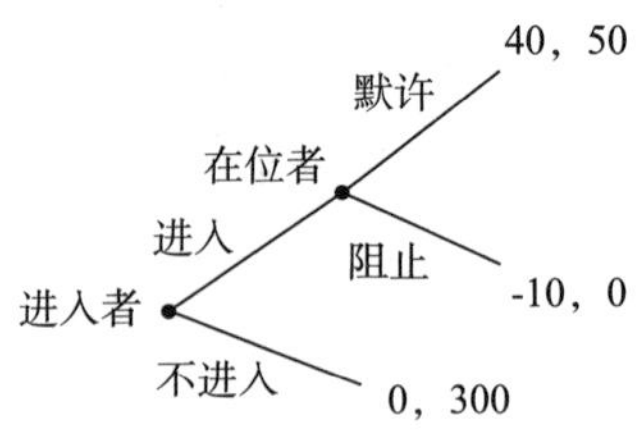

图1 市场阻挠模型博弈树

在动态博弈中，如果所有之前的行动是“共同知识”，在给定的历史条件下，从每个行动选择开始至博弈结束又构成一个博弈，称为“子博弈”。在图1的博弈树中，当进入者选择了“进入”策略后，在位者的后续行动就构成了一个子博弈。

在完全信息动态博弈中，假设博弈参与者在每一博弈节点都是具有“共同知识”的，即每一个博弈参与者知道其他参与者的历史行动和其收益函数，即使每一个博弈者接收到的信息是完全的和客观上正确的，也难以保证不同的参与者会对对方发出的信息有主观正确或一致的理解，而这一点，显然被排除在完全信息动态博弈的假设之外。

（三）对不完全信息静态博弈及贝叶斯－纳什均衡的再思考

上述两个博弈都包含了一个基本假设，即所有参与者都知道博弈的结构、博弈规则，以及博弈的支付函数。在不完全信息博弈中，这一假设修改为至少有一个参与者是不能确定另一个参与者的收益函数的。不完全信息静态博弈的一个常见例子是密封竞价拍卖——每一方都只知道自己对所售商品的估价，而不知道其他报价方对商品的估价。

为了使得博弈分析在无法判定其他参与方特征的情况下也能够顺利进行，诺贝尔经济学获奖者海萨尼（John C. Harsanyi）引入了一个虚拟的参与人——“自然”。由自然决定参与人的“类型”，被选择的参与人知道自己的真实类型，其他参与人并不清楚这个被选择的参与人的真实“类型”，仅知道各种可能类型的概率分布。被选择的参与人也知道其他参与人心中的这个分布函数，即分布函数是一种“共同知识”。海萨尼的

① 博弈树上每一枝的末端标出收益值，前面的数字表示前一行动者的收益，后面表示后一行动者的收益

上述工作使得信息不完全的博弈行为得以被标准化技术分析。在此基础上，海萨尼定义了“贝叶斯－纳什均衡”[①] ——在静态博弈中，参与者没有机会观察到他人的选择，在给定他人的战略选择后，每个博弈参与者的最优战略依赖于自己的类型。由于博弈者无法确定其他参与者的真实类型，仅知道其所属类型的概率分布，他无法确切知道其他博弈者会采取何种战略，所知道的只是某一类型的参与者会采取何种战略。他的决策目标就是在给定自己类型和他人类型的基础上，使自己的期望效用最大化。

在“市场进入阻挠模型”中，进入者和在位者知道彼此的偏好、战略集以及各种组合下的利润函数，而这在现实中很少能成立。更可能的是试图进入市场的企业其实并不知道处于垄断地位的企业的生产函数、成本函数和偏好（张维迎，2004：143）。

如果进一步分析海萨尼给出的假定，可以发现他引入博弈模型中的近乎上帝作用的“自然”，实际上是设定了上述“市场阻挠模型”分析中关于其他参与者所属类型的概率。而在现实中，概率并非既定给出，它受到参与者主观预测因素的影响，会随着参与者对其他参与者的识别和对于环境的认知而发生变动，这使得我们将社会学的“认同”“情境定义”等概念引入博弈模型有了适宜的切入点。

（四）对不完全信息动态博弈及精炼贝叶斯－纳什均衡的再思考

如果将条件进一步强化，在不完全信息情况下引入行动的先后次序，我们将会得到不完全信息动态博弈。在这种博弈中，次序在后的行动者可以根据先前观察到的其他行动者的行动收集有关其行为偏好、战略空间、所属类型等方面的信息，从而调整自己的策略。先行者清楚地知道自己的行为具有信息发送作用，就会有意识地选择某种行动向对方澄清或故意混淆自己的真实意图。至于先行者会发送怎样的信号，则涉及他对对方类型的辨别以及对于情境的定义。

对应不完全信息动态博弈的均衡概念“精炼贝叶斯均衡”是上文所提“子博弈精炼纳什均衡”和“贝叶斯－纳什均衡”的结合。博弈人会

---

① 贝叶斯（Bayes），英国概率统计学家。在其著名的贝叶斯决策理论中，通过对部分未知的状态进行主观概率估计，用贝叶斯公式对发生概率进行修正，再利用期望值和修正概率做出最优决策。

根据观察到的他人行为来修正自己有关后者类型的“信念”（主观概率），并由此选择自己的行动。

精炼贝叶斯均衡是所有参与人战略和信念的一种结合，它满足如下条件：（1）在给定每个人有关其他人类型的信念情况下，他的战略选择是最优的；（2）每个人有关他人类型的信念都使用贝叶斯法则①。

随着条件的不断严格，不完全信息动态博弈可以说是本文梳理的四类模型中最为复杂也是和现实博弈行为拟合度最高的博弈模型。应该强调的是，与其他均衡概念不同，精炼贝叶斯均衡不能仅定义在战略组合上，它必须同时说明参与人的信念，因为参与者的最优战略是相对于个人的信念而言的（张维迎，2004：19）。这里的“信念”是经由博弈参与者结合自己接收到的其他参与者的信息进行主观赋义而产生的，是对其他参与者可能所属类别的辨识，从而采取何种策略的主观概率估计。在现实生活中参与者对于他人的特征、行为进行怎样的辨识，对于情境信息进行怎样的理解无疑会对“信念”的产生和改变产生影响。至此，将“情境定义”“认同”等社会学互动理论中的重要概念引入博弈论进行分析的可能性已经浮现。

三 文献梳理——情境定义与认同理论

（一）社会互动理论中的“情境定义”

托马斯等在《身处欧美的波兰农民》一书中将情境视为个人或群体在活动中必然会遇到的一组价值观与态度，人们的活动以及对活动结果的评价就是依据“情境”进行的。据此，托马斯首次提出了“情境定义”的概念，“人……在任何自觉行为之前，总有一个审视和考虑的阶段，我们可以称之为情境定义”（托马斯等，2000）。此外，托马斯等认为，如果人们把情景当作是真实的，那么其结果将成为真实的。

默顿将托马斯那段话称为“托马斯定理”。默顿随后不断修正“心智”概念以涵盖托马斯所说的情境定义。“借助于心智的能力，行动者能

① 贝叶斯法是概率统计学中应用所观察到的现象修正先验概率的一种标准方法。当你不能准确知悉一个事物的本质时，你可以依靠与事物特定本质相关的事件出现的多少去判断其本质属性的概率。用数学语言表达就是：支持某项属性的事件发生得愈多，则该属性成立的可能性就愈大（Leonard，Thomas，2005）。

够在各种情境中进行界定、分类和让自身与周围的事物——包括他们自身——相调适。运用这种方法，他们就能够评估、权衡，并采用最合适的行为路线。”（特纳，2001：24）

需要指出的是关于情境定义概念的特点，默顿特别强调了其中所含有的人对情境赋予主观意义的重要性：“人们不只对情境的客观方面有反应，人们也对情境所具有的意义有反应。故一旦我们赋予情境某种意义，我们随后的行为及这一行为的某些结果将受所赋予的意义决定。”也就是说，某些情境定义变成了情境的相关部分，从而让它影响到后续过程的发展（默顿，2001：275、285—288）。社会，或者说相对稳定的互动模式，在互动论者看来，是有赖于人们情境定义的能力，尤其是把自己看作情境中的客体的能力的。

符号互动论的集大成者布鲁默认为由于人的行为中总潜在自发性和不确定性，所以，如果人们能在某一情境中置入各种客体，他们就会急剧地改变他们对于情境的定义，从而改变他们的行为（特纳，2001：25）。

以布鲁默为代表的芝加哥学派关于互动中情境定义的观点可以总结如下。

（1）正是因为互动情境中各种客体的存在，行动者才具有各种不同的行动立场。要理解个体所在的群体之间行动的可能性，就必须明白他们符号化地设定的客体世界。

（2）根据特殊客体的集合和他们潜在的行为立场，行动者会达成某种对情境的定义。这种定义具有一般参照系的功能，通过它可以对特定行动路线的后果进行评估。

（3）行动者一般需要估量：（a）他人当下提出来的要求；（b）从角色领会中获得对于自己的形象的认识；（c）他们认为存在于场景中的正式预期；（d）他们可能象征性地置入互动中的附加客体所对应的行动立场。

（4）一旦行动发生，新的情境定义和行为的蓝图设计也就可能发生。因为行动期间他人的反应会被进一步理解。与布鲁默有所不同的是，库恩强调核心自我和群体情境对互动的规制作用。尽管大部分互动是重复出现的，并因明确的期望和对情境的共同定义而被结构化，它的象征性本质还是揭示了新的客体被置入情境之中，和旧的客体转变与被抛弃于情境之外的可能性。这样，行为的再解释、再估价、再定义和再设计便会不断发生（Kuhn，1964：64 - 68）。但布鲁默和库恩都强调行动者在互动过程中角色领会——人们各自显露和彼此解释他们的姿态——的过程，通过从对各种姿态进行解释中得到的信息，行动者可以暗中预演各种行为方案。

从对符号互动论学者的观点梳理中，我们可以看到，人际互动的过程总是在特定的情境下完成。人们需要对特定情境中特定的目标、行动、内容、符号、方式等做出一定的解释，这就是被托马斯称为“情境定义”的过程，由于每一个个体的经验和认识水平都不尽相同，在解释特定情境时就不可避免地存在差异性和特殊性，因而符号互动论在强调人的主观能动性、创造性之余，也非常重视对人的特殊性的研究。这也正与社会学实证研究的精神相契合，所以情境定义被广泛地运用于符号互动论以及其他社会学研究中。如果将这一社会学中的重要概念和分析思路引入博弈论分析当中，也是使二者实现结合的良好尝试。

（二）认同研究

当我们遇到一个陌生情境或从未接触过的（一类）人时，所做的第一件事情不是立即形成行动策略，而是试图将他们定位在我们的社会认知地图（cognitive map）上，以此辨认他们。面对不确定的环境需要怎样协调或改变？自身或他人的哪一种反应才是“正确”的反应？新的认同如何得以构建起来？这些问题的提出与回答也是“认同”的概念与博弈论研究互动空间的挖掘开拓过程。对于“认同”（identity）概念，不同的学科和流派可以从不同的角度定义。

符号互动论学者斯特莱克强调“标定”的意义。在他看来，人类社会行为是由其周围环境的方方面面的象征性标定所组织起来的。其中最为重要的标定是人们在社会结构中所占位置的象征符号和其所联系的意义。个体标定了自身位置后，就会产生关于如何行动的预期，而他们明确了他人的认同位置后，同样会产生对他人角色行为的预期（特纳，2001：39）。

综合上述观点，我们可以认为，“认同”论及了个人或集体在社会关系中与其他个人或集体区分开的方式。它是我们对于自己是谁和其他人是谁的理解，以及其他人对于他们自身和他人（这个“他人”包括我们）的理解。由此，认同的概念在人与人之间确立了两种可能的比较关系：一方面是类同性；另一方面是差异性。进一步探究“认同”这一议题，我们发现认同不仅和人们扮演的角色、所处的社会位置等结构性概念相联系，同时它还具有动态建构的特性。在这一点上，英国社会学家詹金斯在《社会认同》一书中关于认同特性的论述（詹金斯，2006）给予本研究诸多启发。

首先，动词“辨认”是认同的必要部分，这使得“认同”具有不可忽视的主动建构性。也就是认同并非“原本就在那里”，也不是最终结果或已成定局的事，而总是必须再建构。这又赋予“认同”两个进一步的意义：替事物或人分类，以及让自己和某物或某人有所联系。这两者让“认同”处于时间和过程的起伏变动中。

此外“认同”的动态建构并不是单向过程。自我宣称的某种认同是不够的，这种认同还必须得到那些和我们打交道的人的认可（或拒绝）。别人如何设想我们的行动，与我们如何设想自己同样重要。

认同是社会互动秩序和行为可预测性的基础之一。按照詹金斯的观点，“认同”被认为是人们所“拥有”或“归属”的东西，因此可以参照行动者的认同对其行动进行解释或预测。正是与“情境定义”“意义赋予”和“协商”紧密相连，因此我们可以说“认同”在动态建构的过程中是具有策略性的。

（三）小结：社会学与博弈论联合研究的可能性与意义

社会学家彼得森总结了几十年来社会学对博弈论的研究（Petersen，1994）。以他的总结为引子，如果要开展社会学与博弈论的联合研究，我们就需要思考社会学与博弈论之间是否有相互融合的可能性和必要性。本小节将从研究内容和方法论上做个小结。

从研究内容上看，彼得森认为，博弈论所适合分析的情况是：行动者试图在互动中达成各自或共同的目标，但是他们拥有不同的信息而且不能无成本地交换信息，是否能够实现目标取决于能否正确地分析其他行动者的信息和行动。由于人际之间相互影响的存在，博弈论提供了一个针对有意识互动的强有力的研究框架。

和博弈论一样，社会学理论也对社会行动者之间的互动以及行动的意义给予了很多关注。比如韦伯在他的理解社会学中主张，社会学研究人的行动，是因为每个人都赋予它一定的“意义”。韦伯还强调，这里所说的“意义”并非指“客观上正确的”，而是指行动者主观的认为，即社会学上的意义（贾春增，2000：106—107）。

作为社会行动，需要具备以下条件：第一，行动者个人赋予其行动以意义，即行动者个人采取行动的动机；第二，行动者所采取的行动包含以他人的行为为目标，即行动者主观意识到与他人的联系。

除此之外，本文重点梳理的符号互动论、社会交换论和社会冲突论等学派的理论都着力于行动者的互动研究。博弈论研究行动者之间的策略性互动，既涉及行为互动又对行为动机有所关照，操作性的分析框架为这两种研究意图架起了桥梁。

在方法论上，博弈论和其他许多利用数学工具研究社会经济现象的学科一样，从复杂现象中抽象出基本要素，对这些要素构成的数学模型进行分析，而后逐步引入对其形式产生影响的其他因素，从而分析其结果。博弈论作为一种高度简化的理论工具，对现实的丰富性进行了删繁就简的处理。如果在博弈论的框架内加入社会学的因素，建立新的博弈模型或模型体系，或可更好地解释现实问题。

反观社会学，凭借敏锐的观察能力，社会学中从来不缺少富有活力和研究潜力的概念。但正如布鲁默所说："概念的模糊性是社会学理论的基本缺陷，它阻碍了我们进一步把握经验世界，因为我们不知道要把握什么。我们的不确定性，比如说，不知道自己正在涉及什么问题，将阻止我们提出恰当的问题和确立相关的研究课题。"（Blumer，1954）社会学的很多理论是一些不够简练严谨的范式，没有严格的假设、命题和推论。将博弈论作为分析工具引入社会学的相关研究，或可弥补社会学所存在的概念界定不清、模型粗糙的"短处"。

本文试图将"情境定义""认同"等社会互动因素引入博弈论模型进行探讨，并利用博弈论的分析方法对社会学所关注的人际互动问题进行分析探讨，这也是对社会学和博弈论联合研究做的一个尝试。

四 纯识别与完全认同下的博弈

通过对博弈经典模型的梳理，我们知道参与者获得完全信息只是一个理想状态，现实中参与者获得的信息是不完全或者不完美的。[①] 为了在信息不完全的情况下仍能将博弈模型作为分析工具给讨论带来便利，博弈论在一般意义上的参与人之外，又设定了"自然"作为"虚拟参与人"[②]。"自

---

① 在博弈论中，信息的完全性和完美性是一组相关但不完全相同的概念。具体论述可参见张维迎（2000：28）。

② 与一般参与人不同的是，自然作为虚拟的参与人是没有自己的收益和目标函数的，即所有结果对它来说都是无差异的。

然”实质上是一种决定外生随机变量分布概率的机制。而一切参与人的行为路径和决策后果都是以这一自然的外生设定为起点的。

与理想的理论模型不同，现实生活中并不存在一个近乎上帝的“自然”，或者说“自然”不再是个外生给定变量，而是受到对现实情境的定义和各种个体、社会因素的影响。本文中涉及的关键概念“认同”就是其中一个因素。在这里，博弈参与者对于“和怎样的对手”“在怎样的条件下”博弈的界定，构成了情境定义的内容。

（一）基本概念与基本假定

1. 对于“认同”的界定

本文强调“认同”的重要性，是因为在现实中，具有有限认知能力的人们经常处在一个信息混沌不清、真假难辨的环境中，面对思考方式和行为模式未知的他人，我们对所处情境的判断以及所面对他人行动的预期都变得更为困难。

本文对“认同”给出如下界定：“一个人做决策时，对备选方案的评价，会将方案给对方造成的后果纳为考量依据，如果希望自己选择的方案，至少不使博弈对方的收益受损，我们就说此人对对方是认同的；希望自己选择的方案，至少不使博弈对方的收益增加，那么我们就说此人对对方是不认同的。”①

2. 认同的程度和维度

如果对“认同”采取简单的二分类——认同或不认同，这实际上是一种高度的简化。在“认同”与“不认同”之间还存在不同的程度差异。本文根据博弈参与者对其他参与者的认同程度，将分“完全认同”“完全不认同”和“认同不确定”三种情况进行讨论。本节讨论的是两种理想状态——“完全认同”和“完全不认同”的情况。

认同有很多维度。西蒙在论述组织认同时，将组织认同分为对组织目标的认同和对组织存在的认同。本节讨论仅在假设已选取的某单维度上展开，之后的章节将对不同维度上认同的冲突对博弈特征的影响进行

---

① 本文关于“认同”的界定，受到了西蒙关于“组织认同”论述的启发。他在《管理行为》一书中认为“当一个人在做决策时对备选方案的评价，如果是以这些方案给群体造成的后果为依据的，我们就说那个人与那个特定群体认同了……当一个人对行动方案的评价以他与自身的利益为依据时，我们称他的行动是出于‘个人动机’的”（西蒙，1988：199）。

论述。

3. 纯识别

在本节的讨论中，我们对“纯识别”做出如下定义，参与者能够非常确定地将其他参与者的所属类别识别出来，并将他（们）做唯一的归类。“纯识别”强调的是参与者在识别他人过程中的确定性，至于这种主观归类与客观归类是否一致，如果不一致会出现怎样的情况，我们将在后文中做出探讨。

纯识别的概念来自博弈论中“纯战略”的启发。博弈论中的“纯战略”是相对于“混合战略”而言的。这里以“猜硬币”博弈模型来做简单介绍。

表 5 猜硬币模型（吉本斯，1999：23）

参与人Ⅱ / 参与人Ⅰ	正面	反面
正面	-1，1	1，-1
反面	1，-1	-1，1

在猜硬币博弈中，两个参与者的策略集都是（正面，反面）。两个参与者各拿一枚硬币，选择正面向上或背面向上。若两枚硬币的面向一致，参与人Ⅱ可将两枚硬币拿走，若面向不一致，参与人Ⅰ可将两枚硬币拿走。在这个博弈中，没有一个战略是最优战略，因为参与者的战略一致（都是正面或都是反面），那么参与人Ⅰ希望改变战略，如果参与者的战略不一致（一正一反），那么参与人Ⅱ就有激励改变战略。正因为此时参与者的最优行为是不确定的，博弈的结果也必然包含不确定性。博弈论中将一个参与者对其他参与者行为所选策略的不确定性称为混合战略。

在猜硬币博弈中，参与者Ⅰ的战略空间 S_i 中，混合策略概率分布（q，1-q），其中 q 为出正面的概率，1-q 为出背面的概率，且 $0 \leq q \leq 1$。混合策略（0，1）表示参与者的一个纯战略——出背面的概率为 1，即此策略是参与者在他策略空间中选取唯一确定的策略。

本节所涉及的模型讨论都是在纯识别和完全认同的基础上进行的。

在文献梳理中，我们讨论到“认同”具有对对象进行辨识、分类，从而判定对象与自己具有怎样联系的特点，为便于讨论，本文将这种联系简易划分为“同类”和“异类”或介于两者之间。我们的讨论在二人博弈模型的基础上展开，以参与者Ⅰ和参与者Ⅱ表示。在“纯识别”的假定下，两人可以将对方做“同类”或“异类”两种归类，并对“同类”采取完全认同态度，对异类采取完全不认同态度。双方在博弈中的关系就可以用双变量[①]矩阵表来表述。

表6 博弈双方的识别与认同关系

Ⅰ \ Ⅱ	识别对方为同类	识别对方为异类
识别对方为同类	认同，认同	认同，不认同
识别对方为异类	不认同，认同	不认同，不认同

（二）预期均衡与实际均衡：完全认同下的静态博弈

在经典博弈模型中，假设人都是按照个人效用最大化的行为逻辑来行动。本文认为“认同”因素之所以能在博弈中发挥作用，在于它引入了一套博弈双方互动过程的行为规范——个体标定了与他人之间的关系后，就会产生关于如何行动的预期，而在明确了他人的“同类”位置后，同样会产生对他人行为的预期。这就暗示人们在互动过程中，存在隐蔽的“一致性规范”。这套规范规定博弈参与者的行为选择范围，并由此带来博弈参与者效用函数的改变。如果互相之间不认同，就不存在一套主观认为会共同遵守的规范，从而按照个人利益最大化原则来指导行为。而在博弈中最终会出现哪一种均衡结果，有赖于参与者对对方识别归类后的博弈路径选择。

我们的讨论从较为简单的静态博弈模型开始，仍以囚徒困境作为分析案例。

在文献梳理的过程中，我们曾指出囚徒博弈原模型中的隐含假设：（1）参与者是个人利益最大化的；（2）博弈双方互不信任；（3）无须对其他参与者的身份进行辨认和归类，不同的博弈对手对特定的参与者来说是无差异的。

在现实生活中，囚徒Ⅰ和囚徒Ⅱ的关系是具有历史积淀的，即博弈场景并非独立存在。当我们引入“认同”因素后，博弈双方最后的策略

---

① “双变量”指的是在两个参与者的博弈中，每一单元格又分别列出了两个参与者对对方的认同状态，参与者Ⅰ的态度在前，参与者Ⅱ的态度置后。

选择在很大程度上会受到自己对彼此行为预期判断的影响，并知道对方亦然，因此双方对彼此行为的预期会发生交互的影响，使博弈模型呈现有趣的变化。

情况一：假设其他条件不变，双方都将对方识别为同类，给予完全认同

如果双方都把对方归为“同类”，给予完全认同和信任，由于信息是完全的，双方都很清楚自己选择的策略会给对方带来的影响，对方的不同选择会给自己的收益带来怎样的变化。按照之前给出的认同的定义，当博弈双方完全认同时，在评估一个策略是不是最优策略时，会将对方的收益也考虑进来，也相信对方在做出决策的时候会考虑到自己的收益。以参与者Ⅰ为例，如果他自己选择坦白，那么参与者Ⅱ至少获刑 6 年，如果自己选择沉默，那么参与者Ⅱ最多获刑 1 年；与此同时，他也相信参与者Ⅱ在选择策略的时候会考虑到自己的收益，并做出有利于自己的选择。在带有这种预测的情况下，他的最优策略无疑是“沉默”，如果两个参与者都这样考虑的话，最后出现的均衡将是（沉默，沉默），而不是（坦白，坦白）。

情况二：假设其他条件不变，双方都将对方识别为异类，给予完全不认同

如果囚徒双方把对方归为“异类”，均完全不认同对方。在博弈过程中行动则遵循“实现个人利益的最大化”原则，不管对方选择“坦白”还是“沉默”，对于个人来说，最优的策略都是“坦白”，于是就会出现经典囚徒博弈模型中的均衡（坦白，坦白），而不会发生合作。

情况三：假设其他条件不变，一方将对方识别为同类，给予完全认同；另一方将对方识别为异类，给予完全不认同

在这种情况下，有一方存在归类错误（即主观识别的归类与实际客观的归类是不一致的），从而出现了“认同出错”的现象。

假设囚徒Ⅰ将囚徒Ⅱ归为“同类”，给予完全认同，并在策略选择中考虑到囚徒Ⅱ的收益，也期待囚徒Ⅱ在策略选择过程中同样考虑到自己的收益。于是他最终做出的选择将是“沉默”。

与此同时，假设囚徒Ⅱ将囚徒Ⅰ归为“异类”，给予完全不认同，于是按照个人利益最大化原则行动，将“坦白”视为最优策略。

在这种情况下，最后得到的均衡既非集体最优的（沉默，沉默），也非双方按照个人收益最大化所得到的（坦白，坦白），而是（沉默，坦白）——囚徒Ⅰ得到了所有可能收益中最差的结果，囚徒Ⅱ得到了所有可能收益中最优的结果。

表7列出了引入“认同”因素后，囚徒困境模型可能出现的实际均衡和各参与者预想性均衡的所有组合。

表7 囚徒博弈模型各认同组合的实际均衡与预想均衡

博弈均衡 认同组合	实际策略/均衡	预想策略/均衡	
		囚徒Ⅰ	囚徒Ⅱ
（认同，认同）	（沉默，沉默） （-1，-1）	（沉默，沉默） （-1，-1）	（沉默，沉默） （-1，-1）
（认同，不认同）	（沉默，坦白） （-9，0）	（沉默，沉默） （-1，-1）	（坦白，坦白） （-6，-6）
（不认同，认同）	（坦白，沉默） （0，-9）	（坦白，坦白） （-6，-6）	（沉默，沉默） （-1，-1）
（不认同，不认同）	（坦白，坦白） （-6，-6）	（坦白，坦白） （-6，-6）	（坦白，坦白） （-6，-6）

上面描述的情形并非对经典博弈论的纳什均衡进行否定，而是意在说明如果将“认同”引入讨论，囚徒困境是可能被打破的，集体理性也是可能实现的，而在“认同”出错的情况下，也可能导致更坏的结果。究其原因，在对对手不同的识别、归类和认同的基础上，博弈参与者会对自己所处的情境有不一样的理解和定义，并据此预想对自己最有利的博弈路径，做出自认为的最优策略，由于人与人之间对环境和他人的理解并不总是一致，所以最终现实的博弈结果也可能和最初预想的不同。本文认为博弈结果取决于认同所决定的博弈路径，认同使博弈参与者在另一层面的效用获得收益，如果考虑额外的收益，那么标准式表述中的整个收益模式就会发生改变，使每个囚徒都有激励保持沉默。

（三）信号试探与信号解读：完全认同下的动态博弈

在静态博弈中，所有参与人在行动时，无法观测其他人的行动。行动者只能在对对手进行归类的基础上，根据是否认同对方而进行博弈结果的预演，一旦认同出错（尤其在一次性博弈中），可能损失惨重。而在动态博弈中，参与人的行动有先后顺序，而且后行动者在行动之前能观测到先行动者的行动，使之有机会调整自己所选择的策略。

在文献梳理部分，我们已经注意到“认同”具有动态建构的特点，它并非一经确定就一成不变，而是可重新归类的。博弈的动态过程，也是参与者不断检查自己对他人判断与归类是否正确，并做出是否继续给予认同的审核过程，本文将这一过程称为“认同核实”（Identity verification）。

我们参照经典博弈论中的博弈树描述方法来模拟不同认同状态下博弈可能的发展路径（如图 2 所示）。

博弈树始于参与者Ⅰ的一个决策节，由于我们的讨论引入了参与者在博弈前对对手进行辨识和归类，因此与经典博弈论的博弈树模型有所不同的是，此时参与者Ⅰ首先进入的不是策略的选择，而是博弈规则的选择。不同的博弈规则引导了此后的博弈路径是趋向合作获得高收益的均衡还是趋向竞争走向低水平的均衡。正如宾默尔所说：“此时具体的可选策略并不显得重要，重要的是博弈的一个框架偏好选择，而正是这个框架，决定博弈的后续发展走向。”（Nash，1996：xiii）而对于博弈框架的选择基于参与者在博弈始点上对对方进行了怎样的辨识和归类。

我们在博弈树的每个分叉点上标出行动者，用不同的线型表示不同的博弈路径。同一线型的每一支上表明行动者的策略。在抽象的博弈模型中，参与者Ⅰ和参与者Ⅱ各有两个策略，策略 1 是认同，策略 2 是不认同。我们假定由参与者Ⅰ先开始行动。

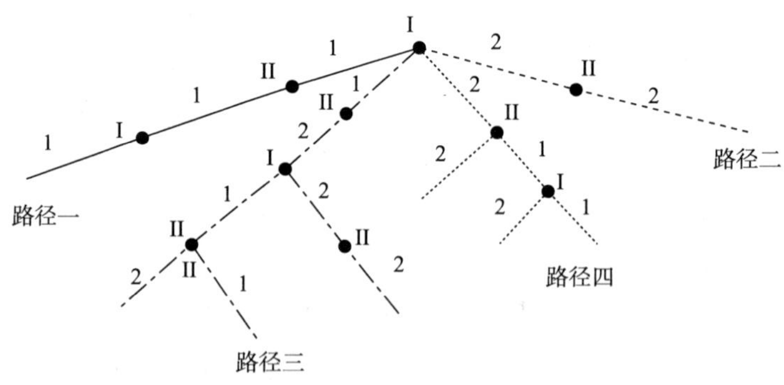

图 2　不同认同状态下的动态博弈路径选择

情况一：参与者Ⅰ和参与者Ⅱ都把对方归为同类，对彼此认同

因为Ⅰ把Ⅱ归为同类，因此采取认同的策略，由于Ⅱ也把Ⅰ视为同类，在首轮接收到了Ⅰ的认同信号，所以在他行动的环节，Ⅱ同样采取认同的策略予以回应，在下一轮Ⅰ行动的时候则继续给予Ⅱ认同，循环往复，博弈路径就往双方合作的方向推进。如路径一所示。森所说的“信心博弈”就属于这种情况（Sen，1967）。

情况二：参与者Ⅰ和参与者Ⅱ都把对方归为异类，对彼此不认同

如果首先行动的Ⅰ把Ⅱ视为异类，因此采取不认同的策略；接着行动的Ⅱ同样视Ⅰ为异类，于是采取不认同策略予以反击，至此博弈结束。如路径二所示。

情况三：参与者Ⅰ把参与者Ⅱ识别为同类，给予认同，参与者Ⅱ将参与者Ⅰ识别为异类，对其不认同

先行动的Ⅰ将采取认同策略，以期获得Ⅱ合作取向的回应。而由于Ⅱ并不把Ⅰ当作同类，他按照个人利益最大化的行为准则行动，于是采取不认同的策略。此时Ⅰ从Ⅱ上一轮的行动中接收到不认同的信息，从而使其对Ⅱ的认同遭受威胁，本轮Ⅰ可以有两种策略：（1）改变对Ⅱ的归类，并采取不认同策略，此时博弈结束；（2）暂不改变对Ⅱ的归类，继续施以认同试探，若Ⅱ仍在下一轮采取“不认同”策略，参与者Ⅰ此时已接收到足够信息帮助自己确定Ⅱ并非同类，即认同出错，于是在自己行动的时候采取不认同策略，博弈结束。如路径三所示。

情况四：参与者Ⅰ把参与者Ⅱ识别为异类，对其不认同，参与者Ⅱ将参与者Ⅰ识别为同类，对其给予认同

首先行动的Ⅰ把Ⅱ视为异类，采取不认同的策略。而将Ⅰ归为同类的Ⅱ此时采取认同策略，以友好的信号进行试探，接收到信号的Ⅰ如果正确解读了Ⅱ的信号，调整对Ⅱ的归类，在做出认同的策略，以作为对Ⅱ友好信号的回应，那么博弈的路径将回到彼此协作的方向发展。如果接收到Ⅱ发出友好信号的Ⅰ对其进行了误读——认为这是Ⅱ的欺骗策略，继续采取不认同的策略，此时博弈结束。如路径四所示。

在博弈中，参与者往往能看到和“同类”共同协作取得帕累托更优的博弈结果的可能性，但不能肯定“同类”是否一定采取自己所预期的行动。每个参与者都想知道别人将要采取什么行为，以及这种行为是否符合自己的预期。通过上述讨论，我们发现将“认同”概念引入动态博弈之后，先行的参与者利用自身先行条件发出信号进行试探，而后行的参与者也总是在解读对方所发出的信号是否和自己的预想以及是否与自己为对方设定的归属类别一致。如果是连贯一致的，行动者将继续根据他人所归属的类别来选择自己的策略。一旦出现与归类不一致的信号，那么行动者就要修改对他人的类别确认。行动者对他人行为与所属归类一致性的确认能够维持多久，认同为博弈提供的稳定框架也就能维持多久。但正如戈夫曼所说：“虽然人多少能够控制自己传送给别人的，有关自身的信号，我们的劣势却在于无法保证别人‘正确’接受或诠释，或者明确知道别人是如何接受或诠释的。”（Goffman，1971）单方面送出认同信息是不够的，只有这则信息被其他行动者正确解读并接受了，才能说认同被采纳了。在动态博弈中出现的信号试探与信号解读的过程可以被看作认同核实与调整的过程。在这个过程中，对方如何设想解读我们的行动，与我们如何为自己选择有信号试探意义的策略同样重要。

五 识别与认同不确定下的博弈

本节将讨论在情境定义和认同不确定的情况下的博弈。

认同不确定性来自两个方面。第一，认同的程度。即使我们仅选取某个单一的认同维度进行讨论，在上一节讨论的“完全认同”与“完全不认同”之间，还存在很多不同的程度差异。本文中的认同程度就是判断对方是同类的可能性估计，是一个主观概率估计。认同程度可以用［0，1］的值来表示，记为 p_i。如果 $p_i=1$，表示完全认同；如果 $p_i=0$，表示完全不认同；$0<p_i<1$，则表示博弈参与者对对方存在认同的不确定或者说有限度的认同。

第二，认同的维度。认同还存在不同的维度，不论是对个人的认同还是对组织的认同这种现象都是普遍存在的。例如我们认同某个人在工作上的成就，却不认同他的为人品格；我们认同一个组织的战略目标，却不认同它的组织文化；等等。如果不同维度上的认同出现不一致甚至是冲突的，那么我们也认为认同是不确定的。

（一）认同程度不确定下的博弈

在零和博弈中，博弈双方将彼此看作“敌人”，在共同利益为导向的博弈中，倾向于将二者称为“合作伙伴”。在这两类博弈中，博弈参与者对情境定义和对对手的归类是相对明确的。但在冲突与共同利益并存的博弈中，博弈参与者却很难将对方做出“是同类还是异类”的明确归类。诺贝尔经济学奖获得者谢林将此类博弈称为“混合动机博弈”——这里的混合动机是指博弈参与者与博弈对方的关系既有相互依存的契机又存在彼此冲突的可能，因此是一个伙伴关系和竞争关系的混合（Schelling，1980：88）。

当情境定义与认同存在不确定性时，博弈双方的关系不再是“非同即异”的二分状态，而是一个在连续区间的概率判断，并基于此判断做出行为决策。谢林指出：“我们对‘战略’一词的定义条件：既重视冲突的存在，又关注双方之间的共同利益；既重视‘合理’追求价值最大化的行为模式，又关注一方的‘最佳’取决于另一方的行为，以及‘战略行为’涉及的一方如何通过研究自我对对方行为的预期判断来影响对对方决策这一事实。”（谢林，2006：15）在混合动机博弈中，双方选择何种策略，在很大程度上会受到自己对彼此行为预期判断的影响。由于博弈一方受到自我对对方行为预期判断的影响，并且知道对方亦然，双方对彼此行为的预期就会发生交叉影响。

1. 认同程度对博弈路径发展的影响：一个初步探讨

在合作与冲突的可能性同时存在，自身与对手的关系模棱两可的混合动机博弈中，认同给予无疑是存在风险的。我们假定个体是风险中性的，如果认同程度作为一个［0，1］的主观概率值，以 p_i 表示，那么“认同出错”的可能性为 $q_m = 1 - p_i$。

此时对对方进行认同估计的博弈参与者其期望收益为：

$$p_i \times (\text{认同正确时的收益}) + q_m \times (\text{认同出错时的收益})$$

如果 $p_i \times$（认同正确时的收益）$+ q_m \times$（认同出错时的收益）>0，则给予认同，否则将不予认同。博弈者需要将对对方不同认同程度下的期望收益加以比较，再做出策略选择。博弈参与者对于对方的认同程度在起始阶段根据对当时的情境定义有一个主观估计的初始概率，并根据这一概率预测对方的行为：对方做出合作倾向或敌对倾向的策略可能性有多大。与自然给定的概率分布不同的是，由情境定义决定的 p_i 值本身是在博弈的过程中不断变化的。我们可以认为 p_i 值受到博弈参与者对对方行为策略进行信号解读的影响。即通过对对方上一（几）轮选择策略所传递信号的意义进行解读，判断其所属某一类别（同类或异类）的可能性，从而调整对其认同程度。

在上述假设下，一个混合动机博弈过程可以看作：人们在不断的信号发送和解读他人行为意义的过程中调整自己对他人的认同程度，并据此选择自己的行为策略——不断强化某一个行动策略或从一个行动策略跳转到另一个行动策略。

下面将具体讨论认同程度 p_i 如何影响混合动机博弈模型具体是走向

合作还是冲突的。

2. 一个简单混合动机模型的探讨

在模型中，将 p_i值作为判断博弈双方进行策略选择的一个指标，博弈参与者通过 p_i值来预测对方采用某种行为策略的可能性。行为策略的临界点，由博弈参与者根据自己的收益计算得到。

以 p_i作为临界点，小于临界点时，某个策略有更高的期望收益是此时的占优策略；而 p_i值等于临界值时，两种策略无差异；当 p_i值高于临界值时，从此前的策略换为另一种策略是理性的选择。简单来说，这是一个博弈者将主观估计的 p_i 值与自身的临界点进行比较，从而决定行动策略的过程。

下面以表 8 所示的博弈支付矩阵为例，进行说明。

表 8　一个简单混合动机模型

Ⅰ \ Ⅱ	认同	不认同
认同	a − m，a − m	− m，0
不认同	0，− m	0，0

注：a > m > 0。

假设参与者Ⅰ对参与者Ⅱ的认同程度为 P_i^*，当其采取认同策略时，获得的收益是：

$$P_i^*(a-m)+(1-P_i^*)(-m) \tag{1}$$

当其采取不认同策略时，获得的收益是：

$$P_i^* 0+(1-P_i^*)0 \tag{2}$$

临界值在（1）式等于（2）式时求得：

$$P_i^* = m/a$$

当（1）式 > （2）式时，$P_i^* > m/a$，参与者Ⅰ的最优纯策略是采取认同策略；当（1）式 < （2）式时，$P_i^* < m/a$，参与者Ⅰ的最优纯策略是采取不认同策略；当 $P_i^* = m/a$ 时，这两种策略无差异。

在这个模型中 P_i^* 与 a 成反比，双方均选择认同策略时获得的收益 a − m越高，参与人选择认同策略的临界值 p_i^* 越低，p_i^* 与 m 成正比，当Ⅰ选择认同策略，而Ⅱ选择不认同时，Ⅰ的损失越大，Ⅰ选择认同策略

的临界值 p_i^* 越高。

下面讨论参与者I根据对对方行为的可能性预测而做出的混合策略反应。

令（r，1－r）表示Ⅰ的混合战略，采取认同策略的概率为r，对于任意0—1之间的 p_i，计算r值，用 r^*（p_i）表示，从而使（r，1－r）是Ⅱ选择（p_i，$1-p_i$）的最优反应。Ⅰ选择（r，1－r）的期望收益为：

$$rp_i^*(a-m)+r(1-P_i^*)(-m)+(1-r)P_i^*0+(1-r)(1-P_i^*)0$$
$$=r[p_i^*a-m]$$

其中，rp_i^* 是双方均采取认同策略的概率，r（$1-p_i^*$）是Ⅰ采取认同策略，Ⅱ采取不认同策略的概率。由于Ⅰ的期望收益在 $p_i^*a-m>0$ 时，随r递增；在 $p_i^*a-m<0$ 时随r递减，则 $P_i^*<m/a$ 时，Ⅰ的最优反应是 $r=0$，采取不认同策略；如果 $P_i^*>m/a$，Ⅰ的最优反应是 $r=1$，采取认同的策略。如图3所示r（p_i）两段水平虚线，其中当 $p_i=m/a$ 时与r无关，所有混合战略（r，1－r）对Ⅰ来说都是无差异的。

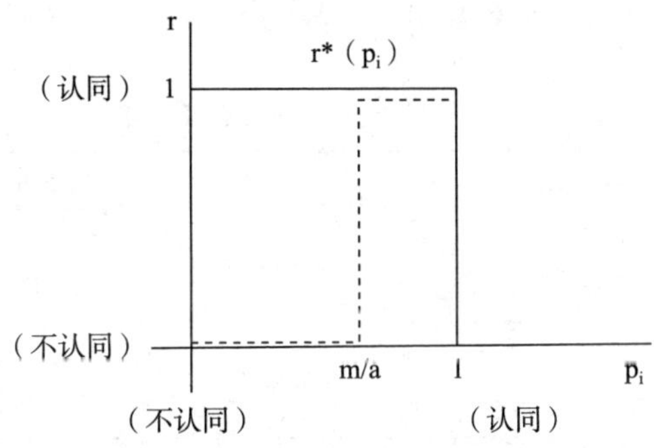

图3　基于博弈对方行为可能性预测的混合策略反映

3. 引入“情境定义”的信号博弈模型①

不完全信息动态博弈中有一种简单而有着广泛应用的模型——信号博弈模型②。它将博弈的两个参与者分为信号发送者和信号接收者。博弈中的行动逻辑如下。

① 自然根据特定的概率分布p（t_i），从可行的类型集T＝｛t_1，…，

① 对信息博弈更详细的介绍参见吉本斯（1999）。

② 经济学家斯宾塞于1972年在《劳动力市场中的信号问题》中提出了信号在市场中的作用，并发表一系列关于信号传递问题的论文对此进行了深入的理论研究和分析，解决了在信息不对称的情况下，具备信息的一方如何发送信号来显示自己的真实类型，以克服信息不对称带来的困惑。

t_i} 中赋予发送者某种类型 t_i，这里对所有的 i，p（t_i）>0 且 p（t_1）+…+p（t_i）=1。

② 发送者观测到 t_i，然后从可行的信号集 M = {m_1，…，m_j} 中选择一个发送信号 m_j。

③ 接收者观测到 m_j（但不能观测到 t_i），然后从可行的行动集 A {a_1，…，a_k} 中选择一个行动 a_k。

④双方收益分别为 u_s（t_i，m_j，a_k）和 u_r（t_i，m_j，a_k）。

图 4 给出了一种简单情况的扩展式表述 T = {t_1，t_2}，M = {m_1，m_2}，A = {a_1，a_2}，概率 prob {t_1} = p。博弈树不是从树的最上端初始节到最下端的终点节，而是从树中间自然的初始行动依次进行到左右两端的终点节。

在信号博弈中，发送者的一个纯战略是函数 m（t_i），表示发送者为自然可能赋予的每一种类型时将选择的信号；信号接收者的一个纯战略则是函数 a（m_j），表示对信号发送者可能会发出的每一种信号将选择什么行动。发送者和接收者都有四种纯战略，如表 9 和图 4 所示

表 9 信号发送者与接收者战略

发送者		接收者	
战略 1	自然赋予类型 t_1，选择信号 m_1； 自然赋予类型 t_2，选择信号 m_1	战略 1	发送者选择信号 m_1，选择行动 a_1； 发送者选择信号 m_2，选择行动 a_1；
战略 2	自然赋予类型 t_1，选择信号 m_1； 自然赋予类型 t_2，选择信号 m_2	战略 2	发送者选择信号 m_1，选择行动 a_1； 发送者选择信号 m_2，选择行动 a_2
战略 3	自然赋予类型 t_1，选择信号 m_2； 自然赋予类型 t_2，选择信号 m_1	战略 3	发送者选择信号 m_1，选择行动 a_2； 发送者选择信号 m_2，选择行动 a_1
战略 4	自然赋予类型 t_1，选择信号 m_2； 自然赋予类型 t_2，选择信号 m_2	战略 4	发送者选择信号 m_1，选择行动 a_2； 发送者选择信号 m_2，选择行动 a_2

其中发送者的第 1 和第 4 个战略中在不同类型时都发出相同的信号，因此被称为混同战略，相应地，第 2 和第 3 个战略为分离战略。

如果引入情境定义和归类，则我们重新得到的信号模型如图 5 所示。

① I 根据其情境定义获得主观概率分布 P（t_i），其中 T = {t_1，t_2}，p（t_i）>0，且 P（t_1）+P（t_2）=1，这里 t_1 为视对方为同类，t_2 为视对方为异类。从可行的信号集 M = {m_1，m_2} 中选择一个发送信号 m_j，其中 m_1 = 给予认同信号，m_2 = 给予不认同信号。

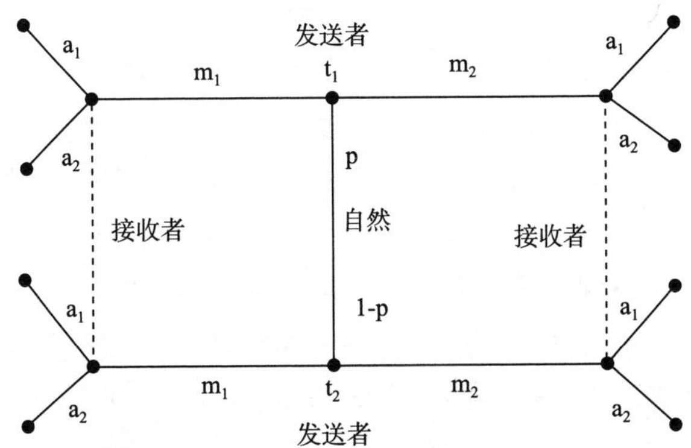

图 4　信号博弈模型（吉本斯，1999：146）

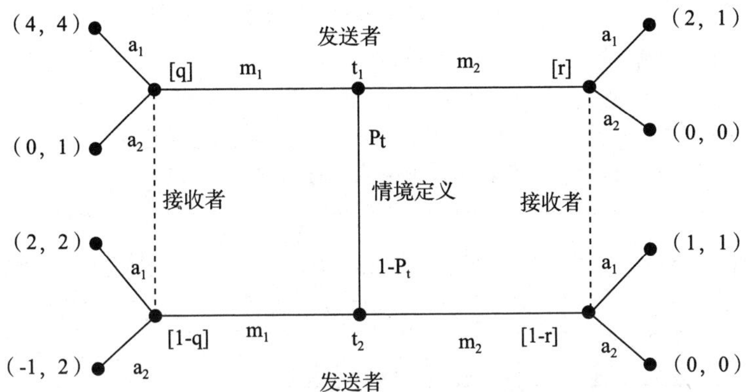

图 5　引入"情境定义"的信号博弈模型

② Ⅱ观测到 m_j，虽然不能直接观测到 t_i，但Ⅱ可以根据接收到的信号调整其情境定义并对哪一类型的人可能会发送 m_j 信号形成一个主观判断，这一判断仍可以表示成一个概率分布①。然后从可行的行动集 A $\{a_1, a_2\}$ 中选择一个行动 a_k，这里 a_1 为认同，a_2 为不认同。

如此往复，就形成了一个信号试探和信号解读的互动过程。与经典的信号模型不同的是，情境定义主观预测的概率分布并非由"自然"外生给定，而是在博弈过程中不断调整变化的。

（二）多维度认同下的博弈

认同存在不确定性的另一个原因在于认同的多维度。当博弈参与者

---

① 这一推断可以用概率分布 $u(t_i \mid m_j)$ 表示，其中对所求 T 中的 t_i，$u(t_i \mid m_j) \geq 0$，$\Sigma u(m_j \mid m_j) = 1$

在认同的不同维度上存在不一致或冲突时，博弈将产生何种特征？

当认同的不同维度是可以分离的，这种多维度的认同就会在不同情境下催生出不同博弈路径，以缓解认同上存在的冲突。此时哪一个维度的认同会对博弈参与者的行为起主导作用，在很大程度上取决于参与者如何对情境进行定义。

如果认同在不同维度上的冲突无法通过不同情境进行区分处理时，那么博弈参与者的行动就会在一个冲突与合作并存的混合博弈的框架下进行。以下举例说明。博弈参与者之一是在工厂工作了20年的老员工，对工厂有深厚的感情和高度的认同，这种认同使其倾向努力工作；但此人对工厂内新颁布的人事任免制度心怀不满，即高度不认同，这使其倾向消极怠工。此时他对待工作有两种态度可选择：努力工作和怠工。而雇主也有两种策略选择，奖励和不奖励。表10给出了这个例子的双方收益情况。

表10 雇主－工人博弈

雇主＼工人	努力工作（p）	消极怠工（1－p）
奖励（r）	3，2	－1，3
不奖励（1－r）	0，1	0，0

由于上述矩阵中的四个收益组合均不是纳什均衡，但存在一个混合纳什均衡。假设工人努力工作的概率为p，则消极怠工的概率为1－p，相应的雇主选择激励的概率为r，选择不激励的概率为1－r，雇主的收益Y_1为：

$$r[3p+(-1)(1-p)]+(1-r)[0p+0(1-p)]$$
$$=r[4p-1] \tag{3}$$

我们对（3）式求导得到一阶条件：

$$d(Y_1)/d(r)=4p-1=0$$
$$\text{得 } p=0.25$$

即在混合策略均衡中，若估计工人努力工作的概率大于25%，那么雇主选择奖励是最优策略，如果这一概率小于25%，雇主选择不奖励为最优策略。

为得到雇主选择奖励的概率，我们必须先求得该工人的收益函数 Y_2：

$$r[2p+3(1-p)]+(1-r)[1p+0(1-r)]$$
$$=-p(2r-1)+3r \quad (4)$$

我们对（4）式一阶求导得：

$$d(Y_2)/d(p)=-(2r-1)=0$$
$$得\ r=0.5$$

由（4）式得，当 $r>0.5$ 时，工人的收益随着 p 的增大而减少，此时工人的最优策略为“怠工”；当 $r<0.5$ 时，工人的收益随着 p 的增加而增加，此时工人的最优策略为“工作”。雇主和工人在博弈中所达到的均衡，如图 6 所示。

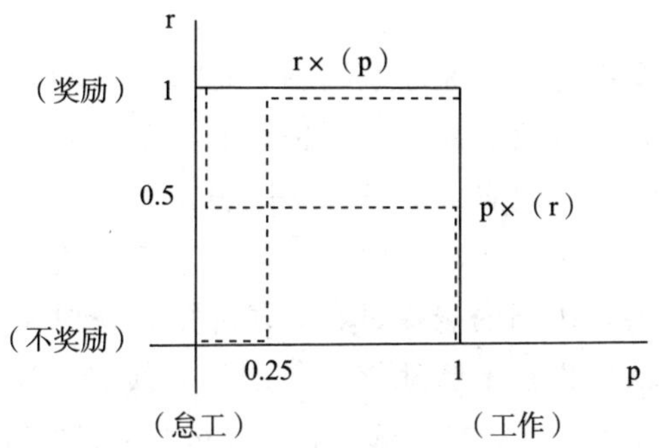

图 6　雇主－工人模型均衡示意

工人的混合策略（0.25，0.75）与雇主的（0.5，0.5）就是此博弈的一个纳什均衡。

引入“认同”的因素后，工人采取“努力工作”还是“消极怠工”就不再是一个外生给定的概率分布，而是一个随着该工人“对工厂本身认同，对工厂内部制度不认同”这种混合认同下不断变化的概率，从而影响博弈双方的行为策略。

六　结论与讨论

长期以来，博弈论对模型中的要素有明确规定：参与人、策略以及收益，为了便于讨论其他因素均可以假设成外生给定。然而在现实中，人们进行的博弈并非封闭在一个给定的环境下，也不是单独存在的，其所呈现的结构和最后结果也不是单次博弈可以决定的，博弈者随时受到外界情境以及历史文化因素的影响，行动者需要在做出行动策略之前赋予所处情境和其他行动者一定意义。这就使“情境定义”与“认同”在博弈过程中的重要性得以显现。

本文认为情境定义既可能影响互动的基本环境，也可能影响对互动对方的辨认和认同，博弈者在不同的情境定义下，其行为逻辑和策略选择将大相径庭，博弈的发展路径也会因此产生很大的差异。

在对博弈论经典模型以及社会互动论对于“认同”“情境定义”等概念的论述进行梳理之后，我们发现，承认人际之间相互影响的存在，以及对行动者有意识互动的共同关注，可以为博弈论与社会学互动理论之间进行对话提供契机和桥梁。

本文分别就“纯识别及完全认同”和“情境定义和认同不确定”两种情况进行探讨。

由于静态博弈中行动者无法观测到其他人的行动，在纯识别和完全认同的条件下，行动者只能在对对手进行归类的基础上，根据是否认同对方而进行博弈结果的预演，由于“认同出错”的存在，预想均衡与实际均衡之间会产生差别。在动态博弈中，博弈者之间的识别和归类过程实际上也是不同博弈规则的选择过程。博弈中，在博弈双方的信号试探与信号解读中，认同也在不断地核实与调整。其中，对方如何设想解读我们的行动，与我们如何为自己选择有信号试探意义的策略同样重要。

由于人们对信息缺乏完全认知能力，对有限的信息会赋予不同的主观解释，情境定义以及对他人的认同在更多的情况下是不确定的。认同的不确定性来自两个方面：认同的程度和认同的维度。当情境定义与认同存在不确定性时，博弈双方的关系不再是“非同即异”的二分状态，更确切地说是一个在连续概率区间中的归类判断，并基于此判断做出行为决策。

根据不同的情境定义，博弈参与者对对方所属类型有个主观概率的估计，并根据这一概率，采取某种行动策略，而这一行动类似一个信号，使对方对其所属类型的概率估计有所调整，并做出相应的对策，从而进一步增加了其他人在自身策略集中选择某策略的可能性。博弈模型就有可能向合作或冲突的不同方向极化。

当认同在不同维度上存在不一致甚至冲突时，本文认为，可以分两种情况讨论。当认同的不同维度是可以分离对待的时候，这种多维度的认同就会在不同情境下催生出不同博弈路径，以缓解这种认同上存在的冲突。此时哪一个维度的认同会对博弈参与者的行为起主导作用，在很大程度上取决于参与者如何对情境进行定义。如果认同在不同维度上的冲突无法通过不同情境进行区分处理，那么博弈参与者的行动就会在一个冲突与合作并存的混合博弈的框架下进行。

由于博弈论模型具有高度简练的特征，很多现实因素被排除在模型之外，被研究者当作外生给定的因素不予分析。本文将一些原先不在博弈论讨论范围内的因素纳入模型框架以增强模型的解释力是否有必要？修改之后的模型是否有解释力呢？这里需要澄清的是，本文一个最朴素的想法是希望能够系统地将博弈论与社会学研究结合起来。而这种结合是双向的。一方面，运用社会学的广阔视角和丰富理论灵感来发展博弈模型并推进它的解释边界，这是社会学与经济学良好互动的一个有潜力的理论生长空间，也是本文着力尝试去做的——将一些被忽视或人为排除在博弈论分析框架之外的因素重新纳入博弈论模型的讨论中来。尽管引入这些因素会在一定程度上影响博弈论模型的精简性，但它们会提高博弈论模型和现实的拟合度，也会在现实和博弈论模型的良性互动中迸发出有趣的理论“新结果”。另一方面，社会学需要更进一步学会利用模型和数理工具进行思考和表达，让自己的思路和分析变得更具逻辑性、更加清晰和严谨。此外，也能够让社会学更清楚地意识到自己的理论和概念能够弥补模型的局限，修正模型的前提假设，并以此为基础找到自身理论创新的广阔天地。

本文是将社会学思想融入博弈论模型，将博弈论模型作为工具分析一个具体社会现象的初步尝试，同时也是社会学与经济学等其他社会科学甚至自然科学进行对话交流的尝试，期待笔者以及其他有志于交叉学科互动从而进行理论创新的同仁进一步推进这种研究思想和做法，从而获得更多有意义的发现和丰硕的理论成果。

参考文献

赫伯特·西蒙，1988，《管理行为》，北京：经济学院出版社。

贾春增，2000，《国外社会学史》，北京：中国人民大学出版社。

科林·凯莫勒，2006，《行为博弈》，贺京同等译，北京：中国人民大学出版社。

肯·宾默尔，2003，《博弈论与社会契约》（第一卷）《公平博弈》，王小卫、钱勇译，韦森审订，上海：上海财经大学出版社。

拉斯缪森，2003，《博弈与信息：博弈论概论》（第二版），姚洋校，王晖、白金辉、吴仁昊译，北京：北京大学出版社。

罗伯特·吉本斯，1999，《博弈论基础》，北京：中国社会科学出版社。

罗伯特·K．默顿，2001，《社会研究与社会政策》，北京：生活·读书·新知三联书店。

乔纳森·特纳，2001，《社会学理论的结构》（第六版）（下），北京：华夏出版社。

乔治·阿克洛夫，2006，《一个经济学理论家讲述的故事——关于经济学理论新假设有趣结果的论文集》，胡怀国译，北京：首都经济贸易大学出版社。

理查德·詹金斯，2006，《社会认同》，台湾：巨流图书公司。

W. I. 托马斯、F. 兹纳涅茨基，2000，《身处欧美的波兰农民》，张友云译，南京：译林出版社。

王水雄，2009，《镶嵌式博弈——对转型社会市场秩序的剖析》，上海：上海人民出版社。

谢林·托马斯，2006，《冲突的战略》，赵华等译，北京：华夏出版社。

詹姆斯·S. 科尔曼，1999，《社会理论的基础》，邓方译，北京：社会科学文献出版社。

张维迎，2004，《博弈论与信息经济学》，上海：三联书店、上海人民出版社。

Akerlof, G. A. 1982, "The Economic Consequences of Cognitive Dissonance," *The American Economic Review*, Vol. 72, No. 3, pp. 307 – 319.

Aumann, R. J. , 1976, "Agreeing to Disagree," *Annals of Statistics*, vol. 4, pp. 1236 – 1239. download from http://www. docin. com/p – 50632882. html.

Blumer. 1954, "What is Wrong with Social Theory?" *American Sociological Review*, vol. 19.

Goffman, E. 1971, *The Presentation of Self in Everyday Life*, Harmondsworth, Middlesex : Penguin.

Kuhn. 1964, "Major Trends in Symbolic Interaction Theory in the Past 25 Years," *Sociology Quarterly*, 5.

Leonard, T. , 2005, *Bayesian Methods: An Analysis for Statisticians and Interdisciplinary Researchers*, Beijing : China Machine Press.

Nash, John F. Jr. , 1996, *Essays on Game Theory*. Cheltenham: Edward Elgar.

Petersen, T. , 1994, "On the Promise of Game theory in Sociology," *Contemporary sociology*, 23.

Schelling, Thomas C. , 1980, *The Strategy of Conflict*, Cambridge: Harvard University Press.

Sen, Amartya, 1967, " Isolation Assurance and the Social Rate of Discount," *Quarterly Journal of Economics*, 81.

（责任编辑：任晓霞）

着眼于认同和情境定义在博弈中的规律

——对胡倩影论文的评议

王水雄*

胡倩影的论文比较细致地在博弈论中引入了社会学中耳熟能详的认同和情境定义问题，试图将博弈论放置在更为真实的现实基础之上，增强博弈论的社会分析能力。这是在博弈论社会学化的发展方向上的一次有益尝试，这一尝试有利于社会分析理论空间的开拓。不过，也需要注意，把握住这样的博弈论为社会分析所能提供的参考性方向仍然是相当重要的——并不是任意的两种理论的结合都能产生好的“新结果”。

一　让理论假设更贴近现实

“认同”在胡倩影的论文中是非常关键的术语。其定义为：“一个人做决策时，对备选方案的评价，会将方案给对方造成的后果纳为考量依据。如果希望自己选择的方案，至少不使博弈对方的收益受损，我们就说此人对对方是认同的；希望自己选择的方案，至少不使博弈对方的收益增加，那么我们就说此人对对方是不认同的。”

以作者所举的囚徒困境的例子来看，这样的认同定义导致的结果是：在博弈参与人的个人动机之外，引入“社会动机”，或者说“非单纯利己性”动机，有时甚至是利他主义的动机。是的，对于经典博弈论者而言，这样的情形意味着博弈参与人收益函数的改变（对利他主义者而言，利他行为意味着将“助人为乐”中“乐”的成分也纳入个人收益进行考

* 王水雄，中国人民大学社会学理论与方法研究中心副教授，电子邮箱：xiongshui@ ruc. edu. cn。

量)，进而也就是博弈矩阵中相关参与人收益值的改变，而这又会进一步改变整个博弈模型——比如说，从囚徒困境模型变成智猪博弈模型。不过，胡倩影的论文带来的启发是：问题不在于初始的博弈模型和最后呈现的博弈模型是什么，以及怎么求解；问题在于这个转变过程究竟是怎样实现的。显然，对博弈参与人而言，是否“认同对方为同类”是这样的转变过程的一个重要的实现机制。

当然是否“认同对方为同类”还只是“纯识别及完全认同”的简单情形，更复杂的情形则涉及“认同不确定”，行为者的类型以及博弈模型因而变得更具不确定性。这需要借助“情境定义”来让博弈收敛。胡倩影指出，“博弈者之间的识别和归类过程实际上也是不同博弈规则的选择过程”。这是对的；更进一步，这也是博弈模型的变动或收敛过程（胡倩影甚至称之为“极化”)。针对这个过程，谢林（Thomas C. Schelling, 1980）的“聚点解”理论以及“任责—威胁与承诺”思维是很有启发意义的。

二 应避免可能的方向丧失

正如胡倩影所述，博弈论与社会学研究的结合，一方面，可以“运用社会学的广阔视角和丰富理论灵感来发展博弈模型并推进它的解释边界……提高博弈论模型和现实的拟合度……在现实和博弈论模型的良性互动中迸发出有趣的理论‘新结果’”；另一方面，也可以让社会学“进一步学会利用模型和数理工具进行思考和表达，让自己的思路和分析变得更具逻辑性、更加清晰和严谨”。是的，博弈论和社会学研究的结合在理想状态下的确能够得出如上所述的两个方面的好处；但是，如果结合不好，也可能让事情变得更糟：一方面使理论脱离现实，另一方面让思路和分析烦琐而模糊。

博弈论的一个比较明显的好处是，可以在人与人之间相互作用的框架下思考问题，并且将这一约束条件下参与人个体效用最大化的“解”作为理论思考的方向。在这样的框架下，以过度复杂的人性特征为前提假设，容易导致博弈论框架陷入过度枝蔓、烦琐而模糊，甚至是丧失理论方向感的境况之中。须知，博弈论模型和现实的拟合度越高，并不一定就意味着对现实越有指导价值；而加入模型和数理工具也并不一定就意味着理论逻辑的严谨化和清晰化。

托马斯·谢林曾经指出“对联盟构建中相关信号标识和沟通渠道的研究，显现出是博弈论和社会学能够相互汇聚、碰撞出大量思想火花的地方”（Schelling，1980：302）。我对此深表赞同。“联盟构建”意味着博弈过程中对各种博弈“困境”（相对于参与人总体“社会产值最大化”的结果而言并非最优的博弈均衡解）的突破。这种突破，与其更多地依托于人性特征的假设，不如更多地依托于“信号标识和沟通渠道”。因为后者更精简，也更具可操作性。

如果从这个角度来看待胡倩影的这篇论文，就能够明白，也许下一步努力的方向是：尽可能地把握好认同，特别是情境定义中有关“信号标识和沟通渠道”的重要作用，并从中发现相关规律在博弈框架中的价值。这也就是说，大而化之地融合认同、情境定义与博弈论框架仍然是不够的，需要在这样的融合中进一步挖掘认同、情境定义的规律，以及这种规律对博弈活动中“信号标识和沟通渠道”确立和确定的意义，进而分析其对于博弈“困境”突破的价值。

参考文献

Thomas C. Schelling，1980，*The Strategy of Conflict*，Massachusetts：Harvard University.

（责任编辑：任晓霞）

经济社会学研究　第三辑
第 190 ~ 219 页

“孙子兵法” VS. “谢林战略”

——社会博弈论的古今传承与中西融合

王水雄*

摘　要： 长期以来较少被纳入社会学思考视野的《孙子兵法》以及《冲突战略学》有着共同的博弈论取向。它们不仅贴近于真实世界，而且总结了一些对战争、组织和博弈结果具有解释力的规律。基于对任责、任势和结构运作这三个核心概念，其所在的理论体系以及它们的前提比较分析和融会贯通，不难发现，由此得出的“社会博弈论”有助于理解不同时期的社会格局和解释大量的社会现象。这一博弈论有着相当可观的发展空间。其“模型加案例”的研究方法对研究现在和推测未来有着广阔的应用前景，在一定程度上亦可被用来整理中国的传统文化。

关键词： 任责　任势　结构运作　社会博弈论　模型加案例

《孙子兵法》是中国人所熟知的；而本文所指的“谢林战略”主要是诺贝尔经济学奖获得者托马斯·谢林（Thomas Shelling）的《冲突战略学》（*The Strategy of Conflict*）一书所囊括的思想精髓。本文尝试通过对“谢林战略”的阐释，并与《孙子兵法》中的相关思想进行比较，在古今传承与中西融合之中，揭示一种颇有前景的博弈理论（或者说是社会学版本的博弈论，可简称“社会博弈论”）的主要内容及其发展方法——

---

* 王水雄，中国人民大学社会学理论与方法研究中心副教授，电子邮箱：xiongshui@ ruc. edu. cn。

“模型加案例”的理论推进方法。这一探讨，或许能够对“中体西用”抑或“西体中用”的说法有所澄清乃至超越。

一 “谢林战略”简要例示

在祝贺托马斯·谢林获得诺贝尔经济学奖的文章中，《华盛顿邮报》的专栏作家，谢林曾经的一个学生迈克尔·金斯利（Michael Kinsley）举了一个例子来扼要说明谢林对重新定位博弈理论发展方向的贡献。这个例子如下。

> 你正站在悬崖的边上，脚脖子上拴了根铁链与另一个人相连。一旦你们中的一人屈服，你们将被从铁链中放开，并且另一人将获得一大笔奖金。当你处置此事唯一可用的手段——威胁将对方推下悬崖——将导致你们两人一起死时，你如何说服另一人选择屈服呢？
>
> 答案是：你开始跳舞，一步步地接近悬崖的边缘。通过这样一种威胁方式，你无须向其证明你将做某种完全非理性的事：推着他连同你自己一起跳下悬崖。你只需向其证明，你已准备令自己以比他更高的风险意外地坠下悬崖即可。如果你这么做了，你将获胜。(Kinsley，2005)

这个例子有点类似于“狭路相逢勇者胜”的说法，对于说明谢林所谓“勇气（胆量）战”（或“精神战”）的博弈以及他的“威胁”概念(特别是“化整为零”或“概率化”的威胁）有一定帮助；但对于揭示“谢林战略”思维的精髓却并不十分有利。一方面，这里的风险看来似乎是行为者自身能够控制、令其出现或撤销，增大或缩小的；但“谢林战略”在很大程度上强调的却是风险的外在不可控性（比如谢林会强调悬崖的顶部是个倾斜度不断变化的斜坡，而不是让当事人去“跳舞”)。另一方面，一旦行为者互相攀比谁的风险更高，根据谢林的“聚点解”思想，结果就极可能是一起坠下悬崖；但“谢林战略”的重心却是在这一背景下寻求其他可能的“聚点解”，其“军控”理论便是沿着这样的方向展开思索的结果。

基于此，笔者更倾向于借用一个 2015 年微信中广为流传的笑话来说明“谢林战略”的核心内涵。该笑话全文如下。

> 什么是制度？
>
> 二嫂想改二哥晚回家的习惯，跟二哥定制度：晚上 11 点不回家就锁门！第一周很奏效。第二周二哥毛病又犯了，二嫂果断执行制度，把门锁了。结果二哥干脆不回家了。
>
> 二嫂很郁闷，难道制度定错了吗？后来经过某教育实践活动督导组指点，修改制度：晚 11 点不回家，我就开着家门睡觉！二哥大惊，从此 11 点之前准时回家。
>
> 感悟：制度遵守不在于强制，而在于核心利益。

尽管这只是一个笑话，却很值得将之视作“二哥二嫂博弈模型”来进行深入分析。作为夫妻，二哥二嫂有着共同的利益，但也有矛盾。在涉及“二哥晚回家的习惯”这种二哥二嫂之间的“冲突”时，为什么二嫂“晚上 11 点不回家就锁门”的第一种制度不如“晚 11 点不回家，我就开着家门睡觉”的第二种制度来得——或者至少是在笑话编写者看来——更有效？这显然不是一句“制度遵守不在于强制，而在于核心利益”就能解释得了的。

从博弈的角度来看，无论是第一种还是第二种制度安排，都涉及二嫂意图让二哥改变“晚回家的习惯”，而发出的“强迫”二哥晚 11 点回家（也就是终止“在家外游荡”行为）的威胁。对于这样一种（相对于“遏制性威胁”而言的）“强迫性威胁”，谢林有这样的表述。

> 意图让对手做（或终止正在做）某事的威胁，和意图让对手别开始着手某事的威胁之间，有着典型的区别。区别在于时机，在于谁不得不做出先行举动，在于被用来检验的是谁的主动权。要用威胁来遏制敌人的前进，在我方面对敌人时，可能只需烧掉我方后退桥梁，摆出背水一战的架势即可；而要通过威胁迫使敌人撤退，我方就必须任责[①]于不得不前进，而这要求点燃我方身后的草地，且风要朝着敌方吹才行……
>
> 因此，不是遏制性而是强迫性的威胁，通常采取执行惩罚的形式——直至对方行动，而非如果对方行动。之所以如此是因为，通

① 关于“任责”（commit 及 commitment）一词，后文将做详细解释。

> 常，开始在实质上任责于某个行为的唯一方式就是发动它。发动稳定不变的苦痛（哪怕是威胁方也共担了该苦痛），可能令一个威胁合情合理，特别是如果威胁方能够不可撤销地发动它，从而只有对方的顺从才能减轻这种双方所共担的苦痛的话。但是，在行为者也要共担苦痛时，不可撤销地发动特定的灾难可能并非明智的。然而，如果对方在足够短的时间内顺从是可行的，从而能将累积的风险保持在可容忍的范围之内的话，不可撤销地发动一个共同灾难的适度风险，也许是一种等比例缩小威胁——将其限制在行为者所希望的水平和方向上——的手段。（Schelling，1980：195－196）

显然二嫂意图让二哥晚 11 点回家的威胁，属于“强迫性威胁”而不是“遏制性威胁”[①]。对于这种“强迫性威胁”，根据谢林的说法，通常二嫂应该“采取执行惩罚的形式”，“直至”二哥回家。鉴于“执行惩罚”意味着二嫂自己也要“共担苦痛”，所以“不可撤销地发动一个共同灾难的适度风险”也就变得更为可取了。而“晚 11 点不回家，我就开着家门睡觉”恰恰便是这样一种“共同灾难的适度风险”。

第一种制度所包含的威胁，其可置信程度相对于第二种制度较差，一个重要的原因在于：第一种制度的立法者和执行者都是同一个人——都是二嫂；而第二种制度中立法者虽然仍然是二嫂，（针对二哥，同时极可能也是针对二嫂的“惩罚”的）执行者却被分离出来，而有了显著的变化 不再是二嫂，而可能是偷盗者、机会主义者、见财起意者或见色起意者中的任何一种或数种人，总而言之，二嫂在与二哥的博弈之中，引入了一个有着独立利益取向的“第三方”。

在第一种制度中，立法者和执行者都是同一个人，容易导致制度（特别是其所包含的惩罚）执行起来缺乏刚性，被用来检验的反而是威胁方（即二嫂）的主动权——当二哥晚 11 点后被关在家门外苦苦哀求时，二嫂到底是开门还是不开门呢？开门，则制度作废，二嫂立法者和制度执行者的威信受损；不开门，则难免被认为铁石心肠，不近人情。而第二种制度中，立法者和（惩罚）执行者分离开来，鉴于“执行者”有自

---

① “遏制性威胁”除了“破釜沉舟、背水一战”（用威胁来遏制敌人的进攻）的经典例子外，比较典型的还有我们在影视作品中经常能看到的：某弱女被某强男所抢，被逼成婚。弱女手持剪刀在自己脖子上比画，让强男不要上前，否则就刺死她自己。如此之类。通常这样的威胁能够达到遏制的目的——如果该强男真的想娶这位弱女的话。

己独立（甚至是与二哥二嫂对立）的利益动机，制度变得具有刚性；这里被用来检验的就是被威胁方（二哥）的主动权了——如果不及时在晚11点前回家，不仅二哥的核心利益会有受损之虞，而且也会被认为对二嫂漠不关心。二嫂——通过约束自己的行为选择的自由度——将自己和二哥的共同利益（也是“核心利益”）置于共同灾难或危险境地的“适度风险”之中，反过来也约束了二哥的行为选择。

值得注意的是：“任责”，特别是通过不可撤销的运作实现的任责，成为威胁有效性（进而是制度有效性）的关键。第一种制度，二嫂任责于“锁门”，但这样的任责是不坚定的。第二种制度，通过一番运作，二嫂任责于“开着家门睡觉”，由于二嫂睡觉后可能别无行动能力，也就只能将他们的共同利益或“核心利益”的维护，寄希望于二哥的“晚11点回家”了。当然，值得一提的是，根据谢林的思想，在颁布第二种制度（任责于“开着家门睡觉”）时，如果二嫂能够像机器人一样，准时在晚11点就自动陷入昏睡之中、雷打不动，且房门（不管之前是否关上）随后会根据自动设置准时敞开，而二哥也明确知道这一点。那么，二嫂这种任责于“开着家门睡觉”的行为也就是可信的，它使得令二哥“晚11点回家”的强迫性威胁变得更可信——如果二哥对二嫂以及自己该房屋内的财产还有感情的话。

如果说“二哥二嫂的博弈模型”（恰如囚徒困境一样）还有编造的成分的话，互联网中广为传播的一则新闻可以让我们看到经过“任责”的威胁在家庭关系中的现实存在性。这则新闻的标题为“父亲嫌2000元手机贵不给买，女孩横卧路中央”，大意为：2015年7月22日下午，20岁的湖北女孩看中了一部价值2000多元的手机。这超出了爸爸的经济承受能力，爸爸因此不同意买。女孩赌气之下冲到路中央躺了下去。引来执勤交警的保护、干预和劝说。……最后，手机店老板表示愿意降价，女孩终于得到了心仪的手机（毛晖、王大玲、章颖，2015）。姑且不对此事做任何价值评价，女孩的行为显然是标准的、包含了“任责”的威胁——不仅对她的爸爸产生了作用，也（通过与爸爸相互僵持，显示了“我方”的“价格底线”）导致了“手机店老板”的降价行为。

二 任责与博弈论新定向

“任责”（commitment或commit）一词在“谢林战略”中具有关键性

的地位。关于任责，谢林在 *Strategies of Commitment and Other Essays* 一书[①]中有比较集中的回顾性总结。他说，有些同事猜测他应该是“commitment”这个概念的创始人。这诚然让他高兴，但他却表示必须拒绝。这是因为早在2400年前，色诺芬（Xenophon）就对此有所感悟。彼时，色诺芬的部队被波斯人追赶，停在了一个几乎不可逾越的沟壑的一边。他的一个将军对这种可能是无路可逃的境况表示惊恐，色诺芬却安慰他说，在即将作战时我方背对难以逾越的沟壑，其实这恰恰是我们应该求之不得的境况。我方应该对敌方认为对他们而言“从任何方向撤退都是容易的”这一点感到高兴；而且我们应从当前所处的位置懂得，对我方而言除非是战斗获胜，否则就无安全可言。显然，色诺芬的这种想法与《孙子兵法》中所说的“死地则战”是极其相似的！根据《史记》的记载，田单即墨一战，也使用了类似的策略（司马迁，1997：1881～1884）。

那么，在这里，什么是任责呢？谢林随后的一段文字对此进行了总括性界定。他说：

> 我使用“任责”一词意指：变得承担责任、受到约束或负有义务于某种行为进程，或不作为的进程，或对未来行为的某种控制。它意味着放弃某些选项，排除某些选择，屈从于对行为者未来行为的某种控制。而且这么做是故意的，带有某种目的性。其目的是影响某个其他人的选择。任责方通过影响其他人对任责方行为的预期来达到这一目的。（Schelling，2006：1）

这里所谓“其目的是影响某个其他人的选择”中的“目的”，又被谢林认为至少包含两种（他重点论述了如下两种）：一种是前文所述的威胁（threat），另一种则是承诺（promise）。包含了“任责”的威胁和承诺，通常而言都是更可信的。

不难发现，commitment 一词对应的动词为 commit，其作为学术用语的确源自谢林1960年的《冲突战略学》一书的理论提炼和阐述。笔者倾向于将其翻译成“任责”。任责于A行为，意味着行为者有意地削减乃至

---

① 该书的中译本可参看《承诺的策略》（托马斯·谢林，2009）。值得注意的是，中译本将“commitment”翻译成“承诺”，这是笔者所不赞同的。下文中对该书的引文出自笔者对原书的翻译。

封闭自己进行其他（非A）行为选择的可能性空间；如此，当某种情况或局势出现时，他只能做A行为，而不再会是任何（甚至是包括规避死亡的）其他行为。极端地，这可以说成是“除了死，就是A”。对于孤胆英雄贴身捆上炸药去与敌人谈判，谢林将类似这样的情形称为“任责于现状”，也就是说“除了‘现状’，就是大家一起死!”

中国成语中所谓“破釜沉舟”“背水一战”之说，也就是通过“破釜沉舟”来让自己的部队任责于“战”这个可能的选项——如果对方进攻的话。“破釜沉舟”表明部队放弃了后退、逃跑的工具，它也就约束了己方军队每个成员的选择范围（如果敌方有杀俘虏或者虐待俘虏的极大可能性，或者己方士兵怀疑敌方会这么做，“投降”作为一种规避死亡的选项也会被取消掉）。每个士兵都清晰地意识到自己已经没有了退路和自由选择的空间，唯有“任责”于英勇杀敌的义务，否则就只有“死命”一条，这带来了部队意志的坚定和一致。

任责（commitment）、威胁（threat）与承诺（promise）这三个词构成了谢林冲突战略学中至关重要的概念框架。不少人倾向于将“任责”（commitment）翻译成“承诺”①，在笔者看来其实是不妥的。不仅在于翻译成“承诺”不易于其与谢林另一个常用词“promise”进行区分；而且还在于commit某个行为，虽然包含了影响他人选择的目的，却并不像“承诺”（promise）和“威胁”（threat）那样是“最直接地”针对他人的行为，而更多的是针对自己或己方的。比如，我们可以说“孟母三迁”是孟母对少年孟子的教育进行任责，但是，我们很难说它本身就是承诺（或威胁）。做父母的生活俭朴甚至“装穷”（以“教子”）也可以说是任责行为，它包含了影响孩子行为选择的目的；但这也很难被称为承诺（或威胁）。任责可能包含多种目的，尽管威胁和承诺是重要的两种，却并不是这些目的的全部。任责可能构成威胁或承诺的前置环节或后置环节或其过程的重要组成部分，当然也可能存在并不包含任何“任责”的威胁或承诺。

并不包含任何“任责”的威胁，前文“二哥二嫂博弈模型”中“晚上11点不回家就锁门”可以算是一种；孩子哭闹，便恫吓他说要让拐子把他背走也是一例。至于承诺（promise），皇帝或国家领导人在立太子或接班人时，显然就是给被立为太子或接班人的人提供了一个承诺。但是

① 就笔者所知，应包括张维迎、周雪光、周黎安、王永钦等学者。

这一 promise（承诺）是否可信，最关键就是要看它的背后是否有“任责”(commitment)，即皇帝或国家领导人是否（可能是逐步地）让自己除了分权给该选定的太子或接班人之外，没有别的选择自由度，否则皇帝或领导人自己就将遭受毁灭性打击。比如说，现任皇帝如果有多个具备皇位竞争力的儿子，则在太子之位确立后，他“任责”于“传位”的行为意味着：要么将其他那些皇位潜在竞争者（也极可能是自己的儿子）杀掉，要么把他们贬为庶人发配到遥远的异国他乡；与此同时，他还应该自削权柄，要么去寺庙中修行以远离权力中枢，要么把自己关起来，或让自己身染重疾、注定不久便会辞世。否则承诺就很难说是包含任责的。这么来看，皇帝如果自己想活得足够长，并希望在此期间得享天伦之乐，且保证“家天下”；在成年的儿子比较多时，似乎就不应在还活着的时候立太子。而应该像康熙后期那样，在还算清醒的时候，将传位诏书写好，放在正大光明匾后，死后再由多位（至少两位）大臣拿出来公开宣读。

威胁、承诺和任责这三个概念（尤其是任责）的提炼与抽象，表明了谢林对人际相互作用（博弈）特别是谈判领域的惊人洞察力和理论抽象能力——这与谢林早年参与过美国政府预算署、马歇尔计划、美国总统办公室及白宫办公室等方面的具体政府工作不无关系。沿着这样颇具现实性的抽象概念所提供的思路切入谈判问题以及博弈论，势必得出（而谢林也在事实上得出了）与经典的、数学化了的博弈论[①]截然不同的论断及结论。在笔者看来，至少包括以下三点。

其一，在经典博弈论中切实地增加了时空、信息、物和人的因素及其现实性。

经典博弈论（特别是教材编写）的思路往往涉及完全信息、不完全信息，动态、静态等博弈模型的区分，这虽能给人以启发，但是抽象度太高，以至于在现实生活中切实存在的重要的时空因素，在模型中是隐而不彰的。有时候经典博弈的模型关涉的现象似乎可以长达上百年（比如公地悲剧），有时则又似乎是瞬时状态下发生的事；哪怕是重复博弈中仿佛引入了时间概念，也往往被抽象成一个预期效用的贴现率；空间因素更是被完全抽离了。这使得人们关心、并切实地在博弈中发挥作用的一些物、人及社会结构因素难以进入到有效的分析视野中来。

① 比较典型而简单的例子是囚徒困境模型及纳什均衡解，参见《博弈论基础》（吉本斯，1999）。

至于完全信息，其实现实生活中根本就没有；生活中无论对人对己（因为自己也未必真的了解自己），信息状况往往都是不完全的。从完全信息走向不完全信息是一个重要的突破，但是当经典博弈论承认了不完全信息时，其分析却又显得空洞无物。这恰如新制度经济学告诉我们由于交易成本（特别是信息费用）的存在，合约、产权和法律都是不完全的，诚然能令人们的思想眼界开阔不少，但我们却仍然不怎么去分析这种“不完全的”常见状态。

就“物”而言，无论是经济学还是经典博弈论的数学化，都在不经意间带入了一个重要的前提假设：“物”（或与其相关人的权利）是无限可分的。这其实意味着——尽管一些经济学者自身可能并未注意到这一点——大量（至少在某个时期被认为是）并非“无限可分”的东西和重要问题（如钓鱼岛之争）被潜在地排除在经济学和经典博弈论所真正关注的领域之外。而事实上，由于大量“物”及其权利的、至少是暂时的不可分性，与之相关的行为者之间的共同利益与矛盾利益就往往密不可分地混杂在一起。于是，物的分配甚至是相关权利的分配，就不简单是一个收益值的划分与补偿问题，而是一个“要么全得，要么全无”的问题。比如，一些人抗拒“拆迁”，甚至会走到“自焚”的地步，便是明证。

其二，在经典博弈模型之前或之中甚至是之后切实地增加了在社会生活中普遍存在的“举动”。

所谓“举动”在谢林这里，主要就是任责，及其两种对他人产生影响的重要方式（目的）：威胁和承诺。这些“举动”相对于经典博弈模型之中的“行动”而言，既可以在前，也可以在其过程中，甚至（在笔者看来）也可以发生在其后（如前面立太子之说）。与谢林将博弈论带入现实时空，关注时间、信息、物与人的现实特性类似，谢林在经典博弈模型的基础上增加“举动”的做法，在抽象的模型与具体的描述之间架设了一座桥梁。

谢林在《冲突战略学》一书中，通过举例表明，在原初博弈中，任责、威胁、承诺等“举动”的加入，哪怕是极为简单的加入，都会使经典博弈模型的数学化分析（包括求纳什均衡解的过程）变得异常复杂而不再可取。如此，势必需要更为简单的求解方法，而谢林也力求在“真实世界”里去提炼这种方法。这与另一位诺贝尔经济学奖获得者科斯（Coase，1960）的追求有类似之处：他们都借重了经典模型展开其论述逻辑，却又看到并批评了经典模型的前提假设过于理想化；于是，他们从经典模型的束缚性框架中解脱出来，进一步在更为现实的基础之上重构理论系统。

谢林的探索表明，把经典博弈模型之外的“举动”等因素引入，可能更容易锁定某个特定的解。经典博弈论原初模型之外的这些“举动”等因素实际上比原初模型之内的数学结构性内容更重要。毫无疑问，通过与经典博弈模型相互比较，谢林令抽象的经典博弈论进一步贴近了社会现实，却仍然具有一定程度的普遍性、抽象性、解释力及预测力。

其三，提出聚点解，突破了经典博弈论纳什均衡的数学对称性等局限。

过度地贴近社会现实的危险是迈向没有理论抽象的具体描述，这对于理论的解释力和预测力而言会是一个严重的损失。具体就博弈论来说，过度地贴近社会现实，就会导致其“解”的随意性而非规律性，即不像经典博弈论中纳什均衡那样能够有规律、有逻辑地提供“解”概念。但是，谢林通过对任责、威胁与承诺等概念的抽象与提炼，有效地避免了这一随意性的危险，他提出了聚点解这样一种很有见地的、颇有解释力及预测力的解概念。

现实生活中的博弈尤其是谈判博弈，会受到很多因素的影响，包括自然环境、地理条件、社会制度、人的认知、群体心理，等等。谢林认为，这些因素借由当事人的任责、威胁与承诺等“举动”以及信息传递（或屏蔽）等渠道（或手段）而发挥作用。这些模型之外的因素，更容易铸就“聚点”（focus points），使得均衡得以在此达成。

尽管对于谈判博弈而言，任责（也可以说是自我约束选择自由度）对于任责方获致一个相对较好的结果而言非常重要，该“相对较好的结果”却并不一定是经济学数学化后特别偏爱的帕累托最优均衡结果。事实上，在谢林的眼中，“聚点”所导向的常常是“有所偏向”的博弈结果，其与“帕累托最优”“均衡”等数学“对称性”经典博弈论所推导出的结果有显著区别。

换个角度来看，谢林战略也可以说是探讨现实生活中“合作”如何达成的理论。与通过数学化的博弈论探讨合作达成不同的是，在谢林看来，因为各类时空特征、“聚点”等模型之外的因素经“任责”等模型之外的环节而产生影响，这种“合作”的结果常常超出了经典博弈论“对称性”均衡的数学范畴。心理学、社会学、政治学、历史学乃至地理学、物理学等领域的大量理论知识得以引入博弈理论之中，并在这里获得了必要的尊重。于是，谢林的冲突战略学也就建设性继承、创造性提出并发展了博弈论的新方向。

三 任责 VS. 任势及“因形”

谢林这种“新”方向其实也是《孙子兵法》所持的“博弈论”（孙武当然不知道该术语）的发展方向。不过，我们也不能犯默顿所谓“预示主义”的错误，即不能“把早期和后期思想之间极为模糊的相似迹象捕风捉影地描述成实际上的同一”（罗伯特·金·默顿，1990：29）；而是需要对它们的理论实质进行详尽的比较分析。

提到“任责”，提到“烧掉我方后退桥梁”（burn the bridges behind me），作为中国人自然会想到《孙子兵法》中一些相关的论述。比如：

> 疾战则存，不疾战则亡者，为死地。……死地则战。
>
> 投之无所往，死且不北。死焉不得，士人尽力。兵士甚陷则不惧，无所往则固，深入则拘，不得已则斗。是故其兵不修而戒，不求而得，不约而亲，不令而信，禁祥去疑，至死无所之。
>
> 夫吴人与越人相恶也，当其同舟而济而遇风，其相救也如左右手。是故方马埋轮，未足恃也；齐勇如一，政之道也；刚柔皆得，地之理也。故善用兵者，携手若使一人，不得已也。
>
> 帅与之期，如登高而去其梯；帅与之深入诸侯之地，而发其机，焚舟破釜。若驱群羊，驱而往，驱而来，莫知所之。聚三军之众，投之于险，此谓将军之事也。
>
> 是故散地吾将一其志，轻地吾将使之属，争地吾将趋其后，交地吾将谨其守，衢地吾将固其结，重地吾将继其食，圮地吾将进其涂，围地吾将塞其阙，死地吾将示之以不活。
>
> 故兵之情：围则御，不得已则斗，过则从。
>
> （《孙子兵法·九地篇第十一》）①

显然，《孙子兵法》中的上述论述是结合地形空间，使我方“不得已”来实现自我约束，此为“任责”的一种具体形式。比如说，“围地吾

---

① 本文有关《孙子兵法》的引文参考了如下文献中被认为是《孙子兵法》原文的文字：《孙子兵法》（孙武，2012）、《孙子兵法演义》（刘君祖，2014）、《〈孙子兵法〉选评》（黄朴民，2004）、《孙子兵法与三十六计智谋鉴赏》（司马哲、岳师伦编著，2006）。这些文献涉及的《孙子兵法》原文内容并不完全一致，本文对此有所甄选，下文不再一一注明。

将塞其阙"（敌人围"我"，往往要网开一面——所谓"围师遗阙，穷寇勿迫"，就是为了避免"我"在短时间爆发，做出"任责"，拼命抗争；而"我"被围时故意通过"塞其阙"来消除自己逃跑的可能，这样约束部队，当然属于任责行为），这种任责行为就至少有两个方向的目的：其一是通过自己"塞其阙"让"我方"士兵不再有退路，在每个士兵专心与敌作战时，也不用去担心自己的战友会弃他而去，这能构造出一个有效的集体性的"承诺"（promise）。其二是让敌人有所顾忌，因为敌人可以轻易地从任何方向撤退，而我方却不能，只能拼命；这对敌人而言构成一个强有力的可信的"威胁"（threat），可能致使其不敢贸然进攻，甚至干脆放弃进攻。对于这两个方向的目的，孙武似乎更强调第一个。也正是因此，《孙子兵法·九地篇第十一》随后说："犯三军之众，若使一人。……投之亡地然后存，陷之死地然后生。夫众陷于害，然后能为胜败。"

这么来看，"谢林战略"相对于"孙子兵法"的独特之处，就在于其在较为抽象的层次上提出并良好地界定了"任责"（commitment）一词，并将其用于说明且衡量威胁与承诺的有效性（强调第二个方向的目的）；同时，谢林还一般性地站在这样的角度来理解博弈双方的关系——他们既可能是敌对性的，也可能是伙伴性的。换句话说，人与人之间通常是既有矛盾的利益，又有共同的利益，这两种利益往往交织在一起，并不都是可以截然地区别和划分开来的。当然，关于这一点《孙子兵法》显然也通过举例的方式表示其已经注意到了。其用彼此相恶却"同舟而济而遇风"的吴人和越人"相救也如左右手"的例子，很好地说明了即使是通常而言彼此"敌对"或"矛盾"的双方，也会因为同处"危险境地"或面对"共同灾难的适度风险"，而形成某种共同利益，并达成合作的共识乃至现实行动。

值得注意的是，《孙子兵法》并非没有抽象。它明确地提出了一个与"任责"类似的词，这就是"任势"（此外还包括在《孙子兵法·形篇第四》中所特别强调的"分数""形"和《孙子兵法·虚实篇第六》及其后除"用间篇"之外的诸篇所特别强调的"因形""应形""无形"等）。"任势""因形"等词（甚至《墨子》中还有"任侠"一词）的"古已有之"，也使得用"任责"一词来翻译"commitment"，不仅不是"任性"的做法，而且是一定程度上为这个词赋予了中国文化的底蕴。关于"任势""因形"的直接阐述，其文如下。

计利以听，乃为之势，以佐其外。势者，因利而制权也。……利而诱之，乱而取之，实而备之，强而避之，怒而挠之，卑而骄之，佚而劳之，亲而离之。攻其无备，出其不意。（《孙子兵法·计篇第一》）

孙子曰：凡治众如治寡，分数是也；斗众如斗寡，形名是也；三军之众，可使必受敌而无败者，奇正是也。……战势不过奇正，奇正之变，不可胜穷也。奇正相生，如循环之无端……激水之疾，至于漂石者，势也；鸷鸟之疾，至于毁折者，节也。故善战者，其势险，其节短。势如扩弩，节如发机。……乱生于治，怯生于勇，弱生于强。治乱，数也；勇怯，势也；强弱，形也。

故善动敌者，形之，敌必从之；予之，敌必取之；以利动之，以卒待之。故善战者，求之于势，不责于人，故能择人而任势。任势者，其战人也，如转木石。木石之性，安则静，危则动，方则止，圆则行。故善战人之势，如转圆石于千仞之山者，势也。（《孙子兵法·势篇第五》）

“乱”需要经由“分数”（即国家、军队等的分门别类及组织编制等）来达到“治”；“怯”需要经由“任势”（即根据包括地理空间环境、人数对比在内的具体情况而做权变性的谋划，以激发士气、统一斗志等）乃至“造势”来达到“勇”；“弱”需要经由“壮形”（即壮大或增加国家的肥沃土地、物产收获、人口兵源、队伍编制等）来达到“强”。“分数”和“壮形”主要分别指向平时的军队训练和国家治理，“任势”（以及“因形”“应形”乃至“无形”等）则主要指向战时对“天时”（包括风、雨等）、“地利”（包括水、火，以及多种地形特征等）、“人和”的充分利用。

这么来看，从强调相似性的角度出发，谢林的“任责”在一定程度上可以说是孙武的“任势”的一种特殊形式。比如说，前文作为“任责”提出来的所谓“兵士甚陷则不惧，无所往则固，深入则拘，不得已则斗”其实也可以说是将军通过“任势”或“因形”以约束“我方”士兵情绪及行为取向的一种做法。

但，从比较两者差异性的角度出发，就需要注意到“孙子兵法”（相对于谢林所谓的“任责”更具“一般性”）的“任势”和“因形”通常强调的是努力让“我方”在“势”或“形”的结构中处于优势地位，保持有生力量；而使“敌”方处于劣势地位，有生力量招致毁灭或最终投降。比如，“故用兵之法，十则围之，五则攻之，倍则分之，敌则能战之，少则能逃之，不若则能避之”（《孙子兵法·谋攻篇第三》）。又说，“故形人而我无形，则我专而敌分；我专为一，敌分为十，是以十攻其一也，则我众敌寡；能以众击寡者，则吾之所与战者，约矣”（《孙子兵法·虚实篇第六》）。以上是强调投入战斗的部队人员数量上的我众敌寡。又比如，“凡先处战地而待敌者佚，后处战地而趋战者劳。故善战者，致人而不致于人”（《孙子兵法·虚实篇第六》）。还说，“善用兵者，避其锐气，击其惰归，此治气者也。以治待乱，以静待哗，此治心者也。以近待远，以佚待劳，以饱待饥，此治力者也。……故用兵之法，高陵勿向，背丘勿逆，佯北勿从，锐卒勿攻……”（《孙子兵法·虚实篇第六》）。以上是强调充分利用气、心、力以及地形上的优势。还比如，“凡火攻，必因五火之变而应之。火发于内，则早应之于外。火发而其兵静者，待而勿攻，极其火力，可从而从之，不可从则止。火可发于外，无待于内，以时发之。火发上风，无攻下风”（《孙子兵法·火攻篇第十二》），如此等等。即使是在其谈及“死地则战”之类与任责颇为类似的情况时，他关注的也是前文所谓“第一个目的”，并在其中强调将军相对于士兵的优势地位，或者至少是平等地位，而不是相对于士兵的弱势或劣势地位。

相对于更具一般性的“任势”或“因形”而言，“任责”的独特之处在于：它主要是通过约束乃至摒弃己方（而不是对方）将来（以及当前）行为选择的可能性，控制自己未来（以及当前）可能的行为空间，一定程度上让自己处于相对“弱势”的地位，甚至是“共同危险”的境地；借此影响对方对我方行为的预期，达到可能主要是或威胁或承诺的效果，出现一个让己方觉得合意的结果。正所谓“守弱可成图强之道”（weakness may be strength），在“谈判”中，任责或许是最终能够让自己赢得一定程度优势的。这显然与一般性“任势”所强调的“威”、强势或震慑力是不同的。

但是，同时又需要注意，孙武所谓“任势”“因形”主要指的是利用时空结构所形成的“势”与“形”；而谢林所谓“任责”所涉及的结构则不限于时空结构，而是包含更为丰富的社会结构因素。从这个角度看，反过来，“任责”相对于“任势”“因形”而言又更具一般性。

四 将结构运作引入比较

从强调相似性的角度看，相对于谢林的“任责”，《孙子兵法》中的“任势”“因形”，王水雄（2003）在《结构博弈》中提出的“结构运作”（structure-operating）从抽象性的角度来说，要更具一般性。在所涉及的结构的内容或范围上，“结构运作”所涉范围之宽泛程度与“任责”相比，有过之而无不及。而就博弈双方在结构中所处的地位而言，对于谁优谁劣，结构运作保持开放的态度：既可能“你占优，我居劣”，也可能“我占优，你居劣”；根据不同的具体情况和不同的目的而有所不同。这一点结构运作之于“任势”（这么看，“任势”更像是王水雄所谓“博弈地位展现”）而言，又是“有过之而无不及”。

结构运作指的是行为者通过各种方式在其与对方之间引入某种结构（各类人与人之间的关联模式），以标定自身与行为对象在其中的相对位置的活动。结构运作主要表现为肢体行为的明示或暗示、特定社会或时空结构的导入和直接的话语表达。结构运作可以将与“结构”相应的行为规范和制度引入到博弈活动中来，从而对对方（其实也可能会对自己）当前及未来的行为形成框定作用，减少相关的不确定性（王水雄，2003）。

从“任责”“任势”到“结构运作”，概念的抽象程度依次有所提高。就外延的指涉范围而言，结构运作大于任势，而任势又大于任责；就内涵的丰富程度而言，任势大于结构运作，而任责又大于任势。简而言之，相对前两个概念而言，结构运作的外延更宽泛，但其内涵更简单。值得注意的是，一个概念的抽象层次的提高，未必能使得对具体问题的分析更出彩，也未必能增加相关理论对某些具体现实的解释力。但，它却肯定能扩大其描述或解释对象的范围，拓宽人们的视野，加深对各相关理论的前提的理解与辨析，并使这些理论在更大的框架中获得更为恰当的定位。三个概念的外延与内涵的内在关系，如图1所示。

与经典博弈论强调在博弈起始点上双方之间地位的平等性、行为选择的独立自主性不同，“任责”“任势”和“结构运作”并未对此做出严格预设。在“结构运作”的博弈论思路中，博弈双方的地位既可以平等，也可以不平等；行为选择既可以彼此独立，也可以具有一定的内在约束力和从属性。这意味着这种博弈理论比较贴近现实的社会与组织生活，不妨统一地将其命名为“社会博弈论”。

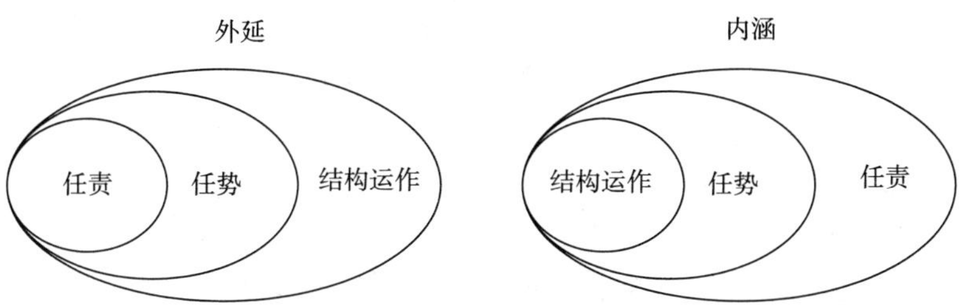

图1　三个概念的内涵与外延比较

尽管存在上述相互包含的联系与共同点，任责、任势与结构运作及其主要指向的博弈的差异性也是显而易见的——如果我们将它们分割开来看待的话。

站在“更具一般性”的结构运作框架来看，不难发现，扣除“任责”之外的“任势”（本文强调“任势”与“任责”之间的差异性时，所指的“任势”是从其指涉的外延范围中扣除了“任责”的那一部分。突出“结构运作”与“任势”之间的差异性时，“剩余策略”的逻辑与此类似，依此类推）通常意味着令自身在所运作的时空结构中处于优势地位。而“任责”则通常相反，强调令自己在相关各类结构中处于相对“劣势”或“无能力”的地位或状况之中。只是在谈判及发生冲突时“守弱可成图强之道”，“任责”虽然令自己丧失了较多的选择自由度，却可通过传递（主要是）威胁或承诺的真实性，而使自己最终获得一个相对占优或自我倾向的结果。

在“目的”上，谢林在探讨任责时，强调其对他人预期产生影响的两个主要方式是呈现可信的威胁和承诺。对自己而言，这两种经过任责的目的在践行的过程中都带有惩罚的性质。而对对方来说，我方威胁的践行对“他”是“惩罚”，会给“他”带来损失，当然给我方自身也会带来损失，且该损失未必小于给对方带来的损失；我方承诺的践行对“对方”是“奖赏”，会给他带来好处，而我方施与这一奖赏所支付的代价其绝对值甚至大于对方所获好处的值。我方威胁的践行是因为对方做出了我方的威胁所针对的（我方所不愿看到其发生的）行为；我方承诺的践行也是因为对方做出了我方的承诺所针对的（我方所乐于见到其发生的）行为。有时，要想让博弈达成我方所属意的结果，不仅要做出可信的威胁，而且要做出可信的承诺。

而就“任势”而言，其“目的”即使包含威胁，它所强调的通常也是其践行给我方自身带来的损失，要小于给对方带来的损失；而其“目的”即使包含承诺，它所强调的也是其践行给我方带来的损失在绝对值上要小于给对方带来的好处。根据孙武的论述，“任势”可能还包含了其他可能的目的。比如，示威：强调不战而屈人之兵；稳胜：强调“立于不败之地”、壮大实力、“拙速”、全胜；诈唬：所谓“兵者，诡道也”，强调“能而示之不能”（《孙子兵法·始计篇》）之类，避实击虚，声东击西；操纵：强调以逸待劳，致人而不致于人；等等。

而“结构运作”的“目的”，则相较而言更为丰富，至少包括：表示认可、否定或不置可否；表示规制、放纵或尊重现状；表示归顺、叛出或若即若离；表示团结、冲突或敬而远之；表示爱慕、痛恨或漠然处之；表示喜欢、厌恶或冷处理；表示信任、怀疑或待观察；如此等等。“目的”的丰富化有助于我们将不少的社会现象纳入社会博弈论的框架来看待和分析。当然，“目的”的丰富化，也可能造成这一理论对博弈结果预测力的下降，或其所分析的博弈现象的重要性的下降。

值得注意的是，核心概念在目的上的不同乃是因为它们所对应的理论在前提假设上存在巨大的差异，进而也造成它们在抽象程度和适用范围上有明显的不同。

谢林的“任责”主要应对的是核武器时代的谈判（特别是国际谈判）问题，主要涉及以武力相威胁而非武力的具体使用，强调的是战略而不是战术。这意味着谈判双方既有共同的利益，也有矛盾的利益，而且这两种利益往往交织在一起不能截然分开。威胁和承诺都与谈判底线的呈现（而这又可能涉及“聚点解”）有着密切的关系，而谈判底线的呈现又面临取信于人的问题——只有较好地确定彼此“真实的”底线才能使双方的共同利益得以实现。在此，谢林认为谈判能力就是自我约束的能力，而非依靠自由选择权等。他追求的不是简单的一方压倒另一方，也不是简单的破裂。如果不想破裂，在这时自我约束就很重要。于是，在谢林的分析中，讲求诡道的“巧”策略与讲究诚信的“笨”方法（比如人质机制）是同等重要的；在某些情况下，甚至后者比前者更重要。因为只有这样才能避免共同灾难和玉石俱焚，以此来维护共同利益。谢林的这一分析显然更贴近当今的时代特征和社会现状。在商业谈判或家庭关系中也有广泛的应用空间，因为在商业或家庭关系中要讲诚信，崇尚“双赢”“多赢”。

在“伐谋”、强调“不战而屈人之兵”等层面上，“孙子兵法”与“谢林战略”的威慑思路是一致的。但孙武的“任势”主要针对的是冷兵器时代的战争问题，主要指涉战术，即武力的具体使用，讲究的是通过武力占有对方的金银珍宝、人口土地，或令对方臣服，或甚至从肉体上消灭对方。在这个问题中，对立的双方矛盾的利益甚于共同的利益，有时甚至达到只有消灭敌人才能保存自己的地步。冷兵器时代战争的目的讲求的是“独胜”“全胜”“速胜”，较少有所谓“双赢”。正是这个缘故，《孙子兵法》中较多地强调了实力和“诡道”的重要性，并且突出其对博弈结果的预测力。当然，《孙子兵法》在某些局部也同样强调“仁义”的重要性。比如它指出在使用间谍时，就需要特别注意：“故三军之事，莫亲于间，赏莫厚于间，事莫密于间。非圣智不能用间，非仁义不能使间，非微妙不能得间之实。”（《孙子兵法·用间篇第十三》）

结构运作则主要针对的是互动秩序、社会分化与变迁问题。结构运作可以较大程度地降低互动中双方行为的不确定性，或者至少是眼下暂时的不确定性，让互动中的双方遵循某些或某种特定的明示或暗示的规范或制度行事。这样的互动或博弈可能一时之间是“输赢莫辨”的，却会有两个方面的重要影响：①为后续某种带有“输赢”性质的博弈结果奠定基础，如无更为剧烈的对抗，这一结果进而可能导致既有社会分层的维持或变化；②被运作的、占据优势地位的结构及与其对应的规范或制度，会在后续的行为进程中固定化，这可能构成对既有社会结构乃至意识形态等的系统性维持或变革。结构运作因为其较高的抽象性，对博弈双方的利益关系有较为宽泛的预设，可以根据具体情况而有所不同。当然，为了突出三个概念所对应的理论倾向的区别，不妨指出“任责”及“任势”之外的“结构运作”更强调“以共同利益为主”的前提。

至此，可以总结出表1，来强调三者的“差异”。

表1　任势、任责、结构运作“差异”的简要列示

	任势	任责	结构运作
利益关系	矛盾为主	矛盾与共同利益兼有	共同利益为主
主要目的	示威、稳胜、诈唬、操纵等	威胁、承诺	认可、规制、归顺、示好、喜欢、信任等
信息沟通	蒙骗对手，用间之道，知己知彼	切实行动，“做成真”，展示底线	口头表达，信号标识，暗示领会
战争态度	不可避免，实力至上，诡道战术，全胜速胜	尽量避免，核战灾难，战略限制，恐怖平衡	和平主义，协调共存

不难看到从“结构运作”到“任责”再到“任势”，沿着将彼此区分开来的目的，它们所主要对应的博弈双方的利益中，一致性的成分在逐步减少，而矛盾性成分在逐步增多——至少从做出相关行为的博弈方来看，是如此。也就是说，一般性“结构运作”，通常被用来强调和维护共同利益；“任责”被用来建构、明示或暗示共同利益，同时呈现任责方的“底线”；而一般性的“任势”则通常被用来宣示“任势”方的实力、地位和利益范围，这类似于“亮肌肉”或“博弈地位展现”（王水雄，2003）。

从“孙子兵法”的思路来看，尽管它慎战，但是它的前提预设是战争是不可避免的；“谢林战略”则认为通过努力争取，在核武器时代，限制战争的规模是可能的，大规模的现代战争应该是能够避免的——尽管会存在不少小规模的有限战争；结构博弈则着眼于探讨如何一般性地避免冲突，或令冲突不至于太过激烈。

五 理论反思与应用推进

从简单的个体理性选择、成本收益计算，到经典博弈论，单人决策变成了（通常）至少是两人的决策，理论模型的设置基础在外在环境框架的意义上更进一步地贴近现实生活了——由于大量的“物”具有不可分割性，大量的人类社会行为是面对具体的“他人”，而不是抽象的“价格”（即使有时候真的面对价格时，也不可避免地存在讨价还价问题）做出的。这一理论发展自然意义重大。原来从简单的一般性（或平均性）个体直接推论总体时存在的理论鸿沟，一定程度上因为增添了这个更具现实性的“他人”以及“博弈规则”而架设了更多可能的桥梁。但是，经典博弈论随后却过度沉迷于数学框架中逻辑化的“求解”过程；这显然与博弈论所开启的可能的理论前景和解释力很不相称。

如上所述，西方理论倾向于将自身束缚于抽象层次过高的模型及其逻辑关系；与之相对的是，中国的相关理论，如上文所述的《孙子兵法》，又如《论语》（可参看，钱穆，2002）、《智囊》（冯梦龙，2010）等，则更倾向于（或习惯于）让自己停留于用事件、寓言、对话、典故、经验断言，甚至是类比、段子（如前文二哥二嫂的博弈）等来表述逻辑或道理。这种倾向导致例子、故事层出不穷，却缺乏必要的抽象、提炼、推理、前提辨析和模型总结等。

自然，中西两种不同的、理论叙述倾向各有优劣，不仅不可偏废，而且需要对它们进行反思并融会贯通。

首先，不要轻视西方世界高度抽象的理论模型的作用。良好的高度抽象的理论模型往往能够以简御繁，做出预测性推断，或适用于与长时段的事件趋势相印证，或适用于对较为广泛的各类社会实践的验证。毫无疑问，诸如价格理论、价格战、公地悲剧、囚徒困境博弈等等模型，都可以算作良好的、高度抽象的理论模型。它们适用于对多种类型的人类实践活动做出预测性推断。尽管这样的推断未必与事实完全相符，却也给了人们探索、描述和预测经验现实以一定的参考框架（这样的框架通常要求具有逻辑一致性和唯一性，否则很难成为参考框架）。由于这样的模型通常明确自己有自变量、因变量、基础性逻辑机制、控制变量、外在环境框架、前提假设等构成要素之分，一旦发现自己所能提供的预测性推断或参照性标准与经验事实相去甚远，它们也就能够进行自我检查。查实问题所在（通常涉及因变量、外在环境框架和前提假设的真实性问题）之后，也就能够做到要么对模型本身进行修正，要么创立新的模型来替换旧的模型。

其次，也不要忽视中国长期积累的抽象程度有限的经验论断、寓言、典故等作为社会科学理论资源的意义。中国的古文追求形象，追求排比，追求论说的"任势"，追求达到实用的效果——说服领导者或决策者。由此，相关的理论叙述往往比较具体，一事一议，不怎么追求逻辑一致性，通常不会倾向于花费过多的笔墨用于建立起一个一般性的参考框架。这样一来，不免使得大量有价值的理论叙述缺乏较为系统的梳理，而理论学习和训练也更多的是依靠触类旁通式的悟性。但是，中国这种理论建构的方式却也使得大量的理论更为贴近社会生活的现实，更加具有实用性。人生阅历和知识水平不同的人，往往能够从同样的文本中参悟到不同层次的内涵。如前文所谓"二哥二嫂博弈"，其实就内涵颇多，但言说者往往简单地给出自己的结论，所谓"感悟：制度遵守不在于强制，而在于核心利益"。

站在这样的基础上看，"模型加案例"的发展理论的方法是有助于中西思想精粹的融合的。模型可以被看作抽象化了的案例，案例也可以被看作具体化了的模型。由此也可以认为，模型有不同的抽象层次；而案例的具体程度也必然具有层次性。从极度抽象的模型到极为具体的案例之间可以有不少中间状态。这种中间状态，恰是社会博弈论所特别关注的。从中间状态所可能爆发的"革命"，又需要特别注意关注这个"中间状态"

所在的序列的两端可能带给它的启发与局限，机遇与挑战。

用数学符号以及图形表示抽象模型的好处是它具有参照性甚至唯一参照性，它的“自变量”“因变量”“逻辑机制”可以一目了然地呈现出来。面对这样的“中间状态”所在的抽象的一端，我们应该追问的是：当它应用于某个具体的情境（外在环境框架）——从而也就是进入某种“中间状态”时，怎么从中把握住既有比较大的解释范围又具有现实性的概念？从抽象模型提供的基础性逻辑出发进行思考是一种重要的方法。比如，抽象的博弈模型中显然涉及信号传递问题，那么具体到某种“中间状态”时，就需要追问这里传递有效信号的机制是什么？行为者怎么样才能让信号变得更“有效”、更“真实”？抽象模型应用于某个具体的情境，还会在不经意间带入“自变量”之外的“其他变量”以及前提假设，而这些都是发展更具现实性的“中间状态”理论时需要注意把握和反思的。

与之相对，通过一个个具体的案例来归纳理论，其好处是不会离现实太远，避免过于离谱的、适用范围有限的数学演算和抽象玄想；坏处是太多的细节和枝蔓容易令人丧失理论（要求具有预测性和解释力）的方向。怎么摒弃掉无关变量，让思考进入一个比较适当的抽象层次或“中间状态”，使可能建构的概念乃至理论既有概括性，又不那么抽象，是从这样的路径——从经验性的一端迈向“中间状态”——发展理论时亟须思考的。这种理论建构或者说假说的创立是一项灵感、直觉与现实相碰撞的创造性活动；它的核心是在人们熟知的材料中发掘新意。这不仅要求研究者关注的事项或环节应该非常重要——比如说人际的冲突与合作，人群的分隔与融合之类；而且要求研究者具有非常敏锐的观察能力和反思能力。不仅不要紧跟和迷信既有的理论范式，话语系统；也不要满足于简单地与之对抗。不仅眼睛要紧盯着经验材料；而且心里要有供参照和作为批判对象之用的既有理论模型。

上文初步探讨的所谓“模型加案例”的方法，当然不排除实验法、观察法、问卷调查法、访谈法、文献法等社会研究的具体方法。事实上，可以与“模型加案例”的方法并列而观的，并不是这些具体的方法，而是类似“中体西用”“西体中用”以及“社会学本土化”之类的说法或提法。笔者认为“模型加案例”的方法和对发展理论所持的观点，也许更有助于兼容中西之所长以及传统与现代之资源。

社会博弈论在经济社会生活中有着非常广泛的应用前景，而且在这样的应用过程中，它本身也应该能获得更进一步的发展和完善。

第一，社会博弈论有助于推进对各类组织（家庭、市场、企业、社会组织乃至国家等）的研究。经济社会生活的核心（从而也是经济社会学的核心）是人的权利及其协调问题。围绕这个核心，基于"物"（尤其是生活必需品）的可分割性，特别是货币度量基础上的（人对"物"的）权利的可分割性，诚然能够借助价格机制"相对轻松地"（在降低相关的交易费用，增加社会产出效率的意义上）解决部分冲突问题。但是，仍然有大量的"物"具有不可分割性，其相关行为主体的权利协调涉及更为复杂的博弈过程和组织安排。更何况，即便是（针对"可分割"的"物"的）价格机制的运行，也涉及"讨价还价"——而这一过程有时甚至也同样涉及相当复杂的博弈活动。进行如此复杂的博弈协调，不可避免地涉及组织（以交易费用节约以及社会产出最大化为方向的）比较研究①，比如对家庭、市场、企业、社会组织乃至国家等不同组织方式进行比较；进而也涉及对组织衰退及其恢复机制的研究——在这个意义上，可以说直面"组织衰退及其恢复机制"的《退出、呼吁与忠诚》（Hirschman，1970），是社会博弈论的一项经典性的应用研究。

第二，社会博弈论在法律（更一般地，这涉及制度、博弈规则、社会安排等等）的制定与执行中有非常广阔的应用空间。不仅法律本身可能是社会博弈的某种均衡或结果；而且法律的规定也会影响博弈参与人的权利结构，有助于（当然违法时可能不利于）做出可信的威胁与承诺；此外，法律宣传还能改变（离散或汇集）社会认知，使得大量的社会博弈能比较容易地（或更为困难地）达成"聚点解"，降低（或增加）社会成员行为的不确定性。总之，法律（或更一般性的制度）的由来与社会作用需要被纳入社会博弈论的思索和思维；而社会博弈论的框架中亦需注意到法律所扮演的重要角色。

第三，社会博弈论能将人口规模以及时空问题有效地纳入自己的思考，其在诸如城市规划和治理之中有着广泛的应用前景。提出并看重威胁、承诺、任责、任势、结构运作及聚点等概念的社会博弈论，关注现实

① 科斯（Coase，1960，1988）、威廉姆森（1971，1979，1988）等在一定程度上对该问题进行了探讨，但是他们的研究还主要局限于从交易费用出发，比较市场、企业与政府的组织效率。问题在于：一方面，交易费用涉及的内容异常丰富，需要社会博弈论来予以澄清；另一方面，在他们眼里，作为研究对象的还主要是交易这一互动形式，但事实上，互动形式中当然还涉及战争、冲突、竞争等更为丰富的内容和形式。

世界中真实的博弈进程。它能够有效地将包括时空结构在内的社会性因素纳入分析，以解释或预测博弈的结果或“解”。伴随着城市化的迅猛推进，伴随着风险社会的来临，交通的网络布局、城市的空间规划和社会治理亟须将社会博弈论纳入考虑的范围（王水雄，2015）。

第四，社会博弈论还有助于对文化、社会形态、群体心理乃至“民族性”及其变动进行定性研究。不能仅仅笼统地观察个体性的行为方式，更应从人际互动、人际关系、组织关系中去发掘文化、社会形态和群体心理等，社会博弈论为进行这类发掘工作提供了重要的理论视角。文化与传统对任责、任势、结构运作及聚点解这类人际（人群）互动而言非常重要：一贯地按某种传统规则出牌、博弈，让对方知道我方的群体心理底线与带有“民族性”的文化，公开某些行为信息并显示某种道德“特色”等，可能会让我方在博弈中占据优势地位。同时，“聚点解”还可能涉及利益均衡与规范均衡的较为复杂的关系（刘世定，2003）；某种规范在某类博弈中的普遍性胜出，也可能导致文化及相关社会形态的改变。

六 结论与讨论

“谢林战略”所体现的思想对博弈论发展方向的重新定位有着重大影响。当其提出“任责”概念时，其实就已经将社会因素、组织理论或社会学引导到了博弈论中。同样不难看到，当孙武说“死地则战”“任势”等词时，其实也相当于在“兵法”之中导入了某种组织理论。“结构运作”“博弈地位展现”等概念的提出更是鲜明地与社会学的权力概念紧密地联系在一起（王水雄，2003）。

对于任责、任势与结构运作这三个概念的辨析，可以沿着抽象程度的“差异”来找到它们的联系及“共同点”，强调它们在外延上从前到后依次为“被包含与包含”的关系以及内涵上依次简单化的倾向性。也可以从“前提条件”出发，从它们“主要”指向的博弈所涉及的“共同利益”的多寡来区分其“不同点”——“任势”意味着双方博弈涉及较少的“共同利益”（或更具“零和”博弈的性质）；“任责”适用于“共同利益”适中的情形；“结构运作”涉入的博弈情形中“共同利益”最多。

基于其所主张的那种博弈论（谢林曾取名为“相依决策理论”）与社会学的关系，谢林（Schelling，1980：302）曾说过：“问题可以拓展到任意数量参与人的情形，在此回报取决于要么一致同意的选择，要么某种类型的多数意见，或相对多数选择，或成功的联合与同盟……这样一来，模糊性的问题将变得更加严重，博弈之协调的一面，可能会变得更与‘解’的基本原理相关。或许正是在多于两人的博弈领域中，协调理论才至关重要，在这里博弈涉及到联盟的构建与规划。对联盟构建中相关信号标识和沟通渠道的研究，显现出是博弈论和社会学能够相互汇聚，碰撞出大量思想火花的地方。”这一论断为社会学研究指出了一个颇有前景的方向——社会博弈论。

谢林强调“对联盟构建中相关信号标识和沟通渠道的研究”是有道理的。《孙子兵法》中讲：“知己知彼，百战不殆；不知彼而知己，一胜一负；不知彼不知己，每战必殆。”（《孙子兵法·谋攻篇》）孙武这里讲到的信息优势等于博弈（主要是指战争）优势的原则，挪一个场景，用在谢林所探讨的“任责”大行其道、规避具有共同灾难性质的、“共同利益”颇为吃紧、非常重要的博弈（主要是指谈判）中，却未必能完全成立。事实上，在《冲突战略学》中，谢林强调从威胁的角度来看，知道信息多的一方，反而不利；所谓“无知者无畏”，有时“无知者”反而能在博弈（比如朝鲜核问题谈判或孩子跟父母的争执）中占据优势地位。

前提辨析因此变得非常重要。“谢林战略”在西方世界引起巨大的反响，与其概念体系非常敏锐地抓住了社会日常生活以及国际博弈大前提的变化不无关系——随着交通的便捷和通信的发展，人类越来越难以彻底地将自己的日常生活屏蔽在（哪怕行为者一定程度上对之有所抵触的）公共场所、社会交往、相互作用之外；随着核武器时代的来临，“避免人类社会乃至地球的毁灭”作为一种潜在的“共同利益”，已经越来越显而易见地摆在有着一定程度“矛盾利益”的人们面前。

相对于经典博弈论更偏重于数学推理、先验判断而言，社会博弈论更强调“模型加案例”的路径与方法，更偏重于在经验性应用和理论推测及检验中发展自己。站在这样的立场来看，除了《孙子兵法》之外，中国传统文化中还有仿佛星辰一般浩瀚的内容值得挖掘与整理，而这个工作势必能够推进社会博弈论理论模型的进一步完善。

笔者倾向于将社会博弈论定位为经济社会学的一种理论形式。经济社会学的核心问题是：利益博弈和规范博弈如何相互交织，达成博弈结果，影响社会效率与公平（刘世定，2011；王水雄，2014）。过度数学化的经典博弈论越来越偏离了社会博弈的重点以及应该着眼的方向。文化制度、社会结构、时空标识、沟通渠道等因素亟须被纳入博弈论框架，基于此，需要深入探究一系列的博弈模型和博弈规律。这一探究可以从有共同规范的博弈入手，再研究规范不同时（在此各行为者的“底线”也就不同，博弈参与人的执着程度或对规范之需求的弹性会扮演重要角色）的博弈情形。更复杂的是探讨各规范集合交叉时的博弈情形。在利益博弈与规范博弈之中哪一种规范能在排序之中占优很大程度上又与获得支持的、涉入博弈之中的人口规模密切相关，正所谓“得道多助，失道寡助”，引入“第三方”、时空标识、信息问题等也会影响规范排序。更进一步，人际差别（比如在特定组织或社会中的地位不同）也会对博弈模型及其可能结果产生影响，一些关键性的环节和标识将倾向于变得特别重要。上述所有这些内容应成为社会博弈论的重要的研究议题。

一百多年以来，特别是第二次世界大战以来，社会博弈的前提和条件已经发生了巨大变化，这种变化亟须社会学界乃至社会科学知识界的敏锐把握。同时，知识界还负有责任去提升民众对相关问题的认知水平。“工欲善其事，必先利其器”，我们的分析工具亟须发展。作为古今传承和中西融合的产物，社会博弈论便是这样的分析工具之一。

参考文献

奥利弗·威廉姆森，1971，《生产的纵向一体化：市场失灵的考察》，陈郁编，1996，《企业制度与市场组织——交易费用经济学文选》，上海三联书店、上海人民出版社。

奥利弗·威廉姆森，1979，《交易费用经济学：契约关系的规制》，陈郁编，1996，《企业制度与市场组织——交易费用经济学文选》，上海三联书店、上海人民出版社。

奥利弗·威廉姆森，1988，《经济组织的逻辑》，陈郁编，1996，《企业制度与市场组织——交易费用经济学文选》，上海三联书店、上海人民出版社。

冯梦龙编著，2010，《智囊》，王耀祖、张敏译注，中华书局。

黄朴民，2004，《〈孙子兵法〉选评》，上海古籍出版社。

刘君祖，2014，《孙子兵法演义》，上海三联书店。

刘世定，2003，《占有、认知与人际关系——对中国乡村制度变迁的经济社会学分析》，华夏出版社。

刘世定，2011，《经济社会学》，北京大学出版社。

罗伯特·吉本斯，1999，《博弈论基础》，高峰译 魏玉根校，中国社会科学出版社。

罗伯特·金·默顿，1990，《论理论社会学》，何凡兴、李卫红、王丽娟译，华夏出版社。

毛晖、王大玲、章颖，2015，《父亲嫌2000元手机贵不给买，女孩横卧路中央》，《中国青年报》2015年7月24日。相关网址：http://news.china.com/social/1007/20150724/20072934.html? qq-pf-to = pcqq.group。

钱穆，2002，《论语新解》，生活·读书·新知三联书店。

司马迁，1997，《史记》，郭逸、郭曼标点，上海古籍出版社。

司马哲、岳师伦编著，2006，《孙子兵法与三十六计智谋鉴赏》，中国言实出版社。

孙武，2012，《孙子兵法》，曹操注，郭化若校笺，上海世纪出版集团。

托马斯·谢林，2009，《承诺的策略》，王永钦、薛峰译，上海世纪出版集团。

王水雄，2003，《结构博弈——互联网导致社会扁平化的剖析》，华夏出版社。

王水雄，2014，《经济社会分析的一个框架和体系》，《社会学评论》第1期。

王水雄，2015，《社会博弈论与超大型城市的规划与治理》，载于周俭主编《社区·空间·治理——2015年同济大学城市与社会国际论坛会议论文集》，同济大学出版社。

Coase, Ronald. 1960. “The Problem of Social Cost.” *Journal of Law and Economics*. October 1960. pp. 1 – 44.

Coase, Ronald. 1988. *The Firm, the Market, and the Law*. Chicago and London: The University of Chicago Press.

Hirschman. Albert O. 1970. *Exit, Voice, and Loyalty: Responses to Decline in Firms, Organizations, and States*. Massachusetts and London: Harvard University Press.

Kinsley, Michael. 2005. “A Nobel Laureate Who's Got Game.” *The Washington Post*, October 12. http://www.washingtonpost.com/wp-dyn/content/article/2005/10/11/AR2005101101336.html.

Schelling, Thomas C. 1980. *The Strategy of Conflict*. Massachusetts: Harvard University.

Schelling, Thomas C. 2006. *Strategies of Commitment and Other Essays*. Massachusetts & London: Harvard University.

（责任编辑：胡亮）

社会博弈论：博弈论中的“帝王心术”

——对王水雄论文的评论

林思成*

王水雄副教授的《“孙子兵法”VS.“谢林战略”——社会博弈论的古今传承与中西融合》这篇文章，从经济社会学的观点出发，将《孙子兵法》中的“任势”思想、托马斯·谢林的“任责”思想以及自己在《结构博弈》中总结的“结构运作”理论进行了并列式比较，讨论了三者在以人与人（或组织与组织、组织与人）之间的相互作用（或者说“博弈”）为对象的研究中的相似性和差异性，并通过对三者的核心概念和理论前提的比较分析和融会贯通，揭示了一种颇有应用前景和发展潜力的博弈理论。这一理论，由于敏锐地把握了当代信息化的社会生活现实与核威慑背景下的国际博弈大前提，并将组织理论、时空标识等社会学因素引入博弈论中，也因此被作者称为“社会博弈论”，即“社会学版本的博弈论”。

既然提出了“社会博弈论”这一概念，就免不了将其与经典博弈论进行比较。作者在论述中，有意识地区分了二者关于博弈参与人的谈判地位及其行动自主性的理论预设的不同。作者认为，经典博弈论强调在博弈起始点上，参与者双方之间“地位的平等性”“行为选择的独立自主性”；而“社会博弈论”则未对此做出严格预设。笔者基本同意作者对二者进行前提辨识所得出的结论，不过，笔者认为，在“社会博弈论”，特别是其中的“任责”与“任势”的思路中，由于社会结构因素的引入，有一个呼之欲出——而作者没有着重突出——的重要概念，使得这一理论进路中的博弈关系与经典博弈论中的互动关系具有本质性的区别。这

* 林思成，中国人民大学社会学系研究生，电子邮箱：marklin1992@163.com。

个概念，就是“权力”。

“权力”这一概念，作为政治学和政治社会学的核心概念之一，在经济社会学的理论表述中并不常见；然而，这并不代表它在经济社会学的理论体系中没有一席之地。事实上，“权力”这个概念如同一个幽灵，潜伏于经济社会学许多理论的前提预设之中。举例来说，科斯在《社会成本问题》中曾经提及，在经济活动中协调生产、对权利界定发挥作用的有三种重要的机制，即市场、企业组织和政府（当然，后来科斯在其《论生产的制度结构》这篇演讲里还补充到，中国的家庭组织可能也是一种协调生产活动的重要机制）。在此处，政府作为对权利界定具有强制力的“第三方”，实际上就代表了“权力”。而在诸如“囚徒博弈”困境的经典博弈论的理论预设之中，囚犯们之所以默默地忍受痛苦抉择的煎熬，并乖乖地做出选择，也是在象征“权力”的监狱系统的强制力控制下才有序完成的（即使在模型中没有提到这一隐含的强制力）。由此可见，“权力”概念通常是隐藏在经济社会学的理论预设之中，并在博弈活动里作为中立的“第三方”，悄然维持着其中博弈关系稳定有序地进行。

当我们将视线从经典博弈论转向“社会博弈论”之后，我们会发现，在具体案例中，无论是“孙子兵法”中的两军相争，还是“谢林战略”中的国际谈判，都难以再见到具有强制性“权力”的那个中立的“第三方”的存在了。这样导致的结果就是博弈关系中出现了一个“权力真空”的状态。笔者在此使用“权力真空”一词，指的是博弈关系中“博弈主导权”的真空。在经典博弈论之中，博弈的主导权其实被隐含地假设为中立的“第三方”占有，由这个“第三方”享有制定博弈规则、维持博弈秩序、监督博弈结果的一整套权力；博弈的参与者，就在“第三方”的主导下相对平等地进行互动。然而，在“第三方”缺失的状态下，“博弈主导权”这一稀缺性和排他性资源的占有状态也会迎来变更。博弈的参与者势必采用各种手段来争夺博弈的主导权，“任责”和“任势”在这种意义下也可以被视为争夺博弈主导权的不同表现形式，只不过二者都是以占有主导权为最终目的。最后，谁占有了博弈的主导权，谁就能获得相对优势的谈判地位和行为选择的自主性。此时，博弈参与人不再是平等的玩家，而是处于权力关系的支配之下，原本的博弈关系也转化为支配与被支配的关系。

在布劳的社会交换理论中，权力被定义为“个人或群体不顾他人反抗而将自己的意志强加于他人的能力”（贾春增，2008：252）。在笔者看来，这一定义也同样适用于“社会博弈论”。在《孙子兵法》中，孙武讨论了如何调动时空结构因素来壮大自身力量，占据优势地位，限制敌人可选择的战略，这就是通过“任势”来将自己的战略意图强加于敌人；而谢林的“任责”思想，虽然看似与孙武的“任势”思想有较大差异性，如作者所说，强调的是“通过约束乃至摒弃己方（而不是对方）将来（以及当前）行为选择的可能性，控制自己未来（以及当前）可能的行为空间，一定程度上让自己处于相对‘弱势’的地位”，但其目的，却是为了形成可信的威胁与承诺，左右对方对自己行为的预期，从而限制对方的行为选择，达到己方想要的结果，其实质与“任势”一致，都是为了获得主导博弈关系、推行己方意志的权力。在这里，“权力”与其说是“将自己的意志强加于他人的能力”，不如说是“锁定（或限制）对方行为选择的能力”；“锁定”的结果，就是博弈参与人之间出现权力结构的分化。

在博弈关系中出现权力分化后，根据“社会博弈论”所对应的利益关系，情况又会出现新的变化。博弈双方利益以矛盾为主，对于这种“任势”所应对的博弈关系来说，一方获取博弈的主导权之后的结果，就是“赢家通吃”。但是，对于“任责”所应对的利益关系错综复杂，共同的利益与矛盾的利益紧密交织的博弈关系来说，这会给“权力”转化为“权威”的机会，这一转化的关键，就在于博弈双方“共同利益”的存在。共同利益的存在，使得“任责”所应对的博弈关系中的协调（或者说妥协）成为可能，“任责”所展示和确定的共同的底线，为博弈双方提供了基本的合作框架，当处于劣势的一方，对处于优势谈判地位的一方所确立的合作框架予以认同的时候，处于优势地位的一方的“权力”在某种程度上就获得了“合法性”，从而升格为“权威”，也确立了该博弈关系中权力结构的合法性。此时，处于优势谈判地位的玩家终于可以“合法地”推行符合自己意志的战略，可谓是彻底地获得了对整个博弈关系的支配能力。我们甚至可以进一步推测，这种博弈关系隐含着向正式组织形式发展的趋势。

综上所述，王水雄副教授的这篇论文，在笔者看来，不仅仅是对新时期面向真实世界的博弈理论的一次集大成式的提炼，为社会学研究指出了一个博弈论取向的颇有前景的理论进路，还可能在有意无意间，揭示了一整套关于博弈的“权力哲学”。从这种意义上讲，我们运用社会结构因素掌握博弈主导权的“社会博弈论”，可以说是博弈论理论中的“帝王心术”了。

参考文献

贾春增，2008，《外国社会学史》，中国人民大学出版社。

Coase, Ronald. 1960. “The Problem of Social Cost.” *Journal of Law and Economics*. October.

（责任编辑：胡亮）

经济社会学研究　第三辑
第 220 ~ 240 页

社会倾斜系统中的信息和个体行为

郭爱民*

摘　要：笔者（郭爱民，2015）对社会倾斜系统的数学描述和临界值模型做了文献梳理，因限于篇幅，未对关键信息的作用进行讨论。本文在此基础上，对信息在社会倾斜系统中的作用做了分析。研究表明，信息也对社会倾斜系统的形成有重要影响，在个体决策过程中，关键信息通过改变个人的预期影响行动者的行为，从而改变系统的运动过程。个体在互动过程中，信息不对称将导致系统朝消失的方向倾斜。当信息失效时，就形成了信息流这样的社会倾斜系统，信息流具有脆弱性。这为进一步研究提供了理论参考，也可以为相关部门制定治理问题的政策提供理论依据。

关键词：社会倾斜系统　非稳定均衡　临界值　信息

信息在有些社会倾斜系统的形成中起了关键作用。信息会改变行动者对当前和未来情况的评估与预期，当人们听到天气预报说今天将有大雨时，虽然出门的时候天气还晴朗，但是大多数人还是会带上伞。当投资者听到某个上市公司的产品供不应求的消息时，他很可能提高对这个上市公司盈利状况的预测，从而选择买入该公司的股票。在博弈过程中，更多的信息往往可以让博弈者更有效地了解竞争对手的情况，进而选择

* 郭爱民，北京大学社会学系 2005 级硕士研究生，现供职于广东省人民政府金融工作办公室，电子邮箱：47770804@ qq. com。本文仅代表个人观点。

有利于自己的策略。许多赌场高手通过观察对手细微的面部表情和肢体动作来判断对方手中牌的好坏。总而言之，信息的出现可以改变人们对当前和未来形势的判断，当人们的判断发生变化时，行动也随之而变。当行动者的状态变化时，系统也往往跟着变化。

广义的信息（information）概念是指反映自然界和社会运动及其属性的知识总和。它包括人类可接触和识别的一切主体、客体及其属性，不但包括外部自然界的物质属性和运动规律，也包括主观世界中的各种文化和精神现象。狭义的信息概念指与研究系统相关的、对系统行动者决策有影响的知识。本文用的是信息的狭义概念，指与系统及其行动者有关的知识，包括系统中的外生变量（博弈论称之为与“自然”相关的信息）、行动者的特征、行动者的行动三方面的知识。如银行挤兑模型中，系统中的外生变量有行动者类型的分布（第一类行动者的比例）、银行投资收益情况等，每个行动者所属的类型则为行动者特征，行动者的行动是指行动者具体的行动选择（如取款或存款）。

信息对个体行为和系统有多种影响方式。本文先讨论信息对个体决策的影响，分析关键信息在社会倾斜系统形成中的作用；接着分析个体互动过程中信息不对称情形下社会倾斜系统的形成；最后讨论信息失效时个体的行为和社会倾斜系统的产生。

一　个体决策视角下关键信息在社会倾斜系统形成中的作用

系统中所有的信息构成系统的信息集，每个信息都是信息集里面的子集或者元素。在一些社会倾斜系统中，有一类信息决定行动者选择某个行动，该行动使社会系统倾斜，本文称这类信息为关键信息（key information）。例如在 Jacklin-Bhattacharya 模型中，当获得该信息的那部分第二类行动者预期银行投资获得低收益的概率大于 $\hat{\theta}$ 时，将采取“取款”的行动，引起行动者恐慌，导致银行挤兑。在这个模型中，关于银行投资风险的信息就是关键信息。

社会倾斜系统形成的微观基础是行动者的最优选择，关键信息影响行动者对当前和未来形势的“猜测”（预期），而预期影响行动者的最优选择。当所有的行动者根据信息做出使系统倾斜的决策后，宏观系统就表现为倾斜状态。研究关键信息对社会倾斜系统的作用，实际上是研究社会倾斜系统形成的原因和过程，可以让人们进一步理解和分析社会倾斜系统的运行机理。

研究关键信息对个体决策和社会倾斜系统的作用，还有重要的现实意义。前文述及，当系统倾斜时，人们的福利水平往往下降。这是因为人们一般渴望生活在稳定的社会经济环境中，而不喜欢非稳定的社会动乱、经济波动。稳定的社会经济环境可以给人们带来安全感，使人们对未来的预期更稳定。当社会动荡不安、事故频发时，人们不但感到未来不可预测，同时也觉得当前生活不稳定，给个体的行为决策带来困难，降低了人们的幸福感。研究关键信息在社会倾斜系统中如何作用，可为用信息传播或信息发布的手段解决一些社会问题提供有效的建议。

在社会倾斜系统中，许多个体往往拥有私人信息。私人信息（private information）指行动者本人掌握、其他行动者无法获知的信息。在 Diamond-Dybvig 模型里面，行动者类型属于私人信息，每个行动者只知道自己的类型，不知道别的行动者的类型。Postlewaite-Vives 模型中的私人信息是行动者接收到的关于自己寿命的信号 S^i，Thomas 模型中的私人信息则为基本面分析者掌握的关于经济运行和企业经营状况的信息，这部分信息为投机者所不具有。这说明，信息有不同的具体内容，可以是未来投资收益情况，也可以是行动者寿命的长短，还可以是关于敌国军队调动的情况。在数理建模里，往往用信号这个变量来描述信息，用信号的取值来表示信息反映的实际情况。例如，用 $S^i = \{S^1, S^2, S^3\}$ 表示行动者收到的关于寿命长短的信号。

行动者在决策过程中无法获得别的行动者拥有的私人信息，从而导致信息在群体中的不均衡分布，本文称这种状态为信息不均衡。信息不均衡的一个可能结果是行动者行为出现分化，受信息的影响，拥有某种信息的行动者和不拥有该信息的行动者会做出不同的选择。例如在 Jacklin-Bhattacharya 模型中，虽然第二类行动者的决策目标和面对的环境一样，但是获得银行投资收益信息的行动者由于有更为充分的信息，所以能提前对未来的变化做出反应。当获得信号的行动者预期银行投资收益为 R_l 时，其预期效用 $[V(c_{12}, \bar{c}_{22}, 2)]$ 变低，当 $\hat{E}[V(c_{12},\bar{c}_{22},2)] < \hat{E}[V(c_{11},\bar{c}_{21},2)]$时，该行动者采取“取款”的行动，转化为第一类行动者。关键信息在社会倾斜系统形成中的作用可以用图 1 来概括。图 1 表明，关键信息影响行动者对未来的预期，当行动者预期发生变化时，行

动也随之而变，所有行动者采取的新行动达成均衡后，系统就成了非稳定均衡系统。

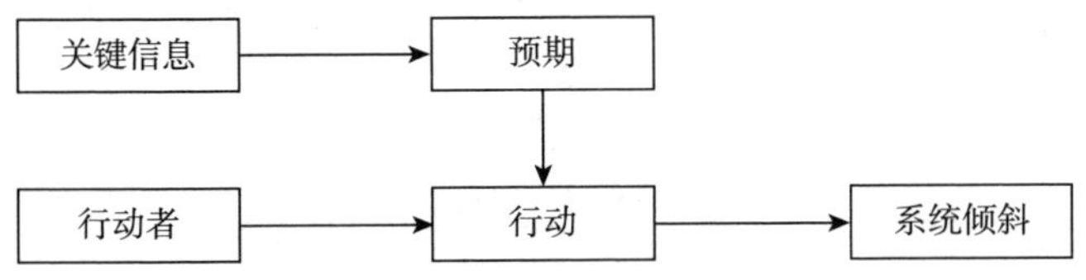

图 1　信息在非稳定均衡系统形成中的作用

下面以 Chari-Jagannathan 模型来说明信息对行动者预期和行动决策的影响。该模型和 Postlewaite-Vives 银行挤兑模型相似，假设每个行动者有 1 单位初始禀赋，并存活三个时期：计划期、时期 1、时期 2，即 $T=0$、1、2。在计划期，投资计划被确定，$T=1$ 时投资获得确定的回报。如果将这些资源在时期 1 再投资，则在时期 2 获得随机的回报；如果不继续投资，则将这些资源转化为流动资产需要付出成本，这些成本取决于行动者的消费情况。

行动者在 $T=0$ 时投资，如果他们在 $T=1$ 时不将资产转化为现金流（liquidity），在 $T=2$ 时将获得随机但是比较高的期望回报。时期 1 的投资回报受消费者消费总量这个外生变量影响，如果很多行动者在时期 1 消费，则该期投资回报将较低。如果只有少数行动者在时期 1 消费，则投资的回报率为 1。这是因为变现投资要付出交易成本，交易成本的大小和总体消费量大小相关。

行动者的投资计划可以用一个二维向量（k_0，k_1）表示，k_0 为计划期的投资额，k_1 为时期 1 的投资额，产出向量为（y_1，y_2）。$T=1$ 时将投资变为成本，变现成本依赖于经济系统中的总投资量 K。所以生产函数为：

$$y_1 = k_0 - k \qquad \text{如果 } K \geqslant \overline{K} \tag{1}$$
$$\text{否则 } y_1 = (1-a)(k_0 - k)$$

其中，$0 \leqslant a \leqslant 1$，且 $\overline{K}$ 为外生变量。

$T=2$ 的产出 y_2 是个随机变量：

$$y_2 = \tilde{R}k \tag{2}$$

假设刻画投资回报的随机变量 $\tilde{R}$ 有“高回报”和“低回报”两种取值可能，高回报 H 的概率为 p，低回报 L 的概率为（$1-p$）。为简单起见，假设 $L=0$。

Chari-Jagannathan 模型假设行动者的行动目标是期望效用最大化。根据消费偏好将行动者分为两类：第一类行动者只关心时期 1 的消费；第二类行动者对两期的消费均关心。两类行动者的效用函数如下：

$$U^1(c_1, c_2) = c_1 + \beta c_2$$
$$U^2(c_1, c_2) = c_1 + c_2 \qquad (3)$$

二维向量（c_1，c_2）表示行动者在时期 1 和时期 2 的消费量，β 为折现因子，由于第一类行动者不关心时期 2 的消费，所以 β 接近于 0。

所有的个体在计划期都不知道自己的类型，第一类行动者的比例 $\tilde{t}$ 是随机的，取有限个值。为简化讨论，可假设 $\tilde{t}$ 有三种可能取值，$t \in \{o, t_1, t_2\}$，取值概率分别为 r_0、r_1 和 t_2。

行动者收到的信息是关于投资回报高低的信息。在 $T = 1$ 初期，部分第二类行动者收到与时期 2 投资回报有关的信息，信息是完美的（perfect），即信息无偏地反映了未来的实际情况。记收到信息的第二类行动者的比例为随机变量 $\tilde{\alpha}$，$\alpha \in \{o, \bar{\alpha}\}$，且 $p\ \{\tilde{\alpha} = \bar{\alpha}\} = q$。在计划期，每个行动者都不能确定自己能否获得长期回报的信息，也没有哪个行动者知道 θ 的真实取值，部分第二类行动者接收的信息也只有他们自己知道。唯一的公共信息就是经济系统中的总投资量，行动者能观察到选择继续投资的人口比例，但是不知道他们再投资的原因。

在计划期，每个行动者都将 1 单位收入存入银行。$T = 1$ 时，第一类行动者比例 t 的取值被确定，同时每个类型的行动者知道自己属于哪一类型，但是行动者类型属于私人信息。第二类行动者将所有的存款取出用于消费。α 比例的第二类行动者收到未来投资回报的信号，如果收到的信号为 H，他们将继续投资；如果收到的信号为 L，他们将全部存款取出。第二类行动者根据 $T = 1$ 的总投资规模决定投资多少。如果 K 很小，没有收到信息的第二类行动者不知道究竟是因为 t 很高还是因为 α 比例的第二类投资者没有投资，为了资金安全，他们将减少投资。在这里，信息不均衡是导致系统不稳定的关键所在。

第二类行动者面临的问题可以用下式表述：

$$\max_{k} c_1 + \int c_2 dF(\theta \mid K) \qquad (4)$$

在下列条件下：

$$c_1 = (1-a)(1-k) \quad \text{if} \quad K < \overline{K} \quad \text{and} \quad 1-k \text{ otherwise}$$
$$c_2 = w + kR$$

其中，w 是 $T=1$ 时行动者持有的现金，$F(\theta \mid K)$ 表示 $T=1$ 时行动者在知道总投资额 K 时三维向量 θ 的分布，$\theta \equiv (t, R, \alpha)$，三个随机变量 $\tilde{t}$、$\tilde{R}$ 和 $\tilde{\alpha}$ 相互独立。用 Θ 表示 θ 的取值概率。

记这个问题的最优解为 k，$k=k(K)$。对获得信息的第二类行动者来说，如果 $\tilde{R}=H$，$k=1$，即当银行投资回报较高时，他们将等到时期 2 消费；如果 $\tilde{R}=L$，$k=0$，即如果银行投资回报较低，他们将在时期 1 把钱全部取出用于消费，可以将这部分行动者在 $T=1$ 时的投资额记为 $k^1(R)$。对 $T=1$ 时总的投资额 K_D，则可以定义为：

$$K_D = \alpha(1-t)k^1(R) + (1-\alpha)(1-t)k(K) \tag{5}$$

很明显，均衡时 $K_D = K$。表 1 列出了在不同的 θ 值下 K_D 的解。

表 1　总投资需求函数

自然的状态		公式（5）中定义的总投资需求函数 $K_D(.)$
序号	$\theta \equiv \{t, R, \alpha\}$	
1	$(0, R, 0)$	$k(K)$
2	$(0, H, \bar{\alpha})$	$\bar{\alpha} + (1-\bar{\alpha})k(K)$
3	$(0, L, \bar{\alpha})$	$(1-\bar{\alpha})k(K)$
4	$(t_1, R, 0)$	$(1-t_1)k(K)$
5	$(t_1, H, \bar{\alpha})$	$(1-t_1)\{\bar{\alpha} + (1-\bar{\alpha})k(K)\}$
6	$(t_1, L, \bar{\alpha})$	$(1-t_1)(1-\bar{\alpha})k(K)$
7	$(t_2, R, 0)$	$(1-t_2)k(K)$
8	$(t_2, H, \bar{\alpha})$	$(1-t_2)\{\bar{\alpha} + (1-\bar{\alpha})k(K)\}$
9	$(t_2, L, \bar{\alpha})$	$(1-t_2)(1-\bar{\alpha})k(K)$

为了找出什么时候发生银行挤兑，Chari 和 Jagannathan 定义了“恐慌性均衡”（panic equilibrium），即将在 $\alpha=0$ 时总的投资额也为零的理性预期均衡称为恐慌性均衡。所谓理性预期均衡（rational-expectations equilibrium）是指使得整个系统能达到最优、稳定的总投资水平（Chari and Jagannathan，1988）。简单地说，恐慌性均衡就是指，即使没有任何行动者收到关于未来回报的信息，在 $T=1$ 时所有行动者也会将所有存款变现。

显然，在 Chari-Jagannathan 模型中，行动者对未来银行投资回报降低的预期是发生银行挤兑的原因，而在 Jacklin-Bhattacharya 模型中导致银行挤兑的原因是银行投资的风险加大。

恐慌性均衡只有在很多行动者预期投资为低回报 L 并到银行转移资产时出现。什么时候系统将出现挤兑呢？Chari-Jagannathan 模型有如下结论。

定理 1：

若系统满足条件：

$$\frac{r_1(1-q)pH}{r_0(1-p)q+r_1(1-q)}>1$$

$$\frac{r_2pH}{r_1(1-p)q+r_2(1-q)+r_2pq}<(1-a) \tag{6}$$

则系统存在恐慌性均衡，而且所有的理性预期均衡都是恐慌性均衡（Chari and Jagannathan，1988）。

定理 1 实际上给出了系统成为非稳定均衡系统的临界条件。当参数突破临界值时，系统将倾斜，发生银行挤兑。在这里，关键信息影响了个人对未来的预期，当人们根据预期选择了使系统倾斜的行动时，系统在宏观上就出现了倾斜的运动特征。

二 个体互动视角下信息不对称在社会倾斜系统形成中的作用

如果行动者在互动中对同一事物拥有的信息不同，一方比另一方拥有更充分的信息，就会出现信息不对称。在二手车交易市场，车主通过一段时间的驾驶，对将要出售的二手车质量和性能往往比较清楚，但是买者并不了解二手车的质量，于是出现了关于二手车质量的信息不对称，这个时候，二手车市场将会逐渐消失，系统单向倾斜至消失为止（Akerlof，1970）。

企业家在金融市场中的融资情形和二手车市场类似（蒋殿春，2001）。风险厌恶型的企业家拥有投资项目，投资项目的收益是不确定的。企业家向风险中立的投资者融资，获取项目开发所需的资金。但是项目收益情况的信息具有不对称性，企业家清楚地知道投资项目的收益分布函数，而投资者只能根据已有融资项目的收益情况估计现有项目的投资收益。

假设企业投资项目的投资利润（$\tilde{R}-1$）服从正态分布，不同的投资项目有不同的期望利润 μ，但是风险一样，即具有相同的方差 σ^2，每个企业家拥有的项目的期望利润 μ 是他的私人信息。但 μ 在所有企业家中的分布是公共信息，为所有企业家和投资者共知。为简单起见，假设所有企业家所需要融资的数量为 1。

常用的风险厌恶型效用函数是指数效用函数，我们假设企业家的效用函数为：

$$u(W) = -e^{-\alpha W}, \alpha > 0 \tag{7}$$

这类效用函数具有良好的性状：凹状、常风险规避系数。效用函数（7）的风险规避系数不变说明企业家并不会因为财富的增加而在投资上变得谨慎起来，这比较符合企业家永不满足、积极进取的创业特点。假设企业家的财富初始禀赋为 W_0（$W_0>1$）。$W_0>1$ 表明，企业家自己的财富足够用于项目投资。但由于企业家厌恶风险，所以虽然其初始财富 $W_0>1$，但他们还是希望向投资者融资，让投资者分担项目的风险。记投资项目的利润 $\tilde{r}(\mu)\equiv\tilde{R}(\mu)-1$。若企业家用自有资金投资，则其效用为：

$$\begin{aligned}
E[u(W_0+\tilde{r}(\mu))] &= \int_{-\infty}^{\infty} -e^{-\alpha(W_0+x)} \frac{1}{\sqrt{2\pi\sigma}} e^{-(x-\mu)^2/2\sigma^2} dx \\
&= -e^{-\sigma(W_0+x-\alpha\sigma^2/2)} \int_{-\infty}^{\infty} \frac{1}{\sqrt{2\pi\sigma}} e^{-[x-(\mu-\alpha\sigma)]^2/2\sigma 2} dx \\
&= -e^{-\sigma(W_0+x-\alpha\sigma^2/2)} \\
&= u\left(W_0+\mu-\frac{1}{2}\alpha\sigma^2\right)
\end{aligned} \tag{8}$$

该式体现了企业家出售其拥有的项目的保留效用，可以看出，为了获得期望收益 μ，企业家愿意支付的风险金为 $-\frac{1}{2}\alpha\sigma^2$。当投资项目以价格 p 向投资者出售时，他获得的效用为 u（W_0+p）。所以企业家出售项目的条件是：

$$p \geqslant \mu - \frac{1}{2}\alpha\sigma^2$$

也即：

$$\mu \leqslant \bar{\mu} \equiv p + \frac{1}{2}\alpha\sigma^2 \tag{9}$$

这说明，只有手中期望利润率低于一定水平$\left(\bar{\mu}\equiv p+\frac{1}{2}\alpha\sigma^{2}\right)$的项目才会被企业家拿来向投资者进行股权融资，导致逆向选择①。由于项目的收益情况μ属于私人信息，投资者无法对某个具体项目的收益进行评估。在投资者风险中立的情况下，投资者根据市场上所有项目的平均收益来出价，即：

$$p^{*}=E\left[\mu\mid\mu\leqslant\bar{\mu}\right] \tag{10}$$

显然，在这个价格下，收益率低（$\mu<p^{*}$）的项目能获得超额回报，拥有这种项目的企业家更有积极性出售自己的项目；而期望收益满足$p^{*}<\mu<\bar{\mu}$的项目持有者得到的回报偏低，削弱了持有者出售项目的积极性。最终，金融市场上充斥的大多是期望回报低的项目，降低了对投资者的吸引力。

从上面的分析可以看出，信息不对称导致互动中行动者利益的失衡，占有信息的一方在互动过程中有一定的优势，获得了更多的收益，及"信息租金"。但当互动持续进行时，信息处于劣势的行动者会认识到自己在互动中的不利处境，并调整预期。系统调整的结果是出现"逆淘汰"，拥有好的项目的企业家因为投资者出价太低而退出市场，降低了项目的平均收益。当信息处于劣势的行动者认识到这一调整时，会进一步降低对项目收益的预期，愿意支付的价格更低，于是系统不断倾斜，一直到市场消失。

三 信息失效在社会倾斜系统形成中的作用

一般而言，拥有信息的行动者在行动决策中有一定的优势。围棋棋手从小就要练习和记忆各种定式，学习棋谱，这实际上是通过掌握棋路变化的信息来提高实盘对弈能力。当对手落子时，熟悉定式变化的棋手能清楚地知道自己该怎样应对，所以在围棋对弈中人们常说"棋高一着，缚手缚脚"，这很好地说明了拥有信息可以让行动者在行动中处于优势地位。

有时候，拥有新的信息并不能给个体行为决策带来额外的帮助。如果你已经在一个餐馆吃完饭结了账，这个时候朋友打电话告诉你这家餐

---

① 逆向选择是指由于交易双方信息不对称和市场价格下降产生的劣质品驱逐优质品，进而出现市场交易产品平均质量下降的现象（Akerlof，1970）。

馆最好吃的菜是红烧猪蹄，那么这个信息对你今天在这个餐馆点菜是没有任何帮助的，因为你已经吃完饭了。人们收到的信息不能为其决策提供额外帮助的情况被称为信息失效。信息失效有时也会导致社会倾斜系统的出现。前文已经分析了信息对个人行动产生影响时社会倾斜系统的产生过程，接下来我们用模型来说明信息失效在社会倾斜系统形成中的作用。这个模型由 Sushil Bikhchandani、David Hirshleifer 和 Ivo Welch 三位学者于 1992 年建立，所以本文将其简称为 BHW 模型。

该模型假设系统中有许多行动者，每个行动者在面对某项决策时有两种选择：接受或者拒绝。行动者按顺序决策，决策的顺序是外生决定的，并且为全体行动者所知。每个行动者可以观察到前面的行动者采取了什么行动，但是不知道他们采取该行动的原因。当行动者采取“接受”的行动时，他需要付出成本 $C=\frac{1}{2}$，可能获得的收益 V 有两种，或者为 1，或者为 0，两种情况的概率相等，均为$\frac{1}{2}$。每个行动者都观察到与收益 V 取值有关的信号。信号属于私人信息，每个行动者只知道自己收到的信号，不知道别人收到的信号。设第 i 个行动者收到的信号可能为 H，也可能为 L。假设信息是有效的，所以实际情况为 H 时，行动者 i 观察到信号 H 的可能性为 $p_i>0.5$，观察到信号 L 的概率为 $(1-p_i)<0.5$。为简单起见，假设所有行动者观察到信号 H 和 L 的概率是一样的。行动者根据自己收到的信号和前面行动者的行动确定自己的行动。

行动者 1 按照自己所拥有的私人信息进行决策，如果他收到的信号为 H，根据贝叶斯公式，有：

$$P(V=1|H)=\frac{P(H|V=1)P(V=1)}{P(H|V=1)P(V=1)+P(H|V=0)P(V=0)}$$
$$=\frac{p\times 0.5}{p\times 0.5+(1-p)\times 0.5}=p>0.5$$

此时，他的期望收益为 $p\times\left(1-\frac{1}{2}\right)+(1-p)\times\left(0-\frac{1}{2}\right)=p-0.5>0$，所以他将采取“接受”行动，记为 $a_1=1$。如果他收到的信号是 L，将采取“拒绝”行动，记为 $a_1=0$。

行动者 2 将根据行动者 1 的行动和自己的私人信息进行决策。假设行动者 2 的私人信息是 H，他就倾向于采取“接受”行动，$a_2=1$。如果他观察到行动者 1 的行动为“接受”（$a_1=1$），则会强化其选择“接受”的行动决策。如果他观察到行动者 1 的行动为“拒绝”，那么他无法判断自己收到的信号是否正确的信息，这时他收到的信息失效，信号相当于噪声，对其行动决策没有帮助。他将随机行动，所以 $a_2=1$ 和 $a_2=0$ 的概率都是$\frac{1}{2}$，即信息失效。①

如果行动者 3 观察到行动者 2 和行动者 1 都“接受”，他会据此推断行动者 1 得到的信息是 H，行动者 2 有很大的可能性收到的信息是 H。此时，无论他的私人信息是 H 还是 L，他都会跟随前面两个行动者，采取“接受”行动。这个时候产生了所谓的“信息流”（informational cascades），显然，这个时候行动者 3 的私人信息已经完全失去作用了。行动者 1 和行动者 2 都“拒绝”的情况与此类似。如果行动者 3 观察到前面两个行动者一个“拒绝”、一个“接受”，那么前面两个行动者的行动不能给他提供任何信息，他面临与行动者 1 类似的情形，将根据自己的私人信息进行决策，如果他收到的信号为 H，则“接受”，否则“拒绝”。

在实际的收益情况为 $V=1$ 时，如果形成的信息流是“接受信息流”，则称之为正确的信息流，反之称之为错误的信息流。可计算出形成正确的信息流、不形成信息流和形成错误的信息流的后验无条件概率分别为：$\frac{1-p+p^2}{2}$、$p-p^2$、$\frac{1-p+p^2}{2}$。偶数个行动者行动之后，上述概率为：

$$\frac{1-(p-p^2)^{n/2}}{2},\ p-p^2,\ \frac{1-(p-p^2)^{n/2}}{2} \tag{11}$$

式（11）有如下两个重要特性。

第一，p 越接近$\frac{1}{2}$，形成信息流的概率越大，系统越可能倾斜。p 向$\frac{1}{2}$靠近相当于信号里面的噪声增加，有效信息减少。当 $p=\frac{1}{2}$时，信息完全失效。当信息完全失效时，行动者只好根据观察前面行动者的行动来决定自己的行动，形成了所谓的“跟风”。所以在这类系统中，信息越有效，越不容易出现跟风现象。

---

① 根据贝叶斯公式：

$$P(V=1|X_2=H,a_1=1)=\frac{P(X_2=H,a_1=1)P(V=1)}{P(X_2=H,a_1=1)P(V=1)+P(X_2=L,a_1=0)P(V=0)}$$

$$=\frac{p(1-p)\times 0.5}{p(1-p)\times 0.5+(1-p)p\times 0.5}=0.5。$$

第二，当人数增加时，形成信息流的概率接近于1，即使信息含有大量噪声，即 $p=\frac{1}{2}+\varepsilon$（$\varepsilon$ 为一个很小的正数），当 $n=10$ 时，不形成信息流的概率也锐减至0.1%！这表明，大规模群体比小规模群体更容易形成信息流，出现跟风赶时髦的现象。

可以计算出第三个人形成正确的信息流、不形成信息流和形成错误的信息流的概率分别为：

$$\frac{p(p+1)}{2},\ p(1-p),\ \frac{(p-2)(p-1)}{2} \tag{12}$$

偶数个行动者形成正确的信息流、不形成信息流和形成错误的信息流的概率分别为：

$$\begin{gathered}\frac{p(p+1)\left[1-(p-p^2)^{n/2}\right]}{2(1-p+p^2)},\\ \left[p(1-p)\right]^{n/2},\\ \frac{(p-2)(p-1)\left[1-(p-p^2)^{n/2}\right]}{2(1-p+p^2)}\end{gathered} \tag{13}$$

式（13）表明，当 p 增大时，行动者所拥有的私人信息的有效程度提高，形成正确的信息流的概率增大；人数 n 增加也可以使形成正确的信息流的概率增大。这说明信息的有效性可以防止系统往“错误”的方向倾斜。

信息流一旦形成，后续的行动者的私人信息将失去作用。每个行动者最优的决策就是模仿前面行动者的行动，在宏观上表现为群体跟风。这说明，个体某些貌似非理性的模仿行为，可能恰恰是其在既定的约束条件下的最优选择，笼统地认为社会上的模仿行为是非理性的观点在理论上未必站得住脚。

信息流的一般模型

可用集合论和概率论工具将信息流模型一般化。假设系统中有 i 个行动者，$i=1, 2, \cdots, n$，i 表示该行动者在决策中的先后顺序，属于公共信息。每个行动者有“拒绝”和“接受”两种选择，他们根据自己收到的信号和队列前面的行动者的行动确定自己的行动。行动者选择“接受”的成本为 C，获得的收益为 V，V 为取值有限的离散型随机变量，其取值满足 $v_1<v_2<\cdots<v_S$，且 $p\{V=v_l\}=\mu_l$。每个行动者在决策之前收到一个关于 V 取值的信号 X_i，X_i 独立同分布，有有限数 R 个取值可能，且

$x_1 < x_2 < \cdots < x_R$，记 $p_{ql}(p_{ql} > 0)$ 为 $V = v_l$ 时行动者 i 观察到信号 x_q 的条件概率，即：

$$p_{ql} = P(X_i = x_q \mid V = v_l)$$

对于所有的 q 和 l，记 P_{ql}为在 $V = v_l$ 条件下的累积概率，则有：

$$P_{ql} = \Pr(X_i \leqslant x_q \mid V = v_l) = \sum_{j=1}^{q} p_{jl}$$

行动者 i 根据信息 X_i 和观察前面行动者的行动决定是否采取“接受”策略。令 J_i 为所有使得行动者 i 采取“接受”策略的信息集，则行动者收到的信息要么为 $x_i \in J_i$，要么为 $x_i \in \bar{J}_i$。当 $J_i = \Omega$ 或 $J_i = \phi$ 时，行动者 i 收到的信息对其决策没有任何帮助，此时，信息失效。

行动者不依赖个人信息进行决策时，就形成了所谓的信息流。显然，当行动者 i 处于信息流中时，他的决策不能为行动者 $i+1$ 提供额外的信息，所以行动者 $i+1$ 的决策过程和行动者 i 相同，依此类推，后面的行动者都采取和行动者 i 一样的决策。可见，信息流一旦产生，将一直持续下去，无论其为正确的信息流还是错误的信息流。

假设条件概率分布具有单调似然性（monotone likelihood ratio property）。该条件的含义是：行动者观察到的取值概率越大，则他收到显示该取值的信号的概率也越大。用数学公式表示就是：

$$\frac{p_{q,l}}{p_{q+1,l}} \geqslant \frac{p_{q,l+1}}{p_{q+1,l+1}}，对所有的 \quad l < S,\ q < R \tag{14}$$

令行动者 i 的行动为 a_i，$A_i =$（a_1，a_2，$\cdots$，a_i）代表前 i 个行动者的行动，称之为行动历史。记使得行动者 i 采取策略 a_i 的信息集 $J_i =$（A_{i-1}，a_i），则第 $n+1$ 个行动者在获得信号 x_q 时的条件期望收益为：

$$V_{n+1} = (x_q;\ A_n) \equiv E[\,V \mid X_{n+1} = x_q,\ X_i \in J_i,\ for\ all\ i \leqslant n\,]$$

则当 V_{n+1}（x_q；A_n）$\geqslant C$ 时，行动者 $n+1$ 采取“接受”行动。所以从行动者 $n+1$ 的行动 a_{n+1}那里得到的信息 $X_{n+1} \in J_{n+1}$（A_n，a_{n+1}）有如下结果：

$$J_{n+1}(A_n,\ adopt) = \{x_q, V_{n+1}(x_q;\ A_n) \geqslant C\}$$

$$J_{n+1}(A_n,\ reject) = \{x_q, V_{n+1}(x_q;\ A_n) < C\}$$

该系统有如下结论。

定理2：

如果系统满足条件：（1）单调似然概率，即对所有的 $l<S$，$q<R$，不等式$\frac{p_{q,l}}{p_{q+1,l}} \geqslant \frac{p_{q,l+1}}{p_{q+1,l+1}}$总是成立；（2）无长期束缚，即对所有的 l，$v_l \neq C$，则当行动者数量增加时，信息流出现的概率趋于1。

定理2说明，如果行动者行动后不会一无所获（$v_l \neq C$），信息是有效的（单调似然概率条件），那么只要人群规模足够大，信息流就会产生。信息流一旦产生，行动者收到的信息就会失效，后面的行动者的行动形成路径依赖。

虽然这类社会倾斜系统也是单向倾斜的，但这类系统具有脆弱性。当信息流产生后，后面的行动者的私人信息完全失去作用，他们跟随前面的行动者行动。但如果第 i 个行动者突然改变行动选择，第（$i+1$）个行动者面临的情况和第一个行动者的情况一样，此时信息流将重新形成，系统改变倾斜的方向的可能性很大。这说明，一旦有关事件本身的有效信息改变并得以及时发布，为决策者所了解，信息流可能很快改变。另外，信息流描述的系统倾斜方向高度依赖于第一个行动者的行动方向，第一个决策的行动者的行动在很大程度上会决定后面行动者的行动，所以第一个行动者在社会中的地位相当于“潮流引导者”。这就是为何社会潮流往往随着潮流引领者兴趣的改变而改变。因此，要改变某种社会潮流，比较好的办法是让潮流引领者改变其行动选择。一旦改变了第一个行动者的决策方向，系统倾斜方向也可能随之而变。

四 小结

信息在社会倾斜系统中扮演了重要的角色。在个体决策过程中，信息通过改变行动者对未来的预期影响行动者的行动，使系统倾斜。在个体互动过程中，博弈双方的信息不对称会使拥有信息的一方获得信息租金，当另一方根据实际情况调整预期时，往往会出现逆淘汰现象，逆淘汰的结果是系统朝着消失的方向倾斜。当行动者获得的信息不能为其决策提供额外的帮助时，出现信息失效。BHW 模型描述了信息失效时信息流的形成过程，信息流模型表明，个体某些貌似非理性的模仿行为，可能恰恰是其在既定的约束条件下的最优选择，笼统地认为社会上的模仿行为是非理性的观点在理论上未必站得住脚。

参考文献

奥古斯特·孔德，1996，《论实证精神》，黄建华译，商务印书馆。

查理斯·P. 金德尔伯，2000，《经济过热、经济恐慌及经济崩溃》，朱隽、叶翔译，北京大学出版社。

龚六堂，2002，《动态经济学方法》，北京大学出版社。

郭爱民，2015，《社会倾斜系统的数学描述和临界值作用》，载刘世定主编《经济社会学研究》（第二辑），社会科学文献出版社。

郭爱民、王维等，2007，《"红"与"黑"的惑——西丽黑车市场调查报告》，北京大学第十五届"挑战杯"五四青年科学竞赛论文，北京大学社会学系，

哈尔·R. 范里安，2006，《微观经济学：现代观点》，费方域等译，上海三联书店、上海人民出版社。

加里·S. 贝克尔，1995，《人类行为的经济分析》，王业宇、陈琪译，上海三联书店、上海人民出版社。

蒋殿春，2001，《现代金融理论》，上海人民出版社。

科莱尔、温斯顿、格林，2001，《微观经济学》，刘文忻等译，中国社会科学出版社。

理查德·斯威德伯格，2007，《马克斯·韦伯与经济社会学思想》，何蓉译，商务印书馆。

柳琴，2003，《1935 年金融恐慌与中国新式银行业的不平衡发展》，华中师范大学硕士学位论文。

鲁恩伯杰，1985，《社会动态系统引论》，袁天鑫、黄午阳译，上海科学技术文献出版社。

罗伯特·吉本斯，1999，《博弈论基础》，高峰译，中国社会科学出版社。

马克斯·韦伯，1997，《经济与社会》，林远荣译，商务印书馆。

Sheldon M. Ross，2007，《应用随机过程概率模型导论》，龚光鲁译，人民邮电出版社。

托马斯·C. 谢林，2005，《微观动机与宏观行为》，谢静等译，中国人民大学出版社。

——，2006，《冲突的战略》，赵华等译，华夏出版社。

张维迎，2004，《博弈论与信息经济学》，上海三联书店、上海人民出版社。

张翔，2004，《民间金融合约的信息机制分析》，载郑也夫等编《北大清华人大社会学硕士论文选编（2004）》，山东人民出版社。

张晓磊，2006，《集体行动的数理社会学研究 ——当代重要文献述评》，北京大学社会学系硕士学位论文。

Akerlof, George A. 1970. "The Market for 'Lemons': Quality Uncertainty and the Market Mechanism." *The Quarterly Journal of Economics*, Vol. 84, No. 3, pp. 488 - 500.

Bikhchandani, Sushil, David Hirshleifer, and Ivo Welch. 1992. "A Theory of Fads, Fashion, Custom, and Cultural Change as Informational Cascades." *The Journal of Political Economy*, Vol. 100, No. 5, pp. 992 – 1026.

Chari, V. V. and Ravi Jagannathan. 1988. "Banking Panics, Information, and Rational Expectations Equilibrium." *The Journal of Finance*, Vol. 43, No. 3.

Coleman, James S. 1960. *Introduction to Mathematical Sociology*. The Free Press, A division of Macmillan Publishing Co., Inc.

——. 1966. "Foundations for a Theory of Collective Decisions." *The American Journal of Sociology*, Vol. 71, No. 6, pp. 615 – 627.

——. 1990. *Foundations of Social Theory*. Cambridge, Mass.: Belknap Press of Harvard University Press.

Diamond, Douglas W. and Philip H. Dybvig. 1983. "Bank Runs, Deposit Insurance, and Liquidity." *The Journal of Political Economy*, Vol. 91, No. 3, pp. 401 – 419.

Economides, Nicholas and Charles Himmelberg. 1995. "Critical Mass and Network Size with Application to the US FAX Market," August 1995, http://ideas. repec. org/p/ste/nystbu/95 – 11. html.

Fararo, Thomas J. 1997. "Reflections on Mathematical Sociology." *Sociological Forum*, Vol. 12, No. 1.

Friedman, Milton and Schwartz Anna. 1963. *A' Monetay History of the United States*: 1867 – 1960. Princeton, N. J. PriEcon. Res.

Granovetter, Mark. 1978. "Threshold Models of Collective Behavior." *The American Journal of Sociology*, Vol. 83, No. 6, pp. 1420 – 1443.

Jacklin, Charles J. and Sudipto Bhattacharya. 1988. "Distinguishing Panics and Information-based Bank Runs: Welfare and Policy Implications." *The Journal of Political Economy*, Vol. 96, No. 3, pp. 568 – 592.

Kirman, Alan. 1993. "Ants, Rationality, and Recruitment." *The Quarterly Journal of Economics*, Vol. 108, No. 1, pp. 137 – 156.

Leland, Hayne E. and David H. Pyle. 1977. "Informational Asymmetries, Financial Structure, and Financial Intermediation." *The Journal of Finance*, Vol. 32, No. 2.

Lux, Thomas. 1995. "Herd Behaviour, Bubbles and Crashes." *The Economic Journal*, Vol. 105, No. 431, pp. 881 – 896.

Mann, Leon, Trevor Nagel, and Peter Dowling. 1976. "A Study of Economic Panic: The "Run" on the Hindmarsh Building Society." *Sociometry*, Vol. 39, No. 3, pp. 223 – 235.

National Bureau of Standard. 1951. "Monte Carlo Method." *Applied Mathematics Series*, 12. Washington, DC.

Oliver, Pamela and Gerald Marwell. 1988. "The Paradox of Group Size in Collective Action:

A Theory of the Critical Mass II." *American Sociological Review*, 53: 1-8.
Postlewaite, Andrew and Xavier Vives. 1987. "Bank Runs as an Equilibrium Phenomenon." *The Journal of Political Economy*, Vol. 95, No. 3, pp. 485-491.

（责任编辑：杨桂凤）

经济社会学的理论关怀与现实关怀

——对郭爱民论文的评论

王 维*

郭爱民论文的初稿完成于2008年，当时金融危机带来的影响逐渐蔓延到中国，并导致政府“四万亿”计划的出台。危机和恐慌成为公共话题的焦点，也自然而然成为我们读书会讨论的主题。一个很深的感受是，在连篇累牍的分析报道中，社会学家的声音显得很微弱，社会学惯用的冗长论述显然没有经济学家那些精巧的模型、大胆的预测和雄心勃勃的干预措施更吸引人。加强对数学工具的掌握及更频繁地使用数学工具能够帮助社会学者更清晰、更准确、更简洁地讨论问题，这正是爱民写作的初衷，他在一篇文章（郭爱民，2015）中提到希望“为社会学领域利用数学模型建构理论提供参考”。

数理模型具有精确简洁、逻辑严密的优点，但是往往要对现实经验进行高度抽象和简化，若不加以谨慎检讨便草率地用来指导政策实践，恐怕会事与愿违。此时引入社会学概念和视角，有助于对既有理论进行修正并促进理论进一步发展。在进行文献梳理时，爱民尤为注重比较不同理论模型在前提条件和假设方面的差异与关联，在这些地方往往能够挖掘出很多有潜力的经济学与社会学理论的结合点、对话点，这正是蕴含在文献分析背后的深意。遗憾的是，囿于篇幅，爱民在此并未展开更为充分的讨论。

同样是在2008年，刘世定教授有一篇随笔《危机的传导：何种机制？何等后果?》，后来他将内容加以扩充，写成《危机传导的社会机制》一文，发表在2009年的《社会学研究》上，这也是读书会的成果之一。

* 王维，中央社会主义学院讲师，电子邮箱：weiweipku@163.com。

如果说可以将有关社会倾斜系统的数理模型视为对危机的“经济学求解”，那么刘世定教授则试图在另一条学术路径上进行思考，对危机中出现的经济社会问题进行“社会学求解”。将爱民与刘世定教授的文章对照来读，或许能带来更深的体悟。例如爱民在对 Chari-Jagannathan 模型的讨论中提到，即使没有任何行动者收到关于未来的信息，恐慌性均衡也可能出现。当关键信息通过影响个人对未来的预期，促使人们根据预期选择了使系统倾斜的行动时，系统在宏观上就会出现倾斜的运动特征。而刘世定教授则在社会学工具箱里寻找到“自我实现预言”这一概念：初始时的一个虚假的情境定义，由于引发了新的足以影响情境状态的行动，因而使原来被虚假定义的情境变成了真实的（刘世定，2009）。再如爱民对信息失效和信息流的讨论，他提到大规模群体比小规模群体更容易形成信息流，出现跟风的现象。而且信息流一旦形成，后续的行动者的私人信息将失去作用。与之相对应，刘世定教授注意到“群体规模信号”和“重要主体信号”在危机传导过程中发挥了重要作用。两种研究路径互为补充，令我们对危机传导的机制既有总体把握，又有丰富的感性认识；更重要的是，虽然“工作语言”不同，但是在对人的行动的基本假设上不乏一致之处，为我们展示了跨学科的经济社会学所具有的巨大发展潜力。

经济社会学不是简单地将经济学方法和理论应用于社会问题研究，或将社会学理论应用于解释经济问题，而是在经济学和社会学的学科互动中寻找新的理论生长点。目前，在对经济危机和社会危机的分析预测上，数理模型仍然是最简洁、有力的工具。古典经济学和新古典经济学关于人类行为的基本假设并不完全准确，而社会学则提供了很多富有洞察力的、“片段式”的灵感、素材，如何将二者整合起来形成系统的分析框架，尚需大量艰苦的工作。值得高兴的是，在刘世定教授的带领下，已经形成了一个稳定的学术群体，并逐渐形成自己的研究风格。例如，刘慧国的研究与爱民的研究一脉相承，将社会预言的自我实现过程模型化，这是对社会学理论进行数学模型建构的有益尝试。再如张翔关于民间金融合约的信息机制的研究，就是利用社会倾斜系统模型研究中国现实社会问题的一个精彩案例。

鉴于目前经济社会学还没有形成很强的学科体系，比较好的策略是集中力量围绕危机传导机制、信息机制等有潜力的突破点深挖下去，形成前后连贯的学术传统。我认为有三点很重要：第一是厚积薄发。在进行理论创新之前，有大量基础性、铺垫性的工作（例如文献梳理和比较研究）要做，需要一代一代、一点一点地积累。爱民和刘世定教授的文章都属于此类，常常“吃力不讨好”，耗费大量精力，又没有高深的概念和新奇的故事，并非“主流”所爱。这些工作以学者个人得失来衡量，“性价比”不高；但从整个学科发展的角度来看，却是至关重要和必不可少的，是供所有后来者分享的财富。滴水穿石，非一日之功，希望有更多的人能够加入进来，踏踏实实地下笨功夫、苦功夫。

第二是后继有人。刘世定教授曾经比较过斯密“看不见的手”和默顿“自我实现的预言”这两个猜想的后续理论的发展命运。他谈到“看不见的手”经过经济学家们持续的努力，已经发展出一套逻辑严密的理论体系；而“自我实现的预言”在理论雏形提出几十年后，仍然缺乏严密的论述，更不用说衍生出丰富的理论体系，关键在于社会学界缺乏群体性的、持续的、有积累性的研究努力。迄今为止，《经济社会学研究》已经出版了两辑，对中国经济社会学的发展起到了积极的推动作用。更为难能可贵的是，包括爱民在内的很多研究者，例如刘万顺、吕炎、尹鹤灵、胡倩影，都早已不在科研一线，他们在繁忙的工作之余，还能挤出时间来参与学术活动，还能保持对学术的热情，殊为不易。我们这些留在学界耕耘的人，将学术思想加以传承和发扬就更加责无旁贷了。

第三是现实关怀。时隔七八年，爱民这篇文章付梓之时，恰逢中国经济下行、悲观气氛再次弥漫的关头，他对社会倾斜系统及信息传导机制的讨论虽然是在理论抽象层面进行的，但对于在学理上分析、检讨当前的经济干预政策仍然具有借鉴意义。这种时间上的巧合或许有其必然性，因为对中国经济增长和社会发展的深切关注与严肃思考，始终是我们读书会的主题，“先天下之忧而忧”，强烈的现实关怀反映在每一篇文章的选题上，也反映在大家治学的态度上。

在学术快餐化的时代，炮制一篇文章并不困难。最近一段时间，几乎每天都能看到关于股市、楼市以及宏观经济形势的分析预测，常常是惊悚的标题配上平淡的内容，真正有含金量的不多，致力于在分析工具和理论体系上有所推进的更是少之又少。在对 2008 年金融危机反躬自省时，格林斯潘写道：“由于人性的反复无常，预测总是带有一定的运气成分。但我相信，如果能把动物精神的某些系统行为特征恰当地纳入模型，并考虑到复式记账恒等式所要求的市场力量的约束，我们还是有望大幅提升预测的准确性。”（格林斯潘，2014）中国社会面临的危机和变革，恰恰是经济社会学的机遇和挑战，我更愿将爱民的这篇综述性文章视为一个契机和起点，期待有更多的学界同仁进行有思考、有理论、有深度的对话。

参考文献

艾伦·格林斯潘，2014，《动荡的世界：风险、人性与未来的前景》，余江译，中信出版社。

郭爱民，2015，《社会倾斜系统的数学描述和临界值作用》，载刘世定主编《经济社会学研究》（第二辑），社会科学文献出版社。

刘慧国，2015，《社会预言的自我实现：借助模型的初步分析》，载刘世定主编《经济社会学研究》（第二辑），社会科学文献出版社。

刘世定，2009，《危机传导的社会机制》，《社会学研究》第2期。

张翔，2010，《以政府信用为信号——改革后温台地区民营存款类金融机构的信息机制》，《社会学研究》第6期。

张翔，2016，《民间金融合约的信息机制——来自改革后温台地区民间金融市场的证据》，社会科学文献出版社。

（责任编辑：杨桂凤）

经济社会学研究　第三辑
第 241 ~263 页

专业技术 - 金融资本主义与社会结构变迁

尹鹤灵[*]

摘　要： 20 世纪 70 年代以来，伴随着信息技术革命的扩散和推动，金融领域出现了金融技术革命，突出表现为金融工具的多样化、金融交易的复杂化以及承担金融创新职能的技术专家群体逐渐形成。这些变化与金融资产规模的迅速增长互相影响，使得当代金融市场和金融资本主义的发展态势出现了新的图景。伴随着这些发展变化，金融创新技术作为稀缺要素进入金融市场，与市场上相对充足的金融资产开始结合，掌握新金融技术的专家群体也因此获得了强大的市场地位，并开始影响社会群体关联和社会制度结构。技术作为资本形态和金融资本的结合已经在经验层面被体察到，而这种新的资本结合不仅拉大了财富维度上的社会分化，而且可能会带来一种新型资本主义形态，即专业技术 - 金融资本主义，这是值得关注的社会现象和发展趋势。

关键词： 金融技术创新　金融技术专家群体　专业技术 - 金融资本主义　社会结构

* 尹鹤灵，北京大学社会学博士，现供职于共青团北京市海淀区委员会，电子邮箱：yinheling@ yeah. net。

一 引言

本文所讨论的问题是，在金融市场迅速深化发展并表现出巨大渗透力的时代背景下，一种被称为“专业技术－金融资本主义”的新型资本主义逐渐成形并显现。这种资本主义的新形态，在通过复杂的专业金融活动和便捷的信息技术为经济发展注入活力的同时，也深刻冲击了既有的社会结构和组织，孕育着制度和理念的更新，意味着宏观社会结构将发生（或者正在发生）一些重要变化。这些变化包括但不限于金融领域中最为重要的资本实现了新的结合，新的社会群体逐渐成形，以及新群体所带来的社会关系结构和社会制度结构的调整变化。这是一组正在逐渐发生并且可以被动态观察到的社会结构变化现象。

首先可以观察到，20 世纪 70 年代以来，随着信息技术革命在全球范围的快速扩散，信息技术和金融技术日益紧密结合在一起，推动金融基础理论不断更新，新的金融交易和资产组合技术持续出现，各种金融产品及其衍生品日益丰富。所有这些情景组合起来，在全球金融市场上展现出金融技术革命的时代图景。在这幅信息化时代的金融发展图景中，金融技术革命正在催生金融中介创新成为金融领域最为重要的创新类型，而承担这一创新职能的新群体——金融技术专家群体也逐渐从原来的社会结构中凸显出来。这是第一个重要变化，一群熟练掌握金融专业理论和金融交易技术、活跃在金融交易第一线、持续实施金融创新并直接提供金融服务的专业技术人员，逐渐成为一个高度同质化的群体。这个群体控制了金融市场上的技术供给，同时具备了专属性人力资本和群体低替代性，他们在金融领域的迅速崛起，改变了投资者与金融市场终端直接见面的传统模式，导致在金融活动参与者与金融市场和金融终端产品之间出现了强大的技术中介。

其次可以观察到，金融技术专家群体的形成与崛起，不仅改变了大众金融参与者与金融市场的传统关联，而且与投资者群体、金融技术官僚群体、金融寡头群体等之间形成了新的群体关联。与此同时，金融技术专家群体凭借其明显的技术优势，在与金融技术官僚群体的密切互动中，开始逐渐改变并重塑金融市场的原有制度结构。这些改变包括但不限于强化自己在金融实践中形成的非正式规则，或者试图推动这些非正式规则进入、影响乃至于替代正式规则。这些努力有的已经取得了成效。

当前金融市场上一些新的、非常重要的制度，其产生和运作的背后，都可以发现金融技术专家群体的身影。

最后还可以观察到，在信息化时代的金融技术革命背景下，专业技术作为一种稀缺要素（在某种意义上可以理解为技术资本）进入市场，与相对充裕的金融资本紧密结合，正在加剧新的社会分化。这种宏观社会结构的变迁态势，与历史上鲁道夫·希法亭所分析的银行资本与工业资本紧密结合最终催生金融资本主义的发展态势高度类似，让我们有理由相信，20 世纪后半叶金融市场的一系列变化，展示出资本主义的发展形态开始出现新的图景。而这种新图景，就是本文所关注的专业技术－金融资本主义。

二 从希法亭的研究谈起

当我们试图回顾资本主义形态变化历程并从中获得启发的时候，不应该忘记鲁道夫·希法亭的研究。1910 年，希法亭出版了关于帝国主义理论的专著《金融资本——资本主义最新发展的研究》，对于资本主义发展形态从自由竞争阶段向垄断阶段即帝国主义阶段过渡阐述了自己的研究和理解。希法亭认为，在 20 世纪初期，资本主义的发展形态呈现一些新的特征："'现代'资本主义的特点是集中过程，这些过程一方面表现为由于卡特尔和托拉斯的形成而'扬弃自由竞争'，另一方面表现为银行资本和产业资本之间越来越密切的关系……由于这种关系，资本便采取自己最高和最抽象的表现形式，即金融资本形式。"（希法亭，1910/1994：1）希法亭所谓"新特征"，其核心表现是银行资本与产业资本紧密结合并由此出现了金融资本。希法亭试图揭示银行资本和产业资本结合的机制以及金融资本的形成过程，他所采取的分析视角是资本主义信用的变化、股份公司和银行的职能变化以及银行巨头和产业巨头的合流。简单地说，马克思曾经将资本主义信用制度概括为商业信用和银行信用：前者用于加速流通并降低流通成本，提升资本主义生产效率；后者用于替代货币来执行信贷，促进资本在不同生产部门之间的转移。在马克思的基础上，希法亭将银行信用按照不同的使用目的区分为流通信用（即代替商业信用的银行信用）和资本信用（即向生产资本家提供新资本的银行信用），并进一步将资本信用按照资本回流方式区分为流动资本信用和固定资本信用。伴随着资本主义在当时的新发展，"银行由主要是支付中介向主要是将闲置货币转化为货币资本的中介转变”，银行信用“则由流通信用向资本信用倾斜以及在资本信用内由流动资本信用向固定资本信用倾斜”（参见希法亭，1910/1994：中译本前言）。这些变化实质上意味着银行信用逐步代替生产资本家的商业信用，银行资本在资本主义生产过程中扮演了越来越重要的角色。这些重要作用不仅体现在为不断增长的资本主义生产提供急需的金融支持，而且表现为银行资本和产业资本日益趋同的利益和日益紧密的关系。按照希法亭的论述，这个时候的银行和企业“由暂时的利害关系变为长远的利害关系；信用越大，特别是转化为固定资本的比重越大，这种利害关系也就越大和越持久……与此同时，银行对企业的影响也增大了……银行对把自己的资本作为生产资本和商品资本固定下来的企业占优势……在一些情况下，银行可能严重地受某一企业的约束，以至于它的命运同企业紧密地交织在一起……一般说来，决定债务关系内部经济依赖性的，始终是资本力量的优势，特别是提供自由支配的货币资本的扩大”（希法亭，1910/1994：93）。通过运用这些分析工具，希法亭讨论了资本主义从工业时代向金融时代的转变，揭示了银行资本与工业资本的结合对于资本主义发展新形态的决定性作用，而这种转变也意味着工业资本主义进入新的发展阶段，人类社会也因之具有了新的结构化特征。

之所以在开篇回顾希法亭的研究，是因为这些形成于100多年前的思想，对于我们今天认识金融资本主义的新变化，在思维逻辑上具有重要的启发意义。

第一个启发在于，希法亭的研究表明，资本主义从一种形态发展到另一种形态，可能是一个时代中最重要的几类资本实现新结合的产物。也就是说，资本的不同结合形式，将会导致资本主义出现不同的阶段性特征。资本是具有稀缺性的。在希法亭时代，和用于工业生产的资本相比，更为稀缺的是支持工业生产和扩大再生产的银行资本，这是日益频繁的商业贸易和不断增长的工业生产对于延期支付所提出的信用要求。传统的基于人际关系网络的企业家信用不足以支持不断扩张的支付信用，因此具有更加充沛的支付能力并且更受认可的银行信用取代了企业家信用。按照希法亭的讨论，银行信用不仅包括流通信用——单就这种信用就足以取代传统的商业信用，而且包括资本信用——这种信用转化为银行资本注入企业，意味着银行资本和工业资本高度紧密地结合起来。在这种结合过程中，银行资本是相对稀缺的，参考加尔布雷斯（1967/2012）关于权力和资本关系的讨论，拥有银行资本的阶层也就拥有了更大的可以影响结构的力量。如果我们细致观察现在的金融市场，将不难发现，本文关注的金融技术专家群体所掌握的技术资本，在市场上是比充裕的金融资本更为稀缺的资本要素，而技术资本和金融资本的新结合，不仅会推动金融资本主义进入新的发展形态，而且会使得掌握技术资本的群体获得改变社会结构的力量。也就是说，100 多年前希法亭曾经观察到的情形，在现在以另一种类似的方式表现出来。

第二个启发在于，希法亭时代银行资本的崛起，是受到产业集中的推动而出现的资本集中，本质上还是因为工业资本主义发展需求的推动，银行本身的技术性改变并不显著。而今天金融资本主义（金融资本）的急剧增长，是在技术创新推动下的增长。随着信息技术和金融交易的全面结合，金融技术革新突出表现为金融工具的持续创新、不断衍化和日趋复杂。金融领域中的创新技术，作为一种稀缺资源，正以某种资本的形态进入金融市场。这种技术资本正在和希法亭曾经关注的金融资本（银行资本）日益紧密地结合，掌握金融资本的“大鳄”和掌握技术资本的“专家”，日益成为一个相互依赖的整体。一方面，金融资本如果离开专业技术的支持，很快就会在变化多端的金融市场上“赔付”得一干二净；另一方面，没有金融资本持续、强有力的支持，尤其是金融资本本身所具有的逐利天性，技术创新将失去最原始、最直接的动力，技术专家也就不再承担技术创新的社会职能。这种技术资本和金融资本的结合，意味着资本主义的形态可能会再次发生变化。

有学者曾经提出这样的推测：“在工业革命发生以后直到 19 世纪后期之前，资本主义虽然离不开货币经济，但主要的根基是工业，社会的分化主要体现在工业资本家和工业工人之间，可以说是工业资本主义……到 19 世纪末 20 世纪前期，伴随银行业和股份公司的发展，金融资本的地位迅速上升，形成金融资本和工业资本的结合的格局。……从 20 世纪后半叶开始的上述变化，展示出了一幅新图景。资本主义有了新的形态。”（刘世定、邱泽奇，2011）对此，希勒（2012）也有类似观点：“金融与资本主义结合得日渐紧密……从 19 世纪马克思那些激进性的言论到 20 世纪米尔顿·弗里德曼捍卫自由市场体系的理论，理论家们的争论似乎都是围绕‘工业资本主义’展开的，所谓工业资本主义也就是第二次世界大战之前的那种现代化的生产、融通和贸易体系。但在过去几十年里，我们亲眼目睹了金融体系的崛起，在这个新的体系里，一度曾为工业生产服务的金融业一举成为社会前进的主引擎。”在本文看来，社会学应该特别注意的是，专业技术和金融资本的紧密结合，是金融资本主义从希法亭所处时代发展到信息技术时代的一个重要变化。这个变化，意味着技术专家群体和其他群体之间出现了新的分化，既包括收入的差距，也包括在社会公共事务上的话语权和对资源的处置权等方面的差异；也进一步意味着当今时代的资本主义可能向着一个新的形态或者发展阶段过渡。

受益于希法亭的启发，本文给出一个基本的分析逻辑：在信息技术革命的时代背景下，技术进步推动金融技术革命，日益复杂的新的金融游戏规则和技术手段使得专业技术和金融资本一样，成为金融市场上至关重要的资本要素。在金融技术革命的持续推动下，相对稀缺的技术要素和相对充裕的金融资本实现了结合。沿着希法亭的思路，这两种市场上最重要资本的新结合，将推动金融资本主义出现新的发展形态。事实上，在 19 世纪末 20 世纪初，伴随着银行业中股份公司的发展，金融资本的地位迅速上升，形成了金融资本和工业资本结合的稳定格局。而本文所谓新发展，实际上就是指这种稳定格局将被打破。在此过程中，掌握最稀缺资本要素的金融技术专家群体，将在宏观社会结构调整和变迁中发挥重要作用。这个分析逻辑的前半部分，可以在经验观察中得到验证；而后半部分，尽管需要放在一个更长的历史维度中加以观察，但目前也已经初现端倪。

三 当代金融市场的新变化

按照第二部分的分析逻辑，首先要回答的问题是：在信息技术革命的推动下，当代金融市场出现了什么新的变化？这些新的变化，通过什么机制导致专业的金融技术成为一种至关重要的资本要素？

第一个重要变化是，全球金融资产的急剧增长。最近几十年来，金融市场的迅速深化发展与巨大的渗透力已经成为当代社会的一个重要特征，与之相伴的是金融工具的日益多样性和金融资产总量相较于实物资产总量以更快的速度增长（刘世定、邱泽奇，2011）。20 世纪 60 年代，美国市场的金融资产在历史上首次超过实物资产（戈德史密斯，1969/1989）。全球金融市场中可交易的金融资产，包括股票、债券、货币等，在 1994 年就已超过 41 万亿美元，全球资本市场已经成为一个国家控制力日渐趋弱的“无疆界市场”（布赖恩、法雷尔，1996/1997）。这些情形在近几十年来中国金融市场上也可以观察到。有学者统计了 1991～2007 年中国的金融资产总量[①]及其与国民总收入的比重（易纲、宋旺，2008），至少从 1991 年以来中国的金融资产总量就已经超过实物资产总量。

第二个重要变化是，伴随着金融资产规模的迅速扩大，金融工具出现多样化发展，金融投资活动也日趋复杂，它们之间存在相互促进的关系。与历史上金融工具只有极少变化相比，最近几十年来，特别是 20 世纪 70 年代以来，金融工具（及其各种衍生工具）迅速出现多样化发展，金融交易活动的技术化程度也越来越高，这些现象组合起来，完全可以用“金融技术革命”这一用语来概括（刘世定、邱泽奇，2011）。不难理解，金融资产的急剧增长，迫切需要有更加丰富的金融工具来进行更有效率的资产配置、组合和再投资，这也强有力地刺激着金融技术的创新。而借助于信息技术革新而成功创造出来的新工具、新技术，反过来又推动了金融资产的持续增长。历史地看，金融领域出现的技术革命和 20 世纪 70 年代出现的信息技术革命不期而遇，不是简单的巧合，恰恰是得益于新的信息技术和金融交易技术的结合，这也推动金融技术不断革新，催生了全球金融市场上金融工具（包括各种金融衍生工具）的持续创新以及金融交易的高度技术化。20 世纪 70 年代，以默顿、斯科尔斯、布莱克等为代表的经济学家推进和发展了金融资产组合理论，使得金融交易向着高度技术化的方向发展，促使金融技术开始真正作为一门“技术”进入金融领域。各种金融工具的复杂组合技术开始迅速出现，金融中介所具有的信息供给和交易功能大大凸显，以金融工具的持续创新和衍生为核心特征的金融中介创新成为可能。只有到了信息化时代，金融技术化才成为现代金融发展的一个重要特征。和前信息化时代的金融活动相比，依托新的信息技术而开展的金融活动，强化了金融中介机构的竞争强度和经营收益（Hauswald and Marquez，2003），使得金融交易在规模、类型、技术、模式等各个方面都发生了显著变化。

第三个重要变化是，金融市场的基础社会结构发生了改变。这种改变首先表现为，进入金融市场的资本来源变得更加丰富而多元，其中，两种来源的比重迅速增长。一个是来自各类社会保障金、社会福利金的

---

① “金融资产总量”由国内金融资产和国外金融资产两部分组成。其中，国内金融资产按照戈德史密斯的分类标准，具体的统计项目按照 IMF 的规定；国外金融资产按照国家外汇管理局对于中国国际投资头寸的分类方法。“占比”表示金融资产总量占国民总收入的比重（易纲、宋旺，2008）。

资产占有很大比重，这和各国社会保障政策和社会福利政策的广泛实施有着密切关系。① 另一个则是大众投资占有很大比重，这和民众收入的普遍提高，特别是中产者群体的扩大有关（刘世定、邱泽奇，2011）。

这种改变还表现为，金融市场上一个新的社会群体正在聚集形成。金融技术创新使得金融投资活动变得更加复杂，更加倚重专业技术，也强化了技术专家在市场上诸多群体关联中的优势地位。以往仅仅依靠信任就能够进行的存取货币的活动，依靠对企业经营状况的了解和走势判断就能够进行的股票买卖活动显得非常原始。在金融技术革命的背景下，成功的投资者需要相当多的不断更新的金融技术，包括金融资产组合的技能、制造金融衍生工具的能力、制造概念影响市场的能力、精细计算的能力、熟知多方面市场走势的能力。这些能力不是一般的业余投资者所能够具备的，金融技术专家也就应运而生了（刘世定、邱泽奇，2011）。这群人可以被描述为熟练掌握金融专业理论和金融交易技术、持续实施金融中介创新并直接提供金融服务的专业技术人员。他们活跃在金融交易的第一线，熟练运用复杂金融技术不断创造和衍生新的金融工具，在投资者和金融市场之间扮演重要的中介角色，勾连起不同类型的金融投资者和金融产品，掌控着大量资金的流动与交易。金融技术专家群体的迅速崛起，是金融发展和信息技术革命的共同产物。在前信息化时代，尽管也存在金融中介和掌握一定专业技术的金融从业人员，但一方面金融整体发展规模较小，另一方面金融从业人员所掌握技术的专业化水平也比较低，金融技术专家并没有在持续实施金融创新的过程中以集群形式出现。只有到了信息化时代，金融技术化成为现代金融发展的重要特征，金融技术专家将金融中介创新职能内在人格化，对于技术创新形成高度偏好，并在金融实践中逐渐形成了极强的低替代性，这个群体才逐渐形成。在可以预见的未来，这个群体势必会在金融市场和整个社会领域发挥越来越重要的作用。

将这三个重要变化联系起来分析，我们可以发现，金融技术创新和

① 20 世纪 60 年代的美国金融市场上，储蓄机构和保险组织共同掌握了超过半数的金融机构资产总额，主要是向除赤贫和豪富两极之外的社会大众提供养老及应急资金（戈德史密斯，1963/1989）。1980 年，主要发达国家机构投资者的总资产不足 2 万亿美元，没有一个国家的机构投资者的资产超过 GDP。但到了 1995 年，西方七国集团的保险公司、养老基金和其他机构投资者管理的资产总额超过 20 万亿美元，相当于七国集团当年 GDP 总额的 110%，2001 年则超过 130%（郭翠荣、张宏，2005）。

金融资产增长是相伴而生的，这种互相影响的过程使得现在的金融投资活动变得非常复杂而专业。无论金融市场上的投资来源于何方，几乎所有的投资者都需要借助于专业技术，才能在瞬息万变的金融市场上获得收益。当代金融市场上金融投资活动对于技术的依赖性已达到前所未有的高度，与历史上金融活动的低技术性相比，现在的金融活动的突出特点之一就是高技术性。这意味着金融参与者获取投资收益的渠道发生了根本变化。以往通过收集有限信息、判断简单趋势、借助关系从事投资的方式转变为通过复杂的计算、建模、分析和资产组合技术的方式，只有这样才能适应当代金融市场的新变化。这是具有结构意义的变化，在这种变化中专业金融技术成为至关重要的资本要素，而掌握专业金融技术的群体——也就是本文所关注的金融技术专家群体——就应运而生了。

这个新的群体意味着社会群体关联和社会制度结构将随之做出调整。简单地说，与以往最终投资者直接和金融市场链接不同，在最终投资者和实现金融产品交易的市场之间，出现了一个强大中介，金融技术专家则是这个中介的技术支柱。这也意味着大众金融参与者和其他所有投资者一样，都与金融技术专家群体的差距不断拉大，专家群体的相对地位愈发强大而牢固，新的社会分化逐渐形成。与此同时，专家群体和金融寡头、金融技术官僚等群体形成了新的关联，并且开始影响政府行为，进而对社会制度结构形成冲击。换言之，承担金融技术创新使命的专家群体，推动出新的社会分化，这不同于工业资本主义时代资本家和工人之间的社会分化，而是一种在社会群体关联和社会制度结构两个层面都体现出新变化的社会分化，也就是宏观层面上社会结构的调整与变迁。

四　金融技术专家群体对于社会群体关联的影响

20 世纪 70 年代以来，信息技术革命全面进入金融领域，创造出层出不穷的金融中介创新，主要表现为金融工具的持续创新和不断衍生。目前看来，这一轮金融技术革命并没有随着全球金融市场的波动而消散，反而在持续发挥影响。这些重要影响包括金融技术专家作为承担金融中介创新职能的主要群体，正在金融体系中迅速崛起；也包括大众参与的金融活动成为重要的社会现象，他们和金融技术专家群体之间形成了复杂关联；可能还包括金融监管制度以及其他社会制度在金融技术革命的推动下出现了局部调整。这些变化有些正在发生，可以通过经验观察加以把握，有些可能还需要长期的经验观察才能给出确切结论。在这些影响和变化中，金融技术专家群体和投资者群体之间新的群体关联已经比较明显了。

有学者指出，至少从19世纪后半叶开始，伴随着大银行体系和股份公司的出现，大众参与的金融活动就已经成为一个重要的社会现象。但是在信息化之前的时代，大众参与金融活动缺乏信息科学技术支撑，尽管有电报、电话的帮助，但大众参与的信息技术依托仍然薄弱。而在信息化时代，大众参与金融广泛得到信息技术的强有力推动（邱泽奇、刘世定，2014），信息技术的发展为大众普遍性地参与金融活动提供了可能。类似观点在访谈中也有获取。

> 信息技术提高了全社会的生产力，整个社会的进步潜力被进一步打开，因此投资也能跟进。信息技术创造了很多新的行业和企业，为股票市场提供了新的投资标的。信息更加透明，投资变得更加简单，操纵变得更困难。获取信息的渠道更多了，成本更低，更便利，更快捷。不用调研，网络搜索就可以。确实很难评估信息技术的优劣。有利有弊。大众金融的门槛降低，但大额度投资的门槛更高了，技术专家的地位被巩固和加强了。[①]

这些观点似乎表达了同一种思考。在信息技术革命的推动下，社会大众普遍性地关注和参与金融活动已经成为一种社会事实。但是现在的大众金融活动和以前相比，似乎又的确出现了一些不同。一个明显不同就是，金融技术革命导致投资活动变得更加复杂，传统的投资者依靠自我判断和经验积累就能完成的投资活动无法适应复杂多变的现代金融市场，这使得投资者和金融市场直接链接的投资方式发生了改变，以金融技术专家为代表的强大中介在投资者和金融产品交易市场中间出现。这个判断意味着在资金盈余方和资金赤字方之间多了一个强大的中介方。这个中介方和以往的传统中介不同，它是一个凭借专属性技术优势直接掌控投融资行动的技术专家群体。这不仅表示金融市场上的群体关联由两方关联变为三方关联，而且中介方和其余双方之间都形成了很强的权威、信任和依赖关系。这是和以前完全不同的新情况。在现在的技术条

---

① 引自访谈资料20140913赵。

件下，投资者也许可以参与金融研究和投资讨论，极少数投资者也许能够独立完成投资活动，但绝大多数投资者（尤其是普通的大众投资者）不可能脱离技术专家而独立完成投融资活动。如果我们将各种投资者（包括机构投资者、大众投资者）和金融技术专家都视为金融市场上的行动主体，按照伯特（1992/2008）的观点，这些行动主体在市场竞争中会处于不同的相对位置并形成关联结构，而控制结构洞的主体在竞争中具有获得信息收益和控制收益的优势。在前信息化时代，银行、股份公司基本上处于金融网络的结构洞位置。那么，在信息化和大众金融时代，谁掌控了结构洞？对这个问题的研究不仅具有经营学上的意义，而且有助于更深刻地理解信息化和大众金融结合导致的市场结构特征乃至社会结构特征（邱泽奇、刘世定，2014）。在本文看来，金融技术专家可能正在逐步掌控金融网络的结构洞。在伯特（1992/2008：18）看来，“结构洞是指两个关系人之间的非重复关系”，对于行动者而言，一个有价值的关系网路会带来丰厚回报，而“增加网络规模，关键是要增加非重复性关系人的数量”。经验观察发现，金融技术专家正在凭借金融中介创新过程中积累的专属性技术优势，在信息技术支持下将金融网络中各种非重复性关系人集合在自己周围，金融技术专家成为金融网络节点的趋势正在逐步显现。

金融技术专家能够占据结构洞位置，体现了金融中介创新的双向性特点。[①] 和前信息化时代的银行类似，信息化时代的专业券商成为更为强大的中介。作为提供中介服务的技术专家，其具备更强的在资金盈余方和赤字方之间建立双向联系的能力。“占洞”可能只是一个阶段性表现，金融技术专家还持续强化了对于结构洞位置的占据。“借助于新的信息技术，金融技术专家也获得了更强的专业能力，并且更迅速地制造出新的金融衍生工具和新的资产组合方式。金融专家群体的相对地位似乎不仅没有被新信息技术削弱，反而变得更强了。”（邱泽奇、刘世定，2014）这种“占洞”并且不断巩固的技术能力，是金融中介创新的双向性、持续性和权衡性特点所提出的综合性要求。在此过程中，金融技术专家和

---

① 笔者曾经在博士论文中提出金融中介创新具有双向性、持续性、便利与风险的权衡等特点。其中，双向性条件下的金融中介创新既体现为必须同时把握资金盈余方和赤字方的不同需求，在资金链条的上游和下游之间搭建起顺畅流动的渠道和平台；还体现为必须有效响应实体经济创新需求和投资者个性化需求，这是和传统金融市场完全不同的情形。

大众金融参与者的互动更加密切。一方面，技术专家控制了大众所持有金融资产的部分配置权和收益获取权；另一方面，大众似乎也心甘情愿地信任并依赖技术专家，将自己持有的金融资产交给其打理。在这种互动中，技术专家和投资者之间形成了更加紧密而广泛的信任、支持、权威、控制等诸多关系类型。问题的关键在于，这些关系的背后存在怎样的作用机制？

受到谢林（1960/2011）的启发，本文推测一种可能的机制是：技术专家通过一系列行动组合，向投资者（包括大众和机构投资者）传递了一组持续而强有力的、可信任的承诺（credible commitment），并以可信任和可观察的方式限制了自己的某些行动权利和选择自由，使得这些紧密的互动关系得以顺利建立。这些行动包括敏锐解析投资者的意图、积极共享关于市场和行业的研究心得、清楚传递复杂的技术安排、主动表示和投资者共同投资某一种金融产品、策略性地听从投资者的业余建议，等等。通过这一系列的行动组合，技术专家持续发出强烈信号，给出了可信任的承诺，并且在多次互动中让投资者相信技术专家会做出投资者希望做出的行为，从而达到成功实现合作的“关键点”（focal point）。这个过程综合考察了技术专家的金融知识、沟通技巧、学习能力、聪明天赋和动物精神，是高度技术化和充满权衡艺术的运作过程。

在这一过程中，技术专家的自我约束机制发挥了关键作用。金融技术专家即使占据了结构洞位置，确立了市场权威，依然需要得到其他行动者的信任，才能够顺利完成交易并获利。在建立、强化或者取消信任关系的社会互动过程中，科尔曼（1990/1999）给出的基本分析框架是对于 P（获得成功的概率，也就是受托人确实可靠的概率）、L（可能的损失，如果受托人靠不住）以及 G（可能的收获，如果受托人确实可靠）三者的权衡计算。在 $P \times G > (1-P) \times L$ 的状态下，委托人给予信任；反之，则否定给予信任。那么，最关键的计算就在于行动者对于 P、L、G 的认知。对于金融技术专家而言，必须采取有效方法使得委托人对于 P 以及 G 的认知足够大。金融技术专家和投资者之间既是相互合作，又是相互制约的关系。所谓合作是为了共同获利，所谓制约则是在确立权威、施加影响和接受影响的过程中，彼此在进行多次博弈，即二者的关系是在完全共同利益关系和完全冲突关系两个极端之间的混合关系。这种关系，要求金融技术专家群体确立起“自我约束机制”。只有这样，才能建立信任关系，实现信任的给予、获取和传递。

在经验观察中，金融技术专家实现自我约束通常表现为两种方式：策略性退让和利益共同体。前一种是消极性的自我约束，通常是在一个较长时间的投资过程中，投资收益会随着市场波动而出现波动，这个时候投资者通常会显得焦虑、不安和担心。这些情绪往往会转化为对于技术专家的质疑和压力，干扰技术专家的下一轮决策和组合创新。这种情形不仅考验技术专家的心理承受能力，而且考验他们的沟通能力。一种可能的自我约束就是在不对整体收益造成颠覆性破坏的前提下，抑制住持续创新的冲动，听取雇主的建议，调整原有的投资策略，安抚投资者的不安情绪，也为接下来的投资决策和组合创新赢得机会。这里的自我约束，更多地体现为技术专家不能一味地坚持己见，也不能冒险出击，采取更为激进的金融创新手段，而是必须在听取意见和坚持主见之间实现平衡。

后一种是积极性的自我约束，通常表现就是技术专家和雇主购买同一支金融产品，同时通过各种途径持续释放强烈信号，让投资者确信只有信任专家才是最好的选择。以下是笔者参加一次基金产品“路演”的现场记录，从中可以观察到一些有趣现象。

2014 年 9 月 13 日（星期六）下午，在北京某酒店举办了一次某基金产品的路演。在这个场景中，有三种行动者：投资者、券商、基金经理。券商是路演的主办方，是该基金产品的一个“渠道”，负责寻找和组织投资者。所谓“渠道”，就是连接起基金经理和投资者之间的纽带。通过这个渠道，资金从投资者流向基金产品，由基金经理进行管理投资，渠道获得管理收益。基金经理在这个场景中处于最重要、最有话语权的位置，负责设计产品并管理资金，是最典型的金融技术专家。券商是“渠道”组织方和提供者，他们也是金融技术专家，同样要理解金融产品，掌握金融技术和知识，并运用自己的专业优势来赢取投资者的信任。不这样就不能推广和售出金融产品，也就无法获得管理收益，无法参与收益分配。对于投资者而言，其类型则更加丰富多样。现场客户有数十人，身份各不相同，有年轻人，也有老年人。看得出来，有的人在股票市场闯荡多年，是资深的散户；也有对于专户基金并不了解的“菜鸟”。今天的路演，是一次咨询活动，由基金经理面对面解答客户疑问，推广基金产品。在这个场景中，为了化解客户对于基金产品以及基金经理技术能力的疑问，基金经理主要做了这么几件事：第一，讲述自己的

> 工作经历。该经理从业时间很短，但是业绩排名很靠前，历史投资收益很不错。进一步地，该经理还表示，历史业绩也不重要，关键是看投资方法可不可靠。第二，讲解研究心得，如何判断经济趋势和市场走势，如何开展行业研究和企业选择，如何确定投资策略等，以充分展示专业技能。第三，讲述自己的学习经历，甚至包括高考成绩和准备研究生入学考试的经历，以显示自己具备卓越的学习能力。第四，公开展示自己的投资账户，表明自己也购买了同一个基金产品，以显示自己一定会全力以赴地做好投资工作。①

在这个路演场域中，金融技术专家通过两个途径实现了积极的自我约束。一个是充分展示自信，包括自己的学习能力、投资表现、研究成果等，这些释放出强烈的可信承诺，让雇主对其专业能力产生积极判断。第二个是和雇主结为利益共同体，技术专家投入数百万元购买了自己管理的产品，并且公开展示了自己的银行账户。这种做法释放出的承诺具有高度的可信任性，因为专家和雇主的收益函数高度一致，这意味着技术专家势必会全力以赴做好投资管理，他们真正成为同在一条船上的利益共同体，据此技术专家也就获得了雇主的强烈信任。

技术专家通过主动的自我约束，不仅约束了自己对于过高风险的不确定收益的非理性追求，而且约束了自己和雇主可能发生的潜在冲突与矛盾。这样，技术专家向投资者释放了强烈的可信承诺，这为双方最终达成谈判一致奠定了基础。在此基础上，双方将签署一个长达数十页（乃至更长）的契约，以完备的法律条文详细规定各自的权利与义务，并就各种可能出现的风险和争议做出告知并形成约定。

这样看来，金融技术革命背景下技术专家和投资者（无论是大众还是机构投资者）之间的关系，不再是传统的委托-代理关系，而是一种在重复博弈的谈判过程中形成的契约式合作关系。这种合作关系，依赖于技术专家的自我约束机制而得以确立，并将促成稳定的关系结构。在这种结构中，技术专家拥有金融资产的配置权和部分收益索取权，投资者享有剩余的收益索取权；技术专家因为控制了投资者的某些投资行动而建立了权威关系（科尔曼，1990/1999），投资者通过精细计算和接收可信承诺与技术专家形成了信任关系（刘世定，2011）。

---

① 引自参与观察资料 20140913 赵。

五　金融技术专家群体带来社会制度结构的调整

在这里，我们还是从社会群体关联这个角度切入。除和投资者产生密切关联之外，金融技术专家还和金融技术官僚产生了密切互动。经验观察发现，有的技术专家多次参与金融监管部门组织的论证会，为制定新的监管制度提供政策咨询建议。甚至还有技术专家告诉我们，很多时候金融中介绕过了监管制度，发展出新的业务类型，然后得到银监会认可而使其成为正式的金融产品，逐步在金融市场上扩散。这是典型的金融创新实践倒逼监管制度调整的过程。这些访谈资料使得我们有理由推测，金融技术专家正在通过创新实践，从各个维度推动金融监管制度进行调整。即使不能将这些调整视为金融技术革命对于社会制度结构的重塑，至少也可以将其视为对于金融监管制度结构的重塑。这种制度结构重塑的过程，实质上是金融技术专家凭借专属性的技术优势，在主导金融中介创新的过程中，为了维护自己掌控的结构洞位置，实现自己的收益最大化，而对于现行规则做出的挑战。

为了分析的便利，可以将金融官僚或金融监管部门制定的正式规则视为"强制性机制"，将金融技术专家群体在金融创新实践中逐渐形成的非正式规则视为"规范性机制"。经验观察发现，金融技术专家和金融技术官僚处在密切互动中，两种机制相互进入、彼此影响，并由此产生了对于原有监管制度体系的调整。有学者区分了作为追求效用最大化的行为主体在既定制度约束下可能采取的三种行动选择：一是在制度允许的范围内运用资源、寻求利益；二是违反制度来追求利益，但并不试图改变制度；三是运用资源来改变现行制度，以实现更大的预期收益。至于技术专家做出何种选择，将取决于他们认为哪种选择能够给他们带来更大的预期净收益（刘世定，2011）。经验观察显示，有的时候金融技术专家会在制度允许的范围内，凭借金融中介创新中积累的专属性技术优势，通过参与正式制度建构来寻求利益，本文将其称为"规范性机制进入强制性机制"。有的时候金融技术专家无法直接参与正式制度建构，就会采取游说、动员、规避监管（策略性地违反制度规定）等方式来寻求利益。在这种情形下，正式制度会逐渐被影响而做出调整，本文将其称为"规范性机制影响强制性机制"。有的时候金融技术专家则是将金融行业内部形成的非正式规则直接作为正式制度的补充和替代，实际上是运用金融资本和技术资源来改变现行制度结构，本文将其称为“规范性机制替代强制性机制”。在现实生活中，这三种情形往往是交织在一起的，彼此之间没有清晰界限。对于金融技术专家而言，在金融创新实践中积累形成的各种非正式的行为规则，必然要和监管部门的正式制度之间形成复杂互动。这些互动大多发生在监管无法顾及的模糊地带，其后果则是要么被监管制度取缔，要么成功进入监管制度体系成为正式规则。

> 2007年我所在的团队开始做房地产信托投资基金项目。当时做这个产品，就是为了搭建交易平台，通过设计金融产品和服务，来降低金融市场上的交易成本，提高金融交易效率。因此我们开始学习国外经验，研究房地产信托投资基金。这就是REITs，在国外已经很成熟。最开始，国内金融监管层对于什么是REITs完全不知道，我们就做了四五套方案请监管层决定。我们不仅设计方案，还要帮监管层设计监管办法。按道理这应该是监管层来设计，但他们不懂，所以实际上是产品发起方来起草监管方案，然后向监管层汇报，再修改，最后出来一套办法。整个办法都是市场团队弄的。①

访谈对象讲得很清楚，为什么要市场团队来做监管方案，就是因为监管方不懂专业技术，包括如何进行风险管控、资产抵押等在内的具体操作模式，都由金融技术专家团队进行了创新探索并起草了相关咨询方案。监管机构之所以允许金融技术专家群体直接参与制度建构，或者愿意接受金融技术专家的影响，最重要的原因在于知识分布不均衡以及行政部门具有明显的风险厌恶者属性。所谓知识分布不均衡，是指金融创新过程中专业化程度极高的复杂金融知识，在技术专家和金融官僚之间并没有形成均匀分布状态，技术专家明显具有技术优势。所谓风险厌恶，主要包括两种情形。一种情形是经验观察发现，金融监管机构在宏观调控层面非常谨慎，高度重视风险控制，因此对于金融业务创新，尤其是对于在他们的知识分布中很不熟悉的新业务一直持有谨慎和怀疑态度。另一种情形则可能涉及行政部门的惯性逻辑，在制定新政策的过程中，听取相关领域专家意见已经成为一种惯例，这是行政部门规避风险或者解决合法性危机的常见做法。

---

① 引自访谈资料20140322方。

前面还提到的规范性机制对于强制性机制的替代，也就是金融技术专家将实践中形成的非正式规则作为正式规则的补充或者替代，实际上是改变现行制度结构，加入若干非正式元素。所谓非正式制度，是指游离于成文法规之外，未被正式认可，但被广泛接受的行为规则。在这个灰色地带，有各种各样的行业“潜规则”。金融技术专家群体建构并维护这些规则，是为了调整他们和盈余方、赤字方之间的关系以及三方之间的关系，以维护稳定的权威关系和信任关系。比方说，在信托行业中存在一种非正式规则：“一旦违约先行赔付。”在金融投资中，金融技术专家群体需要协调融资方和投资方的关系。因为涉及的金额数目巨大，投资方高度怀疑融资方可能出现道德风险。如果怀疑足够大，交易将不能完成。金融技术专家群体在其中扮演的角色，就是以所在的中介机构为担保，明确“一旦违约先行赔付”的约定，以消除投资方的顾虑。这是一个不被正式法规所认可的灰色做法，却被广泛认知和接受。以房地产融资为例，房地产公司会以一定额度的不动产为抵押，委托信托公司发布信托产品来募集资金。信托公司持有这个抵押，作为房地产公司一旦违约则先行赔付给客户的资金。然后，信托公司再和房地产公司通过法律或者私下途径，解决违约纠纷。在这一过程中，信托公司实际上是以自己的信誉为担保，换取投资者的信任；同时以融资方的不动产为担保，消解自己的风险。那么，在并不了解具体运作情况的前提下，融资方为什么会接受这种并不被法律所保护的承诺？最重要的原因是做出这种承诺的中介机构，往往是实力雄厚的国有大型金融企业，其是以国家信誉做担保，从而增强了承诺的可信程度。也就是说，这里的“信任”，由投资者对于技术专家本人的信任，转为对于专家所在机构的信任。那么，在这种特殊信任关系背后，就隐含一种风险。目前的中国金融市场，所进行的此类交易，基本上是优良资产，大多数是“稳赚不赔”，执行以国家信誉做担保的违约先行赔付规则，是低风险的。但在可以预见的未来，随着优良资产被逐步瓜分完毕，以后再进行的此类交易，可能就是“毒药”项目。如果这个时候，还是以国家信誉做担保，执行“先行赔付”的“潜规则”，则有可能出现崩溃破产的情况。

> 信托资金真正出现风险的比率，或者是坏账率，它分成几种类型。一种是你投出去了，没有在期末准点回收，就是不能按期回款，或者不能完全收回来。最极端的一种情况就是一点都收不回来了。

从总量来说，我估计10万亿里头，这种出问题的量也就百亿规模吧。这可能是因为中国金融的生态原因，融资渠道不通畅，融资需求难以满足。因为融资需求难以满足，所以我们可以优中选优，造成风险不够高。从统计结果来看，信托属于一种低风险高收益的行业。老百姓购买后真正出风险的很少，从现在来看的确是这样一种情形。①

2008年金融危机中，各种投资者纷纷相信雷曼兄弟公司会被政府兜底拯救，却不料最后雷曼兄弟公司真的破产了。格林斯潘（2013/2014）在分析这个案例的时候，认为是人类的“动物精神”在发挥作用。中国的金融市场在技术专家群体的操控下，是否会因为“动物精神”而出现崩盘或者剧烈波动？这是一个可以继续分析的有趣话题。金融技术专家在金融实践中积累的其他非正式规则，比如绕过银监会“十号文”规定而出现的证券公司“过桥”的做法，可能会被正式制度所接受，当然也可能被否定。而一旦接受，同样也是非正式的规范性机制推动正式的强制性机制做出调整。这些制度层面上的调整和变化，可以视为金融技术专家群体凭借技术优势对于制度结构产生的影响。

六　结语：专业技术－金融资本主义的时代即将来临？

从20世纪70年代以来，随着信息技术革命在全球的扩散和对人类社会的深入渗透，至少金融领域出现了新的图景。这幅新图景中最重要的图像自然是金融资产的增长、金融技术的创新和金融技术专家群体的出现。这些新图像累积叠加起来，让我们逐渐注意到，当今时代金融领域的任何活动都不可能脱离技术支持而独立存在。已经积累了大量财富的高净值群体，因为在获取技术支持上具有更加便利的条件，从而实现了更加快速的财富增长。对于家庭和个人而言，财富是某一时点的静态资产存量，通过一个不断积累的过程而形成；而收入则是一个动态概念，可能是不稳定的（谢宇等，2014）。如果我们将财富（而非收入）在一个社会结构中的分布状态视为观察社会分化的重要依据，就不难发现，随着金融技术革命的扩散，家庭和个人原有的财富积累能有多大比例用于

① 引自访谈资料20140916魏。

金融投资，将对于他们在下一阶段财富分布状态中的地位产生决定性影响。皮凯蒂（2013/2014）认为，长期来看，资本收益率总是高于国民收入的增长率，这使得原本的高收入群体只需要投入原有财富积累的一小部分，其资本收益就能够胜过经济增长所带来的较低收益，从而使得高收入群体与一般收入群体之间的财富差距越来越大。这个差距将在财富维度上导致更加明显的社会分化。金融技术革命是导致社会分化的重要原因。以信托产品为例，国内目前的信托产品通常以100万元为起点，部分私募基金或者财富管理公司的产品金额起点也至少是100万元，有的公司已经达到500万元的起步额度。在信托市场上，投资者总是先瓜分优良资产，再涉足毒药资产。这意味着在市场发育初期购买的信托产品往往是风险比较小而回报比较高且比较稳定的优质产品。谁能购买这些产品呢？访谈对象告诉我们，大多是高净值人群，至少是已经实现了“财务自由”的高财富群体。

> 我们公司是做资产配置和管理业务的，我在公司的私募股权投资部门工作。中国从2000年后开始做这个业务，我们是第一批。我们的产品完全是高净值导向的，就是面向有钱人的。①

高净值人群已经实现了财富原始积累，他们能够从庞大资产中拿出一小部分用于高回报的金融投资，帮助他们完成投资并实现高回报的正是金融技术专家。在这个过程中，充裕的金融资本与稀缺的技术资本紧密结合起来，双方各取所需，共同分配了较大份额的社会财富。皮凯蒂（2013/2014）认为，私人资本收益率 r 长期显著高于收入和产出增长率 g，意味着初始资本一旦形成，资本规模不同将会带来资本收益率和财富积累程度的显著不同，从而使得全球范围内的财富分配发生分化，不断加剧不平等。这种预测是否会成为现实，还需要长期经验观察的验证。但在本文看来，使得 $r > g$ 的方式关键在于持续性的金融中介创新。正是金融技术专家的卓越表现，使得金融市场上由他们掌握的金融资本能够以“大概率”的方式跑赢国民收入增长率和其他业余投资者的资本增长率，从而使得金融资本持有者和社会大众之间的财富差距越来越大。而且专业化的金融运作技术还可以显著增强金融资本抵御市场波动的能力，

① 引自访谈资料20150328赵。

即便面对系统性崩溃，掌握技术的专家群体如果和掌握资本的高净值群体结合在一起，同样可以更快速地恢复。这就意味着，技术资本和金融资本的结合，使得掌握技术和掌握资产的群体和其他社会群体的分化越来越明显。这种分化直接体现为财富持有状态，但绝不仅仅局限于此。

历史经验告诉我们，在工业革命发生以后直到19世纪后期之前，资本主义虽然离不开货币经济，但主要的根基是工业，社会分化主要体现在工业资本家和工业工人之间，这就是我们通常所知的工业资本主义。工业资本主义的社会结构是工业资本和银行资本的稳定结合，而这种稳定结合正逐渐被打破，新的稳定结构——技术资本与金融资本的结合正在形成。我们可以在未来足够长的时间跨度内观察这个过程，但现在至少可以通过经验观察勾勒出专业技术-金融资本主义几个突出特征：重要性相当靠前的两种资本形态的新结合，占有新资本的新群体逐渐形成以及对于社会结构的冲击，包括改变社会群体关联、调整财富在不同社会群体之间的分配状态、扩大群体间的分化状态。如何从更具操作性的维度来理解和把握专业技术-金融资本主义的发展演变以及社会结构随之出现的调整变迁，将是一个有意义的题目。

参考文献

洛威尔·布赖恩、黛安娜·法雷尔，1996/1997，《无疆界市场》，汪仲译，时报文化出版企业股份有限公司。

罗纳德·伯特，1992/2008，《结构洞：竞争的社会结构》，任敏、李璐、林虹译，格致出版社、上海人民出版社。

雷蒙德·W. 戈德史密斯，1963/1989，《金融结构与金融发展》，上海三联书店、上海人民出版社。

艾伦·格林斯潘，2013/2014，《动荡的世界：风险、人性与未来的前景》，余江译，中信出版社。

郭翠荣、张宏，2005，《社会保障制度与金融发展》，《财政研究》第7期。

约翰·肯尼斯·加尔布雷思，1967/2012，《新工业国》，嵇飞译，上海人民出版社。

詹姆斯·S. 科尔曼，1999，《社会理论的基础》，邓方译，社会科学文献出版社。

刘世定、邱泽奇，2011，《专业技术——金融资本主义与大众金融活动》，北京大学、台湾东海大学第五届“金融、技术与社会”学术研讨会。

刘世定，2011，《经济社会学》，北京大学出版社。

邱泽奇、刘世定，2014，《信息化时代的大众金融：若干议题》，北京大学、台湾东海大学第八届“金融、技术与社会”学术研讨会。
托马斯·皮凯蒂，2013/2014，《21世纪资本论》，巴曙松、陈剑、余江、周大昕、李清彬、汤铎铎译，中信出版社。
鲁道夫·希法亭，1910/1994，《金融资本——资本主义最新发展的演剧》，福民等译，王辅民校，商务印书馆。
罗伯特·希勒，2012，《金融与好的社会》，束宇译，中信出版社。
托马斯·谢林，1960/2011，《冲突的战略》，赵华等译，郑志刚、王勇审校，华夏出版社。
谢宇、张晓波、李建新、于学军、任强，2014，《中国民生发展报告2014》，北京大学出版社。
易纲、宋旺，2008，《中国金融资产结构演进：1991——2007》，《经济研究》第8期。
Hauswald, R. and R Marquez. 2003. “Information Technology and Financial Services Competition.” *The Review of Financial Studies*, Vol. 16, No. 3 (Autumn, 2003), pp. 921 -948.

（责任编辑：佟英磊）

对尹鹤灵论文的评论

向静林*

尹鹤灵博士的论文《专业技术-金融资本主义与社会结构变迁》，敏锐地洞察了当代金融市场和社会结构的重要变化，即“专业技术-金融资本主义”的新型资本主义形态渐趋形成，对技术、金融与社会之间的关系进行了颇具创新性的理论探讨。作者以金融技术专家群体作为分析着力点，完成了从信息技术革命到新型资本主义形态的逻辑框架建构。细看文章的逻辑线索，不难发现三个核心的论述环节：第一，信息技术革命推动了金融领域的革命性演变，即金融工具的多样化、金融交易的复杂化和金融技术专家群体的出现；第二，金融技术专家群体的技术优势，极大影响着自身与投资者和金融监管者等主体的关系，形塑了社会群体关联和社会制度结构；第三，专业技术资本与金融资本的稳定结合，正在加剧形成新的社会分化，使得专业技术-金融资本主义这一新的社会形态逐渐浮出水面。

文章的贡献至少包括两个方面。第一，文章凸显了政治经济学视角对于金融与社会关系研究的重要性。具体而言，文章借鉴马克思和希法亭的政治经济学视角，并将其运用于技术、金融与社会的关系研究中，揭示出信息技术革命、金融市场演进与社会结构变迁之间的内在关联。在当代经济社会学（金融社会学）过于盛行“嵌入性”分析视角的背景下，文章强调经济基础对于社会结构的影响，凸显了政治经济学视角对于金融与社会关系研究的重要性，有助于我们比较和反思不同理论视角

* 向静林，社会学博士，中国社会科学院社会学研究所助理研究员，电子邮箱：xiangji@cass.org.cn。

的逻辑前提和解释边界。第二，文章揭示了专业技术资本与金融资本的结合逻辑及其对于社会形态的影响机制。具体而言，在宏观层面，文章同时揭示出两个过程，即信息技术革命推动专业技术资本与金融资本的紧密结合，资本结合推动资本主义社会形态发生演变；在微观层面，文章着重突出了金融技术专家群体崛起的结构性意义，展现了金融技术专家群体影响社会群体关联和社会制度结构的具体机制。总之，文章从新型资本的结合切入，以金融技术专家群体为分析着力点，较好地勾连了宏观结构分析与微观机制分析，展现了专业技术 - 金融资本主义这一总体社会形态的具体生成路径。

不过，文章的不足也较为明显，主要包括以下三个方面。第一，研究问题的定位模糊。文中至少隐含三个问题，即什么是专业技术 - 金融资本主义，专业技术 - 金融资本主义何以形成，专业技术 - 金融资本主义的社会影响是什么。作者试图在一篇文章中对三个问题同时进行探讨，换言之，文章既包括描述性研究，也包括解释性研究，似乎还包括趋势探索性研究。结果是，研究问题不够聚焦，分析过程较为庞杂。第二，核心概念的分析不足。“专业技术 - 金融资本主义”是文章建构的核心概念，然而，其内涵和外延自始至终没有得到清晰界定。文章仅在最后的结语部分勾勒出专业技术 - 金融资本主义的几个突出特征。核心概念的分析不足，与研究问题的定位模糊是密切关联的。第三，经验材料的支撑较弱。文章主要集中于理论层面的讨论分析，对于运用何种研究方法来处理“专业技术 - 金融资本主义”这一宏观层面的研究议题缺乏清晰交代，运用经验材料进行论证的力度相对较弱，仅有几处访谈材料作为支撑。尽管存在上述缺陷，但并不影响文章已经展现出来的敏锐洞察；只是对这些问题的琢磨，可能有助于增加文章的明晰度和分析性。

（责任编辑：佟英磊）

《经济社会学研究》征稿启事

为反映经济社会学领域的最新研究成果，推动中国经济社会学研究的发展，拟组织出版《经济社会学研究》（*Chinese Economic Sociology Research*）集刊，每年一辑，每辑字数在25万左右，拟收录和发表10篇左右的论文。

一 出版宗旨

（1）倡导经济社会学研究的问题意识和理论取向。希望投稿论文具有明确的问题意识，特别是基于中国经验提出具有重要理论意义和现实关怀的问题。同时，希望投稿论文立足中国经验，反思西方经济社会学的现有理论，推动中国经济社会学的理论创新。

（2）促进中国经济社会学研究学术共同体的交流。《经济社会学研究》是一个平等开放的学术交流平台，真诚欢迎各大专院校和研究机构的学者积极投稿、踊跃参与，共同推动中国经济社会学研究的深入发展。

（3）反映国内经济社会学领域的研究进展，积累本土知识。《经济社会学研究》既收录已发表的学术论文，也发表高质量的新作，借此一方面积累中国经济社会学研究的本土知识，另一方面反映中国经济社会学研究的最新动态。

二 来稿要求

（1）《经济社会学研究》的内容定位于对经济社会学不同议题和方法的研究与讨论。

（2）投稿论文以 1.5 万字左右为宜（包括注释和参考文献），最长不要超过 2.5 万字。

（3）《经济社会学研究》既收录已在学术期刊上发表过的高质量学术论文，也刊登尚未公开发表的高质量学术论文，但不接收已在著作或论文集中出版过的稿件。如果投稿的是已在学术期刊上发表过的学术论文，请作者自己征得原发期刊的许可。

（4）来稿必须遵循国际公认的学术规范，内容应包括：中英文标题、作者姓名、工作单位和联系方式、摘要、关键词、正文、参考文献。引文注释必须清楚准确，论述言之有据，论证逻辑全文一致，使用的研究方法和分析工具清楚、准确。

（5）来稿要求以中文写作，并请附中英文的论文题目（不超过 20 字）、摘要（不超过 300 字）和关键词（3～5 个）。

（6）来稿中出现外国人名时，一律按商务印书馆出版的《英文姓名译名手册》翻译，并在第一次出现时用圆括号附原文，以后出现时不再附原文。

（7）作者的说明和注释采用脚注的方式，序号一律采用“①、②、③……”每页重新编号。引文采用文内注，在引文后加括号注明作者、出版年份，如原文直接引用则必须注明页码。详细文献出处作为参考文献列于文后，以作者、书（或文章）名、出版单位（或期刊名）、出版年份（期刊的卷期）、页码排序。文献按作者姓氏的第一个字母顺序排列，中文在前、英文在后。

（8）图和表的规范：统计表、统计图或其他示意图等，也用阿拉伯数字连续编号，并注明图、表名称；表号及表题须标注于表的上方，图号及图题须标注于图的下方；“注”须标注于图表下方，以句号结尾；“资料来源”须标注于“注”的下方。

（9）《经济社会学研究》随时接受投稿，来稿请自备副本，概不退稿；采用编委会审稿制度，以质取文。采用与否，编辑部均在 2 个月内通知作者。一经发表，即送作者当辑集刊 2 册。稿件请发至电子邮箱：qinqi11@vip.sina.com（刘玉照收）或 leeguowu@126.com（李国武收）。

三　文献征引规范

为保护著作权、版权，投稿文章如有征引他人文献，必须注明出处。

本书遵循如下文中夹注和参考文献格式规范。

（1）文中夹注格式示例

（周雪光，2005）；（科尔曼，1990：52～58）；（Sugden，1986）；（Barzel，1997：3－6）。

（2）中文参考文献格式示例

曹正汉，2008，《产权的社会建构逻辑——从博弈论的观点评中国社会学家的产权研究》，《社会学研究》第1期，第200～216页。

朱晓阳，2008，《面向“法律的语言混乱”》，中央民族大学出版社。

詹姆斯·科尔曼，1990，《社会理论的基础》，邓方译，社会科学文献出版社。

阿尔多·贝特鲁奇，2001，《罗马自起源到共和末期的土地法制概览》，载徐国栋主编《罗马法与现代民法》（第2卷），中国法制出版社。

（3）英文参考文献格式示例

North, D. and Robert Thomas. 1971. “The Rise and Fall of the Manorial System: A Theoretical Model.” *The Journal of Economic History*, 31 (4), 777－803.

Coase, R. 1988. *The Firm, the Market, and the Law.* Chicago: Chicago University Press.

Nee, V. and Sijin Su. 1996. “Institutions, Social Ties, and Commitment in China's Corporatist Transformation.” In McMillan J. and B. Naughton (eds.), *Reforming Asian Socialism: The Growth of Market Institutions.* Ann Arbor: The University of Michigan Press.

诚邀各位学界同仁积极参与，不吝赐稿，共同推动中国经济社会学研究的发展。

Chinese Economic Sociology Research
2016 Vol. 3

Table of Contents & Abstracts

Abstract: The capital-labor conflict is one of major risks to be faced with by Chinese firms that develop overseas. Taking CNMC'S experience in Zambia as an example, this paper analyzed the multiple reasons that led to the frequent occurrence of capital-labor conflict from the perspective of game relationships among Chinese investor, local labor and Zambia's major parties. The frequent occurrence of capital-labor conflict not only has to do with employment practice and management styles taken by Chinese company, but also with work moral and protest tradition held by Zambia miners. However, party politics in Zambia is another important factor that affects the relationship between Chinese investor and local miners. In order to get the vote support from miners, the opposition party brought the topic about industrial relations into Presidential election competition, which stimulated the protests against Chinese capital from the local miners. Therefore, Chinese overseas investors not only pay attention to undertake social responsibilities in host countries, but also learn to safeguard their own rights and interests in the democracy of party competition.

Key words: overseas development of Chinese firm; party politics; capital-labor conflict; game-playing analysis

Government-business Relations, Two-Way Rent Seeking and the FDI Miracle in China

Keng Shu Chen Wei / 21

Abstract: How does China create a FDI miracle? Based on the field research, the authors find that a large amount of FDI was actually attracted by the preferential policies from local governments. But why are local governments so eager to propose these great deals? According to the authors, this has to do with the rent seeking that runs in both ways between local governments and foreign enterprises. It is especially the reversed rent-seeking, in which the local governments seek rents from enterprises, that contributes most to attract FDI flow to China, for it not only checks the rampancy of rent seeking, but also pushes the governments to offer the preferential policies. This is how the FDI miracle is created. The paper then goes on to illustrate the incentives, bargaining processes and the aftermaths of the government-business interactions over the FDI. In this sense, the paper proposes a micro-level institutional analysis of how China blends in the world economy.

Keywords: government-business relations; foreign direct investment (FDI); local governments; investment attraction; rent seeking

Review *Ji Ying-ying* / 45

Bureaucratic Bargaining in the Chinese Government: The Case of Environmental Policy Implementation

Zhou Xue-guang Lian Hong / 52

Abstract: Bargaining between supervising and subordinate agencies is a ubiquitous phenomenon in governmental processes, taking place in specific organizational context and structured by the rules of the game. Hence, bureaucratic bargaining provides a port of entry from which to observe government institutions and behaviors. In the proposed sequential game of bargaining between a principal (e. g. a provincial environmental protection agency) and an agent (e. g. a municipal environmental agency), we identify two strategies—— "routine" vs. "mobilizational" mode——available to the principal. The agent can choose from three response strategies in its subsequent move: "formal bargaining", "informal bargaining" or "quasi-exit". When the mobilizational mode is adopted by the principal, quasi-exit is the best choice for the agent; if the routine mode is present, the agent has more flexibility in choosing among the three alternatives.

Key Words: bureaucratic bargaining; bargaining strategy; governmental behavior

An Analytical Framework of Organizational Economics on Information Concealment and Governance

—Based on the Case of an Airline Company

Abstract: This paper tries to build up an inherent analytical framework on information concealment based on the experiences of safety management of an airline company. The core research theme of this paper is the interaction mechanisms between governance structure and information concealment: on one hand how governance structure affects the occurrence of information concealment and its prevention, on the other hand how information structure reacts against the function of governance structure. Firstly, with the help of a principal-supervisor-agent model, this paper studies the mechanisms and logics of collusion between supervisor and agent in organization and their impacts on the occurrence of information concealment. Secondly, this paper develops a theoretical framework to illustrate the different efficiencies of three types of information searching based on a model of principal and multi-agents. Finally, this paper discusses how different combinations of information governance and governance strategies affect the modes of bargain in organization.

Keywords: information concealment; governance structure; principal-agent; collusion; information searching; bargain

Fairness in the Process of Public Choice: A Case Study of Allocating Land in a Village of China

Liu Shi-ding / 127

Abstract: This paper analysis the process of interaction of interests and interaction of fairness rules under the veil of limited uncertainty in a case study on reallocating land in a village in North China in the middle of 1990s. This paper finds that villagers interact with different fairness rules and logics. Their expressions on fairness are different between informal and formal situation. The fairness rule interactions in the formal situation promote the order of social rules. In the stages of planning, decision-making and implement in the public choice of land reallocating, the villagers' ideas on fairness both differ and link with each other. The tension in the early stage will be transferred to the latter stage. The public choice in the real world is made in the process of interaction of interests and interaction of fairness rules.

Key Words: fairness rules interaction; public choice; veil of limited uncertainty; order of social rules

Review *Zhai Yuhang* / 152

Identity, Definition of Situation and Modeling Approaches in the Game

Hu Qian-ying / 155

Abstract: For a long period of time, game theory has traditionally relied upon a tacit and "classical" set of modeling paradigms. In order to reach equilibrium, classical game theorists need to set some limits for every model, which make the implied assumptions of game theory. However, games that happen in the real world are not confined to a given circumstance. Game players are often influenced by the outside situation. And people need to define the situation and identify other actors before they develop strategies. It leaves open of the question that what will happen to the game models if we take into consideration the factors like definition of situation and identity? Definition of situation can influence both the basic environment of interaction and identification of other actors. Defining situation in a different way, game players take different logic of behavior and strategies, which will make a huge difference in approach-developing in the game. This paper reviews the logic and modeling paradigms of classical game theory and points out their implied assumptions and possible ' blind spots' . It also reviews key conceptions like definition of situation and identity in the theory of social interactionism and discuss the possibility of introducing them into game theory.

Key Words: identity; definition of situation; modeling approach;

"Military Science of Sun Zi" VS. "Thomas Schelling's Strategy"

—What is the Ancient and Modern Heritage of Social Game Theory within Which Chinese and Western Culture Integrated

Abstract: "Military Science of Sun Zi" and The Strategy of Conflict which have long been neglected by thoughts of Sociology have some similar characteristics on their approaches of game theory. They not only both correspond with the real world, but also collect some principles manageable and interpretative for wars, organizations and game results. The approach has been inherited and enhanced by Gaming with Social Structures. "Social Game Theory" which obtained through the comparative analysis and integration of commitment, Ren-shi and operation of structures, and the theoretical systems they belong to, and their assumptions, would be helpful for us to make clear the social situations of different ages, and to explain many social phenomena. This kind of game theory has a considerable development space. Its "models + cases" methodology can be widely applied in today's research and getting deductions for the future, as well as to reorganize the abundant Chinese traditional culture.

Key words: commitment; Ren-shi; operation of structures; social game theory; models + cases

Social Tipping System: Literature Analysis in The View of Economic Sociology Daniel

Guo Ai-min / 220

Abstract: There is an array of instabilities phenomenon our society which referred by Economics Nobel Winner Thomas Schelling as "Tipping systems" that take on diffusion or vibration in system level. In macroscopic, they are instable, while in microscopic they are the equilibrium of individual rational choice. Therefore, they are referred as "instable equilibrium" in this paper, and instable equilibrium analysis refers to study of formation and mechanisms of tipping system based on individual rational choice.

Literature review of tipping systems shows there are two approaches, namely systematic approach and individual approach. In systematic approach, descriptions of tipping systems reveal that if an agent could only change his status in one direction, the tipping system will tip uni-directionally, which leads to either collapse or rebound to original status; if the agent has binary choices, the tipping system will also tip bi-directionally, that is, vibration. We may find multiple statuses in some tipping systems, and they may tip to diffusion, or back to equilibrium (stability status) . Tipping systems with different mode of movement can be described by different mathematic models. Individual approach concerns the formation and movement mechanisms of tipping systems, and mathematic instrument varies by perspective. Mathematic programming can be applied to individual decision-making, and agent' s rational choice could be accounted by individual utility maximization; while game theory can be applied to interaction between agents, where dynamic processes of system movements could be derived of individual behaviors. If system has multiple possible statuses, transformation of the system statuses depends on critical mass. As a certain variable reaches its critical mass, the system will transfer from stability to tipping or from one tipping process to another one, and different tipping systems may have different critical masses. Information also plays an important role in formation of tipping systems. In individual decision-making, critical information may adjust his expectation, therefore influence his behavior and change the movement of the system accordingly. In interaction, information asymmetry will result in system tipping to dissolution. As information losses its efficacy, a specific fragile tipping system, namely Information Cascades, will be formed, and Information Cascades are fragile.

Key Words: Tipping System; Instable Equilibrium; Critical Mass; Information

Professional Technology-financial Capitalism and the Transition of Social Structure

Abstract: Since the 1970s, with the rapid spread of information technology revolution, financial technology revolution has appeared in the global financial market. It stands out as the variety of technology instrument, the complexity of financial transaction and the forming of financial technology expert group which take the function of financial innovation. These changes interact with the rapid expansion of financial assets, and provide a new picture for the contemporary financial market and financial capitalism together. In the background of these developments, financial technology has entered the market as a kind of scarce resources, and has combined with comparatively sufficient financial assets. Hence, the expert group which masters new financial technology has gotten powerful market status, and has started to influence other social groups and the social system. Technology has been observed as the combination of financial form and financial asset in the experimental perspective. This new form of financial combination may not only exacerbate the imbalanced state ofglobal wealth distribution, but also promote the occurrence of professional technology-financial capitalism. We must pay high attention to this phenomenon.

Key Words: financial technology innovation; the financial technical expert group; professional technology-financial capitalism, social structure;

图书在版编目(CIP)数据

经济社会学研究. 第三辑 / 刘世定主编. -- 北京 : 社会科学文献出版社, 2016.5

ISBN 978 - 7 - 5097 - 9047 - 2

Ⅰ. ①经… Ⅱ. ①刘… Ⅲ. ①经济社会学 - 文集 Ⅳ. ①F069.9 - 53

中国版本图书馆 CIP 数据核字（2016）第 086570 号

经济社会学研究 第三辑

主　　编 / 刘世定
执行主编 / 张　翔　王水雄

出 版 人 / 谢寿光
项目统筹 / 杨桂凤　佟英磊
责任编辑 / 佟英磊 等

出　　版 / 社会科学文献出版社 · 社会学编辑部(010)59367159
地址：北京市北三环中路甲 29 号院华龙大厦　邮编：100029
网址：www. ssap. com. cn
发　　行 / 市场营销中心（010）59367081　59367018
印　　装 / 三河市东方印刷有限公司

规　　格 / 开　本：787mm × 1092mm　1/16
印　张：17.5　字　数：295 千字
版　　次 / 2016 年 5 月第 1 版　2016 年 5 月第 1 次印刷
书　　号 / ISBN 978 - 7 - 5097 - 9047 - 2
定　　价 / 59.00 元